北京

当历史成为地理

刘东黎 著

生活·讀書·新知 三联书店

北京：当历史成为地理

图书在版编目（CIP）数据

北京：当历史成为地理 / 刘东黎著. -- 北京：生活·读书·新知三联书店, 2021.4（2023.11 重印）

ISBN 978-7-108-07103-3

Ⅰ.①北… Ⅱ.①刘… Ⅲ.①文化地理学－北京 Ⅳ.①K921

中国版本图书馆CIP数据核字（2021）第036381号

策　划　知行文化
插　画　唐　亮
责任编辑　朱利国
装帧设计　陶建胜
责任印制　李思佳
出版发行　生活·讀書·新知 三联书店
　　　　　（北京市东城区美术馆东街22号）
网　　址　www.sdxjpc.com
邮　　编　100010
经　　销　新华书店
印　　刷　河北松源印刷有限公司
版　　次　2021年4月北京第1版
　　　　　2023年11月北京第3次印刷
开　　本　635毫米×965毫米 1/16　印张 22.25
字　　数　240千字
印　　数　6,001—9,000册
定　　价　68.00元
（印装查询：010-64002715；邮购查询：010-84010542）

目录

自序
我将穿越，但永不能抵达

——致一个遥远的北京

　　世间万物从一个梦开始。那是模糊不清的事实、神秘的事物、真实的历史与想象混合在一起的谜团。对我而言，北京就是这样一座梦之城。几年以来，我一直在写一系列关于北京的文章，想要深入到这个城市的历史深处，找寻一座古城恒久的价值和情感。

　　为着这样一个理想，多年来，我日复一日地穿行在这座城市里，流连在北京的历史遗迹或旧址之间，缓慢地走过胡同、茶馆、庙会、图书馆等旧北京所特有的公共场所。时间久了，会有一些难以言说的历史情感，逐渐从那些建筑或它们残留的遗迹里，从它们周边的每一寸空间里，渗透出来，那里面携带着的亦真亦幻的气息，令我忍不住细细品味，欲罢不能。

　　从某种意义上来说，北京城正是中国近现代知识分子精神怀乡病候的一个重要根源。那些充满离合之情、兴亡之感的历史章节，令人时而激昂，时而沉默，时而旷达，时而忧郁；在波诡云谲、起伏跌宕的沧海桑田中，那一幕幕惊心动魄的场面，那一幅幅光照百世的剪影，那一个个令人低回的细节……无不是带着灼热的碰撞、融汇、涌流、喧嚣、奔腾，贯穿着一个城市的古老经络和文明的汩汩血脉，使其定格为永恒的一瞬。

我发现，我身边的很多人，虽然身处北京这座无尽沧桑的记忆之城，却极少产生过要了解它的愿望。虽然随便去火车站找个车站牌，都能找到长城、故宫或者颐和园这样的大名，而雍和宫、白塔寺、钟鼓楼……几乎只是人们上班途中匆匆路过的一个地名。北京成了一个抽象的概念，一个单向度的线条，我们已经没有愿望，去试图展开它的细节。

这种失之交臂是多么让人惋惜。我们都差点忘记了，北京是世界上规模最为宏大的古城，它最完美地保留了中国古代城市结构；宫殿、坛庙、街巷、府第、花园、商区、河脉、桥涵……大都准确地停留在原来的位置上，历经朝代的更迭或者全球化的冲洗，它的筋骨血脉都没有变形；从整个古城的格局，以及散布在全城的文物建筑群来看，它完全就是一个没有屋顶的封建社会历史陈列馆。它神秘、幽远而又宏大，足供我们探查和寻访。一个这样的城市，是能够让人肃然起敬和流连忘返的。

本书讲述的，是一个地理的北京——那个隐藏于时空变迁下的北京。

对于我来说，关于北京的行走，不仅仅是脚步的，更是思想和精神的。一幢老的建筑，或许就能让我接收到一种生命透过高墙而发出的信息；残砖断瓦与衰草连天的萧瑟，会给予我一种无以名状的年代感。若是有了不经意的怆然感触，为遥远年代的人或事牵动心魂，一个人就会在生命信号的这端，无形中接上了祖先高古的气脉。正因如此，我注视北京的目光里，更多了一抹遥远、深阔和缤纷的色彩。

早在1901年，梁启超就在《中国史叙论》里指出："地理与历史，最有紧切之关系，是读史者所最当留意也。高原适于牧业，平原适于农业，海滨河渠适于商业。寒带之民，擅长战争；温带之民，能生文明。凡此皆地理历史之公例也。"

是的，世界上任何一处经度和纬度的交点，都不是孤立存在的，再美的风景，也不是孤岛上一座昨天才刚刚建起的花园。时光流转，大地上的一切并没有随风而逝，历史和地理给予时间和空间的交错，从而构建出一个城市的内核，它既融合在地理之中，亦无法剥离出历史之外。

而北京这一方水甘土厚、风高气寒之地，在从前无人知道的某一时刻起，就点燃了最早的火光，整个华夏的历史，都在周口店深山里的那丛火光的照耀下开始熠亮。春秋战国时代，北京就是燕国国都，辽置陪都于此，金正式建都，公元1421年，大明王朝的首都从南京迁到北京，从此改变了中国地缘政治的格局，奠定了北京在政治版图中至高无上的地位。在以后的六百年间，北京一直是中国最大的政治、文化中心。北京太大了，历史太漫长了，她有着过分良好的胃口，那些别的城市无法应对的挑战和苦难，北京似乎能坦然地消化掉，这座业已存在了三千余年的古老城市，拥有着一种沉稳的力量、雄浑的元气以及俯仰人间世界的天地血脉。在所有的表象之上，北京可以面对世事的任何变迁。这些足以让我们体会到，古城北京的生命力是怎样的顽强。

历史是地理的第四维度，它赋予地理学时间与意义——美国历史地理学家房龙曾经这样说。北京有着世界城市建筑中历史文物建筑最多的绝世孤本，富有历史的质感和文化的多样性，像一条无比丰富的文化图链，凝聚着大量的历史文化信息和时代特征。它承担的东西太多了，不仅仅是现实本身，还有历史的、哲学的，以及某种象征意义上的。历史在递嬗过程中并非一切都是从头开始的，可以说，古老的建筑就是我们与古老文明之间的一个绳结。理解了这一点，我们就仿佛读懂了世界的暗示与隐喻：我们只是古典文化遗产的暂时托管者，我们并没有权力对它们进行无所忌惮的铲除和损毁。

北京的城市改造日新月异，我们也期待着一个更文明、更理性、更开阔的北京，以一种优雅的姿态从容走进国际社区。个性张扬的西方现代建筑，密布的交通网路，完整的污水处理系统，进步的电子服务技术，与国际接轨的观光设施——我们满怀激情拥抱着现代化和全球化这一"不容置疑的信仰"。只是我多么希望，这一信仰的代价，不是"花棚鱼池院落""胡同深处人家"这一高贵而优美的北京的彻底消失。

当我们静下心来，悉心打量这座城市，原有的一切，就会从时代多声部的喧哗中，慢慢浮现出来，如同一幅在斑驳的尘埃中逐渐显形的古画。它在表面上是拥挤的、疾速的，而本质上却是安静的、疏朗的、悠缓的；甚至是高雅的、精致的、深情的；那一份久违了的气定神闲的舒缓，正是这个城市的伟大之处。它像京剧，永远在那里悠扬婉转、不急不躁，水袖流转间，对所谓现代节奏置若罔闻，只有以从容的心对待它，才与它的美相配，才能于单调枯寂中领略到满目的喧嚣只是瞬息的繁华。

作为旧时帝都，北京不可避免地带有王者气象，它是权力的角斗场，同时又是新文化的发祥之地；它是悠闲的，同时又是有趣味的。北京的现代形象，正在消磨掉其千年以来积淀的历史想象，以及蕴含其中的那份堂皇、平和、清雅。父辈师长把祖先的遗产交到我们手上，我们却没法把诞生那份遗产的风物现场一并保留下来，当新一代的孩子们开始学会四下寻觅时，还能找到多少与之匹配的诗境和画境？当他们登临远目，抚今追昔时，又该如何化解由此引发的怆然寥落之情和无常幻灭之感？

我经常一个人怀想业已逝去的那个辉煌的北京城。长达四十公里的雄伟壮丽的北京城墙、无数座寺观庙宇、遍布京城精巧绝妙的牌楼……漫步在那样一个布满史迹的城市里，看是自然的漫游，观赏现实的景物，实际却是置身于一个丰满的有厚度的艺术和历史的世界；如同诵读着古人的诗书，倾听着传统和文化的回音。我们欲使北京重生的愿望是如此之强，但我们是不是使错了力量，偏离了方向？我们以鲁莽的勇气洗刷掉不少城市的灵韵，而那些东西曾经是如此的优雅精致。也许，那些事物对于我们来说是太过于奢侈了？

变化是宇宙间的根本法则，世间万物无不处于永恒的运动和变化之中。生命在于运动，一切事物包括生命本身的意义都在运动中才能体现。我们不一定去寻找那个悠远宁静的北京，比如说那个多风沙、多国槐的，那个红墙、绿树、灰楼、大院、大路宽广、自行车汹涌的旧北京。虽然我还是爱极了这份旧，怀旧的旧、返璞归真的旧，爱它的温和与沉静、质朴与抒情，然而新北京不仅意味着更多建筑的增加、更大面积的绿化、更便利的交通，它更意味着这座城市与她的人民可以拥有更为丰富的内心世界，它让我们在一座大城里生活而不感到孤单。文化总是在新与旧的张力中生存发展的，缺乏新的接续，文化不能延续，然而没有历史，也就无所谓文化。一座好的城市应当像一条从历史潮流深处驶来的帆船，带着患有都市焦虑症候群的我们，轻快地渡过时光的河流。

本书中山水、园林、城墙、胡同等形象，是把我们的思维引向遥远时间和空间的符号，既足赏心，亦寓警策。隔着那么多的神秘，隔着那么多遥远得叫人眩晕的岁月，我愿北京的艺术气韵与历史记忆，穿越世事和政治的风雨，化为悠扬欣悦的市声和平静安闲的对话，在安宁和幽静的灯火阑珊处，变为我们心里最温情的底色。

紫禁城之金色印象

　　一切似乎都没有变。在铜鼎和石阶的影子深处，还是那些交错排列的台基栏杆，还有宁静的蟠龙柱、藻井和屏风；在白玉栏杆、石阶和琉璃瓦所构成的静穆中，21世纪的一切在瞬间从你的眼前消失。恍惚之间，你感到时光在倒流，甚至好像还能看到一个神色不明的宫女，提着一盏刚点亮的宫灯，穿行于后宫的某处院落，直至被夜色吞没……

　　晚风在城隅之上雕出簇簇云团，在城市上空缓缓流动。一抹鹅黄色的夕阳，携带成团成团的云层，投射到波光潋滟的护城河上，整个紫禁城的东北角楼就勾勒出了清晰的剪影。一切都显得遥远、神秘、庄严，隐藏着不为人所知的深邃玄机，不像是属于真实的生活。

　　一层又一层的宫墙，将统治者与子民的世界彻底地分割开

故宫

来，绚烂多姿的朱红宫墙，明艳照人的金黄琉璃瓦，洁白如玉的浮雕栏杆，焰红青绿明蓝交相辉映的梁柱，绿锈叠痕的巨大蓄水铜缸，红漆斑驳的厚重木门，天空下，如风一般在眼前迅速地铺展开来，广袤无垠，绵延不尽。

最早进入这一中国宫殿的西方人，曾留下这样的记录："他穿过一堵又一堵宫墙，走过一重又一重殿门，发现其后不过是又一条平淡无奇的路，通向另一堵墙、另一重门。现实虚化成梦境，目标就是在这个线性迷宫的遥远尽头。他如此专注于这个目标、如此期待着高潮的到来，但这高潮似乎永远也不来临。"帝国的臣民们在惶然止步之后，才在那一瞬间，体会出一个人的卑微。

站在高处，依稀可以见到闪耀着金色瓦片的皇宫屋顶。紫禁城静默着，以一种独特的姿态，凝结在斜阳的光辉里。那金黄色的屋顶让人几乎不能安详——它让沉静的屋宇变得动荡不安；那一层层的金黄，刺痛了一代代人的眼睛。

帝国斜阳下的万千气象，仿佛仍掩映在层峦叠嶂的宫墙庙宇之中。太和殿宽大的飞檐直插云霄，凌空欲飞；玉瓦琼檐，碧楼幽阁，在数百年的幽冥间流泻着永恒的宁静。褪色的黄围墙内，依稀还有气息氤氲的檀木清香，在朱门绣阁间若有若无地飘浮。

这就是五个多世纪以来最高的权力中心，明清两代皇宫、二十四个皇帝的起居之地，位列世界五大宫殿之首的"殿宇之海"——紫禁城。

紫禁城这一命名，本身就带有一种遥不可及的雍容富贵和无上权威。《吕氏春秋》曾说"古之王者，择天下之中而立国，择国之中而立宫，择宫之中而立庙。"这是一国都城营建的原则。古人以紫微垣比喻皇帝的居处，是帝星所在。帝王们把自己居住的皇宫比喻为天上的紫宫，是在幻想着四方归顺，八面来朝，永享升平。

在宋代郑樵所著的《通志》中，都城是天空三垣（紫微、太微、天市）在地面上的投影：天人之间摄人心魂的造型和对应关系，涵盖和昭示着古代帝王和皇权的尊严。

紫禁城其实并不以建筑本身的高度和体量显示宏伟，而是巧妙利用建筑物之间形制的变化，形成高低错落、横竖宽窄等收放有序的空间关系，"隔则深，畅则浅"，欲扬先抑，组合到一起又整齐划一，倾泻出壮观的气势。整个布局对称、均衡，讲究威仪与尊严，蕴涵着中国文化精神中对礼仪秩序的理解。也可以说，它本身就是一部立体的《礼记》，每一处细枝末节，都闪烁着"礼"的精神。

时间回到六百多年前的"靖难之役"，胜利者朱棣夺得正统，成为明朝第三任皇帝。

然而篡位事件，日后多次浮现在他的噩梦中，像影子一般追随了他整个帝王生涯。噩梦一样飘忽幽冥的心魔，也就此永远缠住了他。

也许是为了战胜自己的心魔，也许是为了扭转"得国不正"的形象，登基后的朱棣，忽然变得气吞万里，形象工程个个惊天动地。他的隐秘心事，在经过六百年的沉积之后，以历史遗迹的方式一一呈现——紫禁城、明城墙、十三陵、长城……无一例外地根植于朱棣近乎疯狂的雄心与野心。

而最重要的，是要在北京建一座真正属于自己的、空前雄伟的皇宫。他在想象中，已经完成了那些华丽宫室的轮廓。只有在这样的皇宫里，才盛得下他如虎的胸襟，才能让他找到真命天子的全部感觉。

永乐大帝的雄心意味着，苦役即将要像瘟疫一样席卷全国。就连深山里那些千百年才成材的栋梁，同样在劫难逃。因为永乐皇帝明确指示，建造皇宫的木材，一定要用那些气味芬芳、纹理细密的楠杉大木。

1406 年夏天的时候，朱棣派出了一个工部尚书亲自赶赴四川，去寻找深山中那些"千百年寸寸生息，得以成材"的楠木。大规模寻找珍贵木材的行动，在南方大范围展开了，而且采伐整整持续十年，一直到 1417 年宫殿开工。

对这些木材的采伐和运输之难，超出了所有人的预想。在宫殿最初的轮廓远未形成之前，就已经有许多伐木者因劳累和疾疫死在山野间，死在地势幽险的山岭。而这些大材要运出山外，还得先开出道路，这显然也是一个难题，同样需要付出成千上万的人力甚至人命。

朝廷甚至动员了判死罪以下的囚犯参加：只要能活下来，就赦了他们的罪；但是想活下来，又是何等的不易。吏民"入山一千，出山五百"，"产木之地，人民无几，即尽其州县之老壮男妇，不过一二百人"。当华丽的殿堂在北方的土地上渐渐显形的时候，无数血肉之躯已在南方的泥沼中慢慢腐烂。

值得一说的还有紫檀。此物产于东南亚，数量稀少，成材需要数百年，自古以来就有"百年寸檀，寸檀寸金"之说。西方人一直以为，这种珍贵的木材只能制作小巧器物，谁都没有见过大一点的质料。到了中国他们才惊讶地发现，原来全世界成材的紫檀，百川入海般的，几乎全部汇集到了北京。

紫禁城太和殿东西两壁的那两只雕龙大柜，高有四米，宽有两米，相当于普通房间的一面墙壁，就是全部以紫檀制成。而紫檀家具更是遍布北京。这其中，那位下西洋的三宝太监郑和功不可没：东南亚的紫檀，几乎被他一扫而空了。

还有汉白玉的石材，已经从房山运来，五色虎皮石，则来自蓟县的盘山；宫墙内壁上的杏黄色颜料，来自河北宣化的烟筒山；城砖在山东临清烧造，铺地金砖在苏州烧造……

当大部分珍木巨石聚合到北方这一片广阔工地上以后，天下最荣耀也最劳民伤财的工程开始了。这里曾经一次性地汇集了十万名来自于河南、山东、山西、安徽等地的工匠，一座在元大都皇宫旧址上建起的新宫殿，就在他们手里逐渐成形。

1420 年 12 月 8 日，北京紫禁城竣工。半个月后，传统的冬至次日大朝会，就在新落成的太和殿举行了。在紫禁城漫长的建造中一天天老去甚至死去的那十万工匠、那百万壮丁，则湮没在历史的雾霭中。

1421 年 2 月 1 日，中国的春节。永乐皇帝要在全世界的使节面前，展示他最新的伟大作品。

午门前广场与端门前广场同宽，但长度是其三倍，午门、阙门合一，两翼向南飞出形成凹字造型。三面合围的空间拉近了午门与人的视野距离，整座建筑轮廓多变，高低错落，气势森然。

从午门两侧的王门与掖门鱼贯而入奉天门（太和门）广场，这是一片二万六千平方米的开阔地带。内金水河蜿蜒东西，五座精美的汉白玉拱桥跨越其上，使整个广场平添几分灵秀。

进入太和门，远远望见太和殿的层台丹陛、雕栏玉砌，以及丹墀台前阔大的砖砌广场，这里不仅是整个紫禁城建筑群落的中心点，也是整个京城龙脉的中心点。三重龙墀五层丹陛托起的太和殿重檐庑顶，殿内沥粉金漆蟠龙藻井，四周环绕着汉白玉石雕围栏。六十四名带刀侍卫，铠甲辉煌，警跸森严，排钉似的站在大殿四周。中和韶乐奏响，十万人在礼仪官指引下，行三跪九叩大礼。"九天阊阖开宫殿，万国衣冠拜冕旒"，形容的大概就是类似的盛况。

高高在上的永乐皇帝朱棣，在这个时刻，会想些什么？长久以来困扰他的"弑君篡位"的恶名，是否再次袭击他已经羸弱不堪的内心？

穿越乾清门西侧的内右门，眼前是一条长长的街巷，明代称之为"永巷"。这样的永巷在紫禁城内廷共有四条：东一长街，东二长街，西一长街，西二长街。这四条永巷都设有路灯，路灯一人多高，石制基座上设铜制灯楼，以铜丝护窗。夜幕降临，专司其职的太监从内库提取燃油，灌注到灯楼里，点亮路灯，荧荧之火苦候天明。

与路灯同时点亮的，是东西十二宫宫院门前的红纱灯。一旦皇帝临幸某宫，那么此宫门上的红纱灯先行卸下，宫中巡街太监见到后，即刻传令其他宫院俱卸灯歇息。金色的光线播撒着旧日的声响，那里面蕴藏着数百年来被遮蔽过的古老信息，也许已永远不会为人所知。

紫禁城上空的乌云压得更低了，几乎碰到了檐角。灰蓝的天空下，太阳仿佛是一块薄冰，随时都可能溶进苍茫的天宇。天空翻卷弥漫着暗青色的云团，清冷的日光，直射着宫殿飞檐上的仙人和小兽塑像，给人一种幽深狞厉的感觉。王朝的一切都像黄昏之前的景象一样明亮和耀眼，尽管所有明亮的事物已经具有回光返照的性质。时光隐去了更多难以明言的细节，只剩下紫禁城那轮廓清晰的剪影，千古如斯般寂寞地兀立着。

第一抹阳光已经悄然爬上窗子对面的墙壁。虽然是早晨的阳光，却是血红的，又暗又黏，缓缓地流淌，像血液一样不祥。此时，崇祯已经在黑暗中坐了一夜。

天下汹汹，交相煎迫。税负本就繁重苛酷，天灾又在迅速逼近。黄河以北连年蝗旱交加，灾民枕藉而死，百里之内不闻人烟。水涝、旱灾、蝗虫、时疫——陇亩凋敝，赤地千里，在饥荒和动乱之中，命运的星辰在疯狂旋转。

李自成的起义大军在山谷间据险立寨，东奔西突，驰骋四野，与其他义军往来接应，搞得中原十省处处狼烟，朝野、江湖、市井无不被折腾得死去活来。帝国局势好像是沿着一条陡急向下的轨道急骤飞驰，距离终点已是不远；而那终点将是一声飞雷，现存的一切都将灰飞烟灭，玉石俱焚。

崇祯十六年冬，李自成已经打开了进军北京的大道通衢。

周围是如此安静，静得好像是一场梦。满城的火光和叫喊，似乎都融入了这个亡国之君的血液。

而故宫的新主人李自成，也真切地感受着时光交替的漠然与无情。席不暇暖，他也要被迫匆匆离去了。他扭过头去，看着那些金光闪烁、刺人眼目的蟠龙柱、藻井、御座、屏风，仿佛听到时光那奔驰的马蹄声在耳边轰鸣。长城外的满族人以精锐骑兵，猎猎战旗，所向披靡。他们踏破漠漠平岗，锐意直逼京城。

公元1644年的农历八月，一个叫福临的六岁男孩和他的母亲，在浩浩荡荡的随从队伍陪同下，从盛京老家向南行进。他们此行的目的地是紫禁城。此刻，紫禁城三十七米高的大门向这孩子敞开。这孩子就是后来的顺治皇帝，这座他从未见过的高大城门，就是午门。穿过午门，紫禁城真正的面容呈现在顺治幼小的身躯面前，这就是他们的新家，而对这座宫殿的占有，意味着他们成为中国新的统治者。此后，清朝的皇帝居住在这一片红墙黄瓦内，直至辛亥革命推翻了清王朝。

在这前后近五百年间，共有二十四位皇帝曾在这里居住，并对全中国实行统治。金碧辉煌的宫殿在呼啸的风中发出一种低沉压抑的共鸣，弥漫在每一块砖石上的肃杀都令人感到头晕目眩。

1912年2月12日，隆裕太后以宣统皇帝的名义颁布了退位诏书，授权袁世凯全权组织临时共和政府。从此，紫禁城的政治意义和功能已经消失，只剩下物质的躯壳。既然天下的秩序大变，它就不再是君权天授的空间象征，皇城易名为故宫，大清门改为中华门。带着一片金黄色的静穆亮彩，紫禁城在普通百姓的眼中，从此一点点清晰起来了。

北京：当历史成为地理

一切似乎都没有变。在铜鼎和石阶的影子深处，还是那些交错排列的台基栏杆，还有宁静的蟠龙柱、藻井、御座、屏风；在白玉栏杆、石阶和琉璃瓦所构成的静穆中，恍惚之间，你甚至好像还能看到一个神色不明的宫女，提着一盏刚点着的宫灯，在巷间中穿行，直至完全隐入了暮色。

但是，那幽深狞厉的帝王之气，毕竟还是黯然隐去了。1912 年 1 月 26 日，这是末代皇帝溥仪在余生经常会回忆起的一个日子。他的童年记忆，仿佛也是终止于那一天。那一天霜浓露重，隆裕太后派了几个小太监来接溥仪。于是，小皇帝踩着庭院中淡淡的花木疏影，来到了养心殿。据溥仪后来回忆："有一天在养心殿的东暖阁里，隆裕太后坐在靠南窗的炕上，用手绢擦眼，面前地上的红毡子垫上跪着一个粗胖的老头子，满脸泪痕。我坐在太后的右边，非常纳闷，不明白两个大人为什么哭。这时殿里除了我们三人，别无他人，安静得很。胖老头很响地一边抽缩着鼻子一边说话，说的什么我全不懂。"

六岁的小皇帝不知道，随着袁世凯流下的那几滴眼泪，中国的几千年帝制即将黯然隐退了。那些失去了帝王之家的权柄与尊贵之后的宫殿，像被谁一手掏空了似的，猛然屏住了呼吸。

秋阳褪去了紫禁城青灰的纱衣，又换上了一层金色的轻纱；整座城市的面目都渐渐变得温柔。碎如残雪的月光，也送走了皇室贵族庭院深深的大宅门生活。1928 年，国民政府迁都南京。因缘际会，北京被重新命名为北平，由首都变成了故都。在《清室优待条件》的支撑下，北京城里仍然蜷缩着一个小朝廷，溥仪和清朝皇室得以继续留在了紫禁城中。这一禁卫重重、密不透风的皇家禁地，也一步跨进了另一段历史，就连寻常百姓也可以出入了。

将近四十年前的一个夏天，北京植物园一位名叫溥仪的园丁，买了一张故宫的门票。然后，他随同许多游客一起，参观了这座昔日的宫殿。自从1924年，他作为废帝被驱逐出这里，就再也没有回来过。

他真的推开门，迈着有点僵硬的步子，缓慢地越过了门槛——这是一个可怜的老人，他的一切梦都在过去的年代，而那些年代离他那么远。他的脸上甚至没有悲伤的表情，因为一个时代的幻觉已彻底消失。西斜的太阳让他眯细了眼睛。太和殿宽大的飞檐直插云霄，凌空欲飞；玉瓦琼檐，碧楼幽阁，在数百年的幽冥间流泻着永恒的宁静。似乎一切都变了，又似乎一切都没变。天边的光芒正向世界的背后沉陷，仿佛整个宇宙都在扭转方向。暮色苍茫中，仿佛有人在怔怔地注视着昔日的皇宫和在这皇宫中来去的我们。

天留锁钥枕雄关

地展雄藩，天开图画，时间仿佛从这里刚刚开始，显得新鲜和蓬勃。北方大地上秋风初起，天高云淡，大地疏朗。墙堞间依旧回荡着昔日的阳光，那些血肉铸就的将士们的生命被泥土吸纳，而千古兴亡和百年悲笑，却被万里秋风一扫而空……

黎明时分，绛色的光影消失之后，黛色的、蜿蜒数百里的西山，像巨蟒一样清晰地显现在天边。北方的风日见浩荡，晴空中仅见几缕淡淡的浮云，令人想起乡愁之类的事物。

远方，呈现着一片暗赭色。没有花，没有诗；没有光，没有热，甚至消逝了春和秋，这里只是寂寞荒凉的古战场，黄埃漫天的大沙漠。人民被统治者召集到一起，被驱赶到这荒凉的边陲，开始了漫长的劳动。

山上山下缓慢而无声地涌动着筑城的人群。砖窑里火光熊熊，挑土抬石的人遍布山梁，石匠们在远处的石场上挥舞着铁锤和钎棒。难以计数的车马，载着沉重的木石，从不同方向汇聚到这里。青黑色的砖石隐约回荡着草原之声，那是风和牛羊的声音，还有草原长调如泣如诉的旋律，这些事物混合在一起，渐渐覆盖了原来粗糙的土地。

劳动者的身影中充满了疲惫和忧伤。悉心倾听，风中传来隐隐约约的哭泣声，仿佛就在砖窑的火光里飘荡。

一个叫孟姜女的妇人，就这样开始了她震撼人心的恸哭。所有目击这一场景的人，都是第一次知道了什么叫泪如泉涌。这情景有一种壮丽的令人心碎的含意，当一个柔弱的女子用这样的方式，来宣泄自己苦难的时候，他们当然知道这里面会有多少骨肉难舍的悲恸，会有多少魂牵梦绕的往事。在他们余生里一次次地回想中，他们也都禁不住饱含热泪。

所有的悲伤都在喷薄而出。抬起头来，当目光掠过远树和斜阳时，他们突然发现，血红硕大的日头再次冉冉而下。一道道城墙的雉堞，仿佛全都在一片血色的迷雾里幻化消融了。

历经千年风雨的长城，作为大地上一个独一无二且伸展辽远的地理景观，盘旋于崇山峻岭之巅。它引导了一条特殊的人文地带的形成——一条文明的分界线，也即游牧和农耕两种文明的界限。它如同一道镶嵌着花边的篱笆，分开了牧人和农夫的土地。而在中原天子的眼中，这条线同时也是维系华夷之间脆弱平衡的防线。在这条线上，两大文明板块相互冲撞与挤压，兵戎相见和狼烟鸣镝从未中断。

激烈的军事冲突，一次次显现在这个敏感的地方。游牧民族越过燕京北面和西面的险峻屏障，如同过自家庭院一般；他们可以从这里长驱直入，直捣汉人朝廷的腹地；他们那奔腾的骏马、强劲的弓弩，注定要让一代代的中原帝王头痛不已。

视野中铺展开的葱茏绿意，一望无际的平原和稠密的人群，这些对于游牧民族来说，是陌生而充满异族情调的。广袤的乡村就像是一匹黄绿交杂的光洁绸缎，铺陈在他们南下的路上，那么多的桑梓良田，那么多怡然自乐的男耕女织之家，像是可随意取用的果实……

"务静方内而不求辟土"，"中国既安，四夷皆服"是农耕民族统治者长久的梦想。至于中原民族可供选择的抗御策略，没有人会将"万里袭取"作为上策。茫茫荒原，孤悬一地，征伐大军少了，则杯水车薪，甚至有全军覆没之忧；多了，则有粮草士气等方面的问题，绝不是可轻易做出的选择。汉武帝、明成祖这样的英武之君，都曾为此而身心俱疲。

而修筑长城据险而戍，可以以此为前哨基地，采取主动进攻态势，大大削弱关外势力；最少也可以使政府用相对较少的国力、兵力来支撑起一个完备的守御体系。从功能上看，长城是防御体系，也是军事指挥中心，同时还是朝廷管辖边陲重镇、检查商旅使团往来、联系西域和中亚各国以及各少数民族地区的枢纽机关，具有十分重要的战略地位。

雄关依旧默默地伫立着，她的侧影轮廓清晰，线条简洁，并无华彩。唯其如此，才显出她的威严和深沉。若不是有此凭借，中原帝国就只能收缩兵力，以重兵防守关隘，形成完全被动的态势。敌攻我守，我消彼长之下，国力势必会被慢慢耗空，国家逐渐疲敝衰弱，直至覆亡。

　　然而从军事上看，历代修长城所花费的人力物力，与长城在实战中所发挥的作用是不太成比例的。可以说，长城所给予人们的民族心理上的安全感，要大大超过它的军事防御价值。"据长城而抚四夷"的局面，才是中原王朝日夜祝祷的。

　　长城是一个悲剧地带。在戍边的诗中，这里多有兵燹之乱，在口口相传的民间故事里，也充满着怆然的血泪。"秦时明月汉时关，万里长征人未还"；历史上远征者的足迹，大多会被岁月无情地用风沙磨平。除了偶尔可以见到的荒冢、草丛中的碑刻之外，很少有人知道他们曾经留下了什么。"饮马长城窟，水寒伤马骨……君独不见长城下，死人骸骨相撑拄？"后人的凭吊凄清入骨，更令人不忍卒读。

　　当然在长城脚下生活的人们，寻常日子也要过下去，在没有战争的年代，担挑或肩扛货物的商人，常常会翻山越岭，沟通着塞外和帝都的贸易。比如作为长城关口的河北宣化，史书记载宣化"大市中贾店栉比，各有名称，如云南京罗缎铺、苏杭罗缎铺、潞州绸铺、泽州帕铺、临清布帛铺、绒线铺、什货铺、各行交易铺，沿长五里许，贾皆争居之"。这样的情景只能出现在承平岁月。一旦到了战时，这里马上会成为十室九空、重兵把守的咽喉要塞。

　　所以表面上看，中原汉人与北方游牧民族是世仇，但实际上，不是冤家不聚头，无论地理与文化，两者都是互相纠缠、犬牙交错，既互相依存，又互相竞争。在中原同化四夷的过程中，胡服骑射的文化，也在不断改造着中原文化的基因。

长城脚下的北京，对于两方势力而言，都是进可攻、退可守的首选。这里据天下之脊，控华夏之防，北倚山险，南控江淮，右拥太行，左挹沧海，得地利之便，而临驭六合，用纲提领挈一词，便可道尽幽燕形胜。

一道道雄关险隘，高城深池，像一个个天然的钢盔，易守难攻，从东北折向西南，森然护卫着北京城，加上京军、边军，重兵戍守，北京可谓固若金汤。虽然塞外游骑屡有入掠，叩关来袭，数百年来也大多只能望城兴叹，每每饱掠京畿远郊一番，就撤兵北走。

明朝出于军事的需要扩大了修长城的规模，曾十八次修筑长城，把西起嘉峪关，东至山海关，全长六千七百公里的长城连成一体；北京现存六百二十九公里的长城上，遗留下八百二十七个城台、七十一座关口。这些建筑又与关内的衙署、仓储、书馆、军械库、庙宇等交相辉映，组成雄伟壮丽的建筑群。位于昌平以北群山之中的八达岭长城，盘亘蜿蜒、气势磅礴，就是万里长城中最有代表性的一段。有明一代，如果没有长城作为军事屏障，任谁都是不敢贸然迁都北京的。而北方游牧民族在越过长城之后，也并不敢过于远离自己的故乡，即使取得政权，也不会在更靠南的地方建都——这样做当然是为自己留有退路。

长城具有一种神秘的美感。登上城头，极目远眺，眼前往往是一望无际的戈壁，巍峨朱色的城楼昂然欲飞，观望烽火的箭楼视野开阔，士兵值守的四角戍楼军旗飘扬。长城宛如神奇巨笔在远山远河一笔挥就的草书，有顿挫、有转折、有错落的散点。而烽火台则占据着每一段长城的制高点，像一尊尊高古苍劲的青铜飞龙；它对所有的来者，都构成了一种令人感到窒息的俯视，同时给予人绝美的一击。晨光微曦中，隐在薄雾中的雉堞越来越明显了，角楼上飘扬着猎猎长旗。一座座规模宏大、设施成熟、坚不可摧的雄关傲城，巍然屹立在戈壁岩冈之上、雪山紫塞之间，默默地守卫着咽喉要道。在有的地方，长城仅宽一米，只用单墙相连。山峰嶙峋陡峭，长城沿山脊忽而直上云天，忽而飞越深谷。阳光在上面迅速往返穿梭，整个长城也越来越像一条沉重肉感的巨龙。

长城多建于崇山峻岭之上，都是条石和砖砌成，城体顺山势盘腾其上，与峻崖危谷互为映衬，相得益彰，雄者益雄，峻者益峻。鬼斧神工的造化不屑精工细笔，它刻意让自己的巨作保持着生动粗粝的风格；青砖砌筑的城墙让人目眩，远远望去，青灰色的城墙宛如一片浩渺的岚烟。耸立的城楼与雄浑的城墙相映照，烽燧墩台纵横交错，星罗棋布，构成了一道墩堡相连、烽火相望的边防线，呈现出一派雄奇、险峻、肃杀之势和不可进犯的威严。

关城重重，形成夹击并守之势。实际上，它的防御功能并不仅限于此。城墙的四周布满了瞭望孔、灯槽、炮位和射箭孔，墙垛为矩齿形，在矩齿中心都有一个正方形孔洞。当敌人架云梯攻城时，为防墙顶守军从凹口反击，通常会将云梯架在凸齿处，守城兵士不但可以凭借凸齿掩护自己，又可以从凸齿中间的孔洞设法掀翻敌人的云梯。在现代人看来，这种墙垛的造型并不复杂，但在冷兵器时代，却是一种构思缜密周详的设计，是战争经验的宝贵结晶。

长城于雄伟之中又见壮美。每当夕阳斜照，但见苍山如海，但闻驼铃悠扬，选胜登临，团团簇簇的山桃花开得如霞似霓，纵横在翠峦大壑之间，四周群峰起伏，长城从容延伸，听高天流云声，令人不时恍惚。危崖乱石桀骜不驯，荒烟水气舞蹈弥漫，林莽长啸，惊风乱穿，人遗世而孑立，心惊悸而惕然……所有的美感，都是那样的恣肆和天然，美得风骨棱棱、意态轩昂，美得顶天立地、震撼人心。

雄关真如铁，长城高际天。极目远眺，只见群山逶迤，大漠平沙，长城犹如一条巨龙飞舞在万古苍茫之中。难怪北方的长城会成为奇侠和豪客的摇篮，成为中国英雄主义的源头，成为血性男儿的降生之地。夕阳下人喧马叫，走石飞沙，战旗猎猎，搅浑了一天的霞云。在这铁马嘶鸣和尸骨累累的古代疆场，那狂潮般的杀声渐渐西逐而去，留下一片旷古的寂静以及寂静中让人心碎的美丽。在这样的雄关面前，白骨散化成月色，鲜血分解成晚霞，绵延不尽的生命从容消殒，惟余诗人们的太息，怅然和祝祷……先祖们在百丈悬崖之上修筑这奇绝的长城，就是为了让今天的我们在它巨大的美感面前倾倒吗？

然而，长城在中国历史上也绝非一直是正面象征。相反，从汉代起，长城在中国的上层和民间文化中，都是与失道而恃武力的暴秦相关联的负面象征。

从贾谊的《过秦论》，到汉乐府诗以及民间的孟姜女传说，无不如此。明代筑城，为趋避此恶名，乃呼长城为边墙。直到20世纪80年代中，明长城下的农民仍称此长城为"老边"。

天留锁钥枕雄关

1629 年，后金太宗皇太极竟能率领几十万大军绕过固守的关隘进入长城之内，在北京的广渠门和右安门与明军激战，这时距 1644 年吴三桂献出山海关相隔了整整十五年。几十万大军可以轻易地绕过长城，这长城也就等于虚设了。

《资治通鉴》中提到长城："贞观二年九月己未，突厥寇边，朝臣或请修古长城，发民乘堡障。上曰：'……朕方为公扫清沙漠，安用劳民远修障塞乎！'"盛唐是一个扩张的大帝国，唐太宗击败突厥，被推举为"天可汗"之后，长城便逐渐失去作用，任其自生自灭。这真是一个很有意味的对比。

长城的南边就是十三陵。那十三位先主在位时，每个人都干了两件同样的大事，一个是给自己修了一座坟墓，再一个就是修长城。有明一代二百多年，长城也修了二百多年。《明史》后三分之一篇幅所记载的事，很大部分就发生在这条边墙内外。长城越修越长，越修越坚固，而修长城的人们却日渐心虚和消极。

后来的康熙皇帝倒是表现出了自信。"帝王治天下自有本原，不恃险阻。秦筑长城以来，汉、唐、宋亦常修理，其时岂无边患？明末我太祖统大兵长驱直入，诸路瓦解，皆莫敢当。可见守国之道，惟在修德安民，民心悦，则邦本得，而边境自固，所谓'众志成城'者是也。"当然，此时蒙古各部均已衰落，对清王朝不再构成重大的军事威胁。

日月经天，白驹过隙，时间迅疾得如一片出鞘的剑刃。此时，千年帝制已走到尽头。长城在蓦然之间醒来，一切景致似乎都没有变，城里城外的人却都老了几百年。

民国虽然代清，因传统帝国崩溃而在中国文化中心造成的巨大空白却未被填补。对中国这样一个依靠统一性和象征性的文化秩序来维系凝聚力的国家，将长城转化为一个正面象征，正适应了这一需要。于是，长城在中国的时运就此开始了变化。

但总是有孤独的思想者能看到宏大建筑背后的事物。鲁迅先生初到长城脚下时，难以说清自己的陌生和茫然，他的心里既空旷又拥塞。他百感交集，因为他看到一个无边无际的长城，正阻滞在一个古老帝国艰难求索的路上。

他久久地驻足于这片倾颓的废墟，已然窥到了其苍老虚弱的内里。他感到了一种无形的困境，"旧有的古砖和补添的新砖。两种东西联为一气造成了城壁，将人们包围"。他用自己的文章，以出色的历史理解和强烈的现实指向性，用长城的意象，还原出中国专制文化的内在逻辑。自汉武帝"罢黜百家，独尊儒术"以后，出于对至高权威严酷规则的恐惧，一代代士人在思想上进入了自设藩篱壁垒的精神状态，时日久深，在他们的内心里，堆积如山的墙砖，形成了阻断思想、文化、制度创新的惰性力量。在千年儒教中国，精神上的桎梏甚至"自宫"，使得任何创新所必需的怀疑和反省都几乎不可想象。

然而，毕竟，长城是人类文明漫长历程中的"河谷"。它不一定陈列着定论凿凿的精品，也没有整饬得那么赏心悦目。它或显粗放，或有缺失，却自有盎盎然的生机和沉甸甸的问题，能拽引长久的注视，能揪住人的灵魂。鲁迅还是"为人和天然的苦斗的古战场所惊，而自己也参加了战斗"，要刷洗皇权毒素，就要用启蒙精神清理人文废墟，重建中国文化的主干脉络。鲁迅鼓励青年去揭开新时代的历史篇章，去竭力认清中国文化传统中最核心又流布最为久远的专制皇权制度与思想，一步步展开波澜壮阔的反抗专制之旅。

很多年以后，走来了一个叫何其芳的诗人，他面容平静而怆然地吟唱道：

> 有客从塞外归来，说长城像一大队奔马
> 正当举颈怒号时变成石头了。
> （受了谁的魔法，谁的诅咒！）
> 蹄下的衰草年年抽新芽。
> 古代单于的灵魂已安睡在胡沙里，
> 远戍的白骨也没有怨嗟……
>
> 但长城拦不住胡沙
> 和着塞外的大漠风
> 吹来这古城中，
> 吹湖水成冰，树木摇落，
> 摇落浪游人的心……

地展雄藩，天开图画，时间仿佛从这里刚刚开始，显得新鲜和蓬勃。北方大地上秋风初起，天空高远，大地疏朗。墙堞间依旧回荡着昔日的阳光，那些血肉铸就的将士们的生命和血气被泥土全部吸收，而千古兴亡和百年悲笑，都被万里秋风一扫而空。浩渺的天空深处，一行大雁灰褐色的长翅徐缓地扇动起缕缕枯红的晚霞，头也不回地向南飞去。

北京：当历史成为地理

中轴线：礼仪与沧桑之美

一条庄严肃穆而又不失平和优雅的城市轴线，静静地延展着。一个城市独有的历史情感，存留于贯穿其上的伟大建筑中；中国历史的焦点也每每凝聚于此，各种角色在这条中轴线的两侧粉墨登场，昼夜交割，日月兴替……

站在北京景山之顶，凭栏远望，灿烂的阳光下，俊朗的建筑群显示出万物谐和的辉煌与安详。朱红的宫墙，明黄的琉璃瓦，浓绿的松柏及其他树木，在蓝天下绘制出动人心魄的画卷。

紫禁城静静地伫立在金水河畔，红墙映着绿树蓝天，金灿灿的琉璃瓦覆盖着大片殿宇宫阙，飞檐斗拱的天安门、端门、午门危楼嵯峨，与太和殿、中和殿、保和殿毫厘不爽地汇聚在一条中轴线上。

在这里，我们可以清楚看见这条壮伟轴线的万千气象。气势不凡的宫殿坛庙建筑，以大块大块汉白玉匝地的奢华气势铺展延续着，雄大遒劲，张弛有序，有如一个王朝的缩影，有如一个皇权文化的直观造型，把皇城巍峨雄浑的建筑群连缀成片。

中轴线是笔直的，但在其两侧星罗棋布的建筑当中，并不是简单划一、一成不变的直线。相反，却产生出灵活多变的空间系列，绝少雷同之感。主要建筑物都有台基，加上两旁建筑物或庭院的衬托，使得各个宫殿坛庙更为瑰丽庄严。

它们在平面的族群上展开，而不以单体的宏大取胜。除首尾的前门大街、地安门大街为商业街道外，前后共排列了九个广场，有一字形、长方形、方形、横长方形；有在广场北侧布置主体建筑，也有在广场中心布置主体建筑。其间穿插着空间序列起伏的城台、苑囿、府衙、坛庙、牌坊、石桥、封闭的广场、对周围空间有聚合作用的华表，还有会馆、民宅、茶社、店铺；赋予空间序列更浓厚的艺术特色，充满了韵律感和节奏感，有如无声的旋律。在色调上又以金、红二色为主调，与青砖灰瓦、绿枝出墙的民居所营造的安谧，构成强烈的视觉对比。我们好像卷入迷幻时空的瀑布，不断地被一种奇特的美感经验所洗涤。

我们可以先听听梁思成对这条中轴线的描述：

我们可以从外城最南的永定门说起，从这南端正门北行，在中轴线左右是天坛和先农坛两个约略对称的建筑群；经过长长一条市楼对列的大街，到达珠市口的十字街口之后，才面向着内城第一个重点——雄伟的正阳门楼。在门前百余米的地方，拦路一座大牌楼，一座大石桥，为这第一个重点做了前卫。但这还只是一个序幕。过了此点，从正阳门楼到中华门（即大清门或大明门），由中华门到天安门，一起一伏、一伏而又起，这中间千步廊（民国初年已拆除）御路的长度和天安门面前的宽度，是最大胆的空间处理，衬托着建筑重点的安排。这个当时曾经为封建帝王据为己有的禁地，今天是多么恰当地回到人民手里，成为人民自己的广场！由天安门起，是一系列轻重不一的宫门和广庭，金色照耀的琉璃瓦顶，一层又一层的起伏峋峙，一直引导到太和殿顶，便到达中线前半的极点，然后向北，重点逐渐退削，以神武门为尾声。再往北，又"奇峰突起"地立着景山，做了宫城背后的衬托。景山中峰上的亭子在南北的中心点上。由此向北是一波又一波的远距离重点的呼应。由地安门，到鼓楼、钟楼，高大的建筑物都继续在中轴线上。但到了钟楼，中轴线便有计划地，也恰到好处地结束了。中线不再向北到达墙根，而将重点平稳地分配给左右分立的两个北面城楼——安定门和德胜门。有这样气魄的建筑总布局，以这样规模来处理空间，世界上就没有第二个！

1264年，元世祖忽必烈弃金中都，在其东北方择址建设元朝国都——元大都，即明清北京城的前身。中轴线的划定，对元大都的规划建设起着决定性作用。元大都的设计师刘秉忠利用北京什刹海、北海一带天然湖泊的辽阔水面和绚丽的风光，营造这个城市。

刘秉忠向忽必烈建议，以京城正门丽正门与门外第三桥南一棵古树的连线为皇宫南北中轴线，中轴线与龙脉的交叉点即为"龙穴"。元代皇宫的主殿大明殿便屹立于此。所谓"龙穴"，是郭守敬等人沿着玉泉山水一路追踪发现的。这条泉流由故宫的西北方潺潺而来，穿过中海、北海之间，在故宫西北角向东南曲折潜入地下，先后经过慈宁宫、中和殿、文华殿与文渊阁之间、东华门外至东安门大街到达王府井，在此凿井一口，井址在王府井大街北口稍南。然后继续向东南斜插，流经今天的协和医院、古观象台，出京城而去。

这条灵动的水脉上，孕育了北京城最秀美的景致。"燕京八景"中有六景诞生其上：居庸叠翠、西山晴雪、玉泉垂虹、蓟门烟树、琼岛春荫和太液秋风。

水不在深，有龙则灵。天然王气，自成气象。数百年的风雨烟尘里，这个所谓的"龙穴"是那么神秘，构成了一个我们无法张望更无以涉足其间的世界，那个世界里除了那些长期求索而不得解答的疑难，一切都不属于我们。

为了使中轴线不被这条水脉所阻隔，总能在难题面前领异标新的刘秉忠在湖泊东岸划了一条纵贯湖泊南北的直线，北面稍偏西，南面稍偏东，切点是今天的后门桥，切线就是如今的中轴线。

"全城地面规模有如棋盘，其美善之极，未可宣言……街道甚直，此端可见彼端，盖其布置，使此门由街道远望彼门也……全城中划地为方形，划线整齐，建筑官舍……"这是当年马可·波罗记录下的元大都。而刘秉忠的贡献正在于，他为元大都设立了城市的中轴线，线的左右基本对称，重要的建筑物也需要左右对称，甚至连朝臣上朝，都要文臣在左而武将在右。这种种的设定，其背后的根据就是中国的古典哲学，体现着皇权的一统气象，以及宗法礼制、尊卑有序结合的建筑思想。

这条中轴线自营建元大都城时确定之后，历经元、明、清至今，沿用七百多年而未变。也就是说，今天北京城的中轴线与元大都城的中轴线是同一条线。

元代皇宫早已荡然无存，但这条地下龙脉千年未变。及至明朝燕王朱棣将北京定为都城，他为北京城及皇宫选定的总设计师是姚广孝。他没有保持元大都那种"哪吒城"的构造，而是把北京建成一座方方正正的城池。元大都的延春阁被景山所取代，整个宫殿建筑群由北往南延伸，同样坐落在这条伟大的轴线上。

这条雄伟的城市长廊，从南至北汇集着如此之多的大型建筑：正阳门、大明门、天安门、端门、午门、太和门、奉天殿、华盖殿、谨身殿、乾清门、乾清宫、坤宁宫、玄武门、北上门、景山门、万春亭、寿皇殿、地安门、鼓楼、钟楼；而城市整体，则依轴线成东西对称之势。东直门对西直门，朝阳门对阜成门，崇文门对宣武门，东便门对西便门，广渠门对广安门，左安门对右安门，天坛对先农坛（山川坛），日坛对月坛，东安门对西安门，太庙对社稷坛。众多的黛青色的四合院环拱着红墙碧瓦的巍峨殿宇，苑林庙宇与寻常民舍之间，也有着某种颇具意味的对应。这些对称式的建筑群完成了建筑美学意义上的建构，中轴线尤如张开了阔大沉稳的双翼的龙骨，城市的空间布局令人有胜景无限之感，而且更彰显出中轴线的轴心作用和重大意义。

那条由玉泉山水化身而成的龙脉，依然是新的王朝龙穴所在。只不过因为重新设定了紫禁城中轴线，较元代稍偏东，所以龙穴位置稍有不同。

明朝北京城中轴线的设计，为皇权一统创造了永恒不变的气氛。雄伟高大、富丽堂皇的宫苑建筑群，笔直的中轴线，显示了皇权的至高无上。同时也体现着"天下之众，本在一人"的说教。中轴线的意向直接来源于"中"这个汉字，以及"帝王所都曰中，故曰中国"的定都准则。在中国人的思想意识当中，对中心、中央、中庸之道等对称平衡概念，早就建立了根深蒂固的信仰，从而自觉地以中心轴线形式处理城市布局。

自大明门起，至玄武门，在中轴线两侧有多组对称的建筑。如千步廊的城墙外面，东有宗人府、户部、礼部、兵部等主要的文职衙署；西有中军都督府、太常寺、锦衣卫等以军事为主的武职衙门。这种布局正是传统的中轴线理论中，以正穴所在地的中心点确定中轴线方法的运用。承天门两侧东有太庙、西有社稷坛。皇极门中路两侧，东有文华殿、西有武英殿。乾清门内廷，两侧有东六宫和西六宫。紫禁城内的前朝后廷共六座大殿，占据了中轴线上最重要的位置，是封建皇帝统治的中心。

中轴线使全城的建筑坐北朝南，层层推进，向南的永远是正面，北面的都是背影，翘角飞檐的钟鼓楼，正好笼罩在紫禁城的背影里，把紫禁城映衬得越发庄严，更具有了皇权的威仪。相形之下，钟鼓楼则多了一份寻常生活的随意和亲和力。当然，钟鼓楼的角色，实际上还与太和殿前的日晷、嘉量有相似之处，因其在人们生活中的授时功能，亦能体现出统治者的特权。

中轴线在向北到达钟鼓楼后便悄然收尾，用安定门、德胜门中间的那堵城墙打上了一个休止符。在这个闭合的系统中，"王气"氤氲其间，流散不出去。当这一股"浩然之气"弥散到城墙上时，它又会被东边的安定门和西边的德胜门牢牢制住；而那两扇门正是中轴线北端稳当坚实的两翼，有收有放游刃有余。除此之外，之所以中轴线在钟楼戛然而止，还有一个不必明言的目的：由于不再有象征政权的建筑需要占据轴线；也没有人被允许从背后拜见皇帝。北城墙没有了礼制上开设中门的需要，剩下的就是从城池安全的角度去考虑了。中轴线在钟楼之后便无须再延伸，于是散淡地隐没在了寻常街巷之中。

北京的中轴线始终被视为最能代表这座古城的部分。它静默、沧桑而轩昂。新中国成立后，中轴线上的永定门、大清门、北上门消失了。取而代之的是天安门广场、人民英雄纪念碑和景山前街；北京的中轴线，渐渐隐没在了林立的楼宇和穿梭的车流之中。曾经的浑然大气，变得支离破碎。

再后来，因为奥运会的关系，北京开始重新寻找曾经失落的文化标签。于是，消失了半个世纪的永定门被重建了，据说用了近三百多万块砖。破碎的中轴线南终端，又出现在了城市的版图之上。虽然是个差强人意的假古董，但毕竟历史的记忆会重现。奥运会的重要场馆也都坐落于中轴线的北延长线上。北京的中轴线在六百多年之后，又被延伸了将近十七公里，并在奥运会的开幕式上被展现给世人。

登上景山，从万春亭极目远眺，目光越过接连不断的拱形城门，到达闪耀着金色瓦片的皇宫屋顶，如果能见度够高，还可以看得更远。中轴线上耸起若干制高点，从正阳门到天安门，从端门到午门，无不闪烁着一种庄严的秩序之美；更不用提紫禁城三大殿、神武门、景山、鼓钟楼等，更是挥洒着一种宏大文明的色调。而且这些建筑给人的印象、色彩，仿佛还在依季节、时辰、天气和观者欣赏标准的不同而有所变化。

红彤彤的落日以极其饱满的姿态缓缓落下，在楼殿之间洒下斑驳的光影。在昏黄的晚照中，清晰的枝条洒向天空。看得久了，感觉自己是置身于历史、传说和神秘之中。中国历史的焦点凝聚于此，各种角色在这条轴线的两侧粉墨登场，昼夜交割，日月兴替。有一种令人感动的东西穿透了重重岁月，从尘封的历史中涌上来了，它涉及一座伟大都城的价值和情感，充满着一种礼仪和秩序的精神和力量。

风雨神坛的遥远祷告

这是一种接引，更是一种延伸。古老的天坛，与苍天心有灵犀，静默地观照着世间的沧桑荣辱。凡俗尘世的生活呈现出它奇异瑰丽的一面，像被天坛宝顶分割开的阳光一样，闪烁在时空深处，慰藉我们的生命。尽管，我们看不到那双注视着我们的遥远的眼睛。

一阵鸽哨，越过天坛祈年殿圆形宝顶的上空，渐渐远去。天是蓝的，纯净得几近透明；而祈年殿的宝顶，闪烁着剔透的蓝光，应和着晴明的天空，令人目眩神迷。天空的蔚蓝也被映衬着，更富有了一层岁月的深意。

骄阳之下，长长的一队人马走来。没有骁勇铁骑纵横驰骋的马蹄声声，有的只是华盖金冠引领下的杂沓人声、大臣们疾行应诏的脚步声和跪拜帝王时的叩头声。许多人影在金箔似的阳光下衰弱地晃动，看上去几乎要融化了。不过他们终于来到

天坛

这青烟袅袅、古柏森森之地。

一段尘封的历史往事渐渐明晰起来。我们慢慢分辨着，像观看一部 20 世纪的默片。

1420 年的一天，明成祖朱棣仰望晴空，终于长吁了一口气。在他的主持之下，历时十四年，耗费了无数的人力、物力、财力，终于将紫禁城、太庙、天坛等一批恢宏庄严的皇家宫苑呈现在世人面前，初步实现了他的宏伟蓝图。而天坛，作为显示皇家天赐威权的神庙，被选在紫禁城的正南方向，两者相距不过几千米。

天坛建成之后，永乐皇帝朱棣"大祀天地于南郊"，这是在天坛举行的第一次祭祀活动。作为祭天祈谷的场所，天坛本名"天地坛"。而到了嘉靖九年（1530），嘉靖帝又在京城北郊建起了方泽坛（地坛），此后便实行天地分祭，这里便成为名副其实的天坛。

天坛有三大核心建筑，分列于中轴线上：北端的祈年殿，南端的圜丘坛，中间的皇穹宇。每年的农历正月十五，皇帝都要在祈年殿举行祈谷礼，祈祷"皇天"保佑五谷丰登；夏至，在祈年殿祈雨，称为"雩祭"；而到了冬至，又要在圜丘坛祷告、感谢上天护佑之恩，为苍生祈福。

天坛是祭天之所，而皇帝自称是"天子"，为了表示对"天父"的恭敬，天坛的占地面积比故宫要大两倍。天坛主体建筑的屋顶也都设计成了天空的蓝色，以蓝色琉璃瓦筑顶。而在祭天大典开始之前，皇帝都要到丹陛桥东侧专设的具服台，将黄袍换成蓝袍，以示恭敬和虔诚。

转眼到了万历十三年（1585），此时的大明王朝，已是风雨飘摇。危机四伏、江河日下的局势，让皇帝寝食不安。党争愈演愈烈，朝政混乱不堪，阉党独收渔利。国家财政走到崩溃的边缘，官僚地主却仍在侵吞刻剥。

更糟的是，连着多年以来，中华大地天灾频仍。就在这一年，一场严重的旱灾席卷京城。从头一年的八月到这一年的四月间，京城滴雨未下，礼部循旧制先后三次行大雩之祭，但无济于事。亲政不久的万历皇帝坐不住了，决定亲自去天坛向上天祷告。

为了表示自己的诚意，以此来感动上苍，万历皇帝放弃辇车，步行至天坛。这就出现了开头浩浩荡荡的那一幕。文武百官按尊卑排序，列成东西两行，和皇帝一道步行前往天坛。锦旗华盖，数千人的仪仗队缓缓地穿过繁华的街市，在干裂的土地上荡起阵阵尘烟。

复杂的祭拜仪式结束后，皇帝又引领着一干人等步行回宫。

祈祷后的结局是否灵验？这个信息被以各种方式和各种口音所复述，但我们仍难窥探到关于它的准确消息。太多事与愿违的无奈、无处呼告的叹息，共同构成了一种飘零感伤的氛围。

在万历皇帝心中有一种陌生茫然之感，一个个祖先的形象正渐渐消弭于他的脑海里，他们离他如此遥远，而他也正渐渐尾随着他们而去。前方的道路既空旷又拥塞，他百感交集，抬头看到一轮幸灾乐祸的红日，正高悬在回宫的路上。

据说到大明门时，队伍行将解散之际，兵部的一名主事因不堪日晒，挥了一下扇子，被御史发现而罚俸半年。

祭天，是国之大礼，由皇帝亲自执行，在这里，他们不得不遵循一种新的等级秩序，天子须向天父行礼膜拜，不得行使威权，这恐怕是皇帝一生中唯一不敢造次的时候。从明成祖朱棣、明宣宗朱瞻基到明世宗朱厚熜、明神宗朱翊钧，一直到清顺治、康熙、乾隆、光绪……一代代帝王沐浴斋戒，正冠更衣，在"中和韶乐"声中恭恭敬敬地走向祭坛，其目的无非是为了江山稳固，自然也有以天下苍生为念的意思。

清代皇帝至天坛祭天，大都是为了祈雨。顺治十四年，又是一个大旱之年，顺治皇帝至天坛祈雨，巧合的是，礼毕尚未回宫，即天降大雨。由此，顺治帝笃信天意，并定下规矩："以岁旱躬祷郊坛。"

康熙皇帝即位后，承袭了其父定下的规矩，只要出现旱情，就亲往天坛，行雩祭之礼。康熙皇帝以自己的亲身经历告诫皇子及大臣，祭天之事不可怠慢："京师初夏，每少雨泽，朕临御五十七年曩约有五十年祈雨，每至秋成，悉皆丰稔，昔年曾因曩旱，朕于宫中设坛祈祷，长跪三昼夜，日惟淡食，不御盐酱。至第四日步诣天坛虔祷，油然忽作，大雨如注，步行回宫，水满雨鞋，衣尽沾湿……"

同样是那位雄才大略的康熙皇帝，曾经为了一个人而亲往天坛祭天。这极富温情的一幕发生在孝庄文皇后病重之时。康熙是孝庄一手带大的，祖孙之情非比寻常。康熙竭尽孝道，寸步不离，殷勤侍奉祖母，并亲尝汤药，但孝庄的病情始终不见好转。愁眉不展的皇帝想到了祈谷祈雨的天坛，希望上天能助孝庄恢复健康。他亲笔撰写了祭天祷文，在斋戒几日之后，亲自率领皇子皇孙和文武百官，从乾清宫出发，一路步行到圜丘坛，行叩首之礼，向上天祈祷亲人的安康。但孝庄文皇后年老病重，已无回天之力，不久便去世了。

在天坛，遥想当年旌旗漫卷、幡幢林立、华盖蔽日的壮观景象，仿佛真切地触摸到了历史的脉搏。天坛，从历史的浩渺烟波中走来，一直走到了今天，它带给人们的，不仅是思古之幽情，更有杳无穷尽的联想和探奇。

祭祀礼仪、祭天音乐、各种制度等，是数千年中华民族"敬天法祖"思想的延续，但是作为一系列祭祀用建筑，天坛现在已经失去了原有的功能，变成包容了哲学、建筑、美学、音乐、艺术等多学科的文化象征，并且以它的构造、建筑、创意之奇，成为一种文化和文明的载体。

整个天坛区域由十三座建筑组成，整体设计北圆南方，象征"天圆地方"的概念，而其中的主要建筑都是圆形的。古人云："笔圆，下乘也。意圆，中乘也。神圆，上乘也。"天坛之圆不仅仅体现在外表上，也不仅仅是在圆的外表下蕴含着某种意味，而是将外在的形式、蕴含的意味以及内在的精神高度融合起来，创造了一种圆融的艺术境界，象征着宇宙万物循环往复、周而复始的运动过程，以及生命流转、生生不息的精神。

登坛祭天，首先要有"天上"的感觉。古代的建筑师们深谙此道，他们在设计上动了不少脑筋。首先在进坛时，要经过两重门，在每重门内，人们都会看到茂密的柏树林。这既有利于使人产生逐步远离尘世的脱俗之感，同时又在沉静的绿意中，用一种肃穆静谧的气氛洗去人们的燥意。在密林尽处，通过斜阶登上甬道，透过低矮的蓝色墙头，祈年殿猛然映入人们眼帘，会有一瞬间的震慑之感。蓝色琉璃瓦加上大片的柏林，祭坛内外由此形成了两个天上与人间的分野。

因此，当人们来到天坛，徜徉在翠柏、蓝瓦、苍天、白云之间，每每会被一种强大的力量引向"太虚之境"，弃绝了一切的个人恩怨、情趣，进入一种忘我的"天人合一"的境界。"篆烟微袅心如水，寂静阶墀尽太清。"这是乾隆皇帝在天坛斋宫斋戒时写下的诗句，也是斋宫太虚之境的真实写照。

天坛的神韵大抵如此。

对于今天的人们来说，遗落在北京南城的天坛，在城市化、商业化和现代化的推进过程中，它只是一个遗迹，见证了一段沧桑的历史，一种神秘的文化。但即便如此，它依然散发出迷人的气息，因了它的建筑之奇、构造之奇而风生水起。

祈年殿是天坛的主要建筑之一。基于"天圆"的哲学理念，它被设计为圆形；又基于"天有九重"的原始认识，建筑的高度为九丈九。殿内中央的四根大圆柱代表了一年四季，而殿内中层的十二根柱子则表示一年有十二个月，外层的十二根檐柱又代表每天的十二个时辰；两排柱子加起来的数目是二十四，则象征性地代表了一年的二十四节气；三层柱子的总数为二十八，象征周天的二十八星宿，再加柱顶的八根童柱则代表三十六天罡；殿顶的周长为三十丈，象征一个月有三十天……

凡此种种，整座建筑就是一个象征性的综合体，它把数字和哲学理念、数字和时间、数字和文化传统一一对应起来，就像一座集合了哲学、文化、建筑艺术的纪念碑，供人参悟和景仰。

圜丘坛也是如此。圜丘坛是皇帝冬至日祭天的地方，又称

"祭天台"。圜丘坛照例是圆的，有三层台基：最上层代表天，中层代表地，底层代表人。四周均以汉白玉作围栏，看上去并无特殊，但细细数来，却发现其中隐藏着惊人的数字奇迹。每一层坛面的石块，四周的栏板数和台阶数，都是九或九的倍数。

更奇妙的是，在最顶端的一层台基上，正中心有一块圆石，以它为中心，艾叶青石一条一条地铺展开去，如同散射的阳光一样，形成一个扇形，刚好是九圈，而用掉的青石，则是九的倍数八十一块。在中国的传统文化中，天属阳，地属阴；奇数属阳，偶数属阴。因为"九"是"阳数之极"，所以"九"就是"天数"，传递着"天有九重"的理念。

圜丘坛的中央有一块圆石，名为"天心石"，当人站在圆石上轻声说话时，自己听起来声音很宏大。当年的皇帝命天坛的建设者们利用声学原理，形成一种奇妙的声学现象，从而赋予它象征意味，大致是天下归心、与天同在的意思，同时也赋予了这块石头"亿兆景从石"的美名。

不难想象，当你站在圜丘坛的中央仰望苍穹，天堂似乎近在咫尺，你可以和上苍对话，发出你内心真切的声音，此时，天堂之光必将照耀你的头顶，你将获得重生。

对于"天心石"的奇妙声学现象，清末画家金梁揭开了它的奥秘。圜丘坛中心圆石"天心石"的位置，是圜丘坛的中心点。人站在上面讲话，声音通过空气向四面八方传播，圜丘坛下面有高度不同的护栏及形状不同的围墙，声波传递出去，遇到远近不同的障碍返回的时间不同，因此不是一个回声。站在中心圆石上讲话，发出的声音遇到四面圆形护栏时，同时返回，形成好像不只一个人说话的现象。如果不站在中心圆石上讲话，则声音发出后涣散不集中，没有回声。

天坛利用声学原理创造奇迹的地方不止一处，举世闻名的回音壁堪称声学杰作。回音壁是天坛另一处主要建筑皇穹宇的围墙。乾隆朝曾对皇穹宇进行了改建，改为单檐式殿顶，地面用青石铺墁，围墙墙身及槛墙用临清城砖砌成，这种城砖以"敲之有声，断之无孔"而著称，敲击起来会清脆作响，或许正是因为这个原因，回音壁上的城砖被无数的游人抚摸过、敲击过，以至上面泛起了一层晶亮的光泽。

同样，有无数的游人慕名来到回音壁，乐此不疲地尝试那个声学游戏。游戏是这样的：两个人各站在墙的一端面墙说话，声波沿着墙壁一路反射，能够像电话一样把声音传递到对方那里。而在皇穹宇的台阶下，有三块石板，即回音石。站在靠台阶的第一块石板上击一掌，可以听到一声回音；站在第二块石板上击一掌，可以听到两声回音；站在第三块石板上击一掌，则可以听到三声回音。奇怪的是，站在第二、第三块石板以外的人，根本听不到那种奇妙的回音。

回音壁在传递着人与人之间对话的同时，也传递着来自上天的声音。它是天与地与人的传声筒。虔诚的祈祷，殷切的呼唤，穿透了浩瀚天宇，穿透了无边的黑暗，一往情深地表达着人类的渴求，而希望，总在其中。冥冥之中存在着一个神秘的倾听者，他持之以恒地收集着人类的种种愿望却从不现身，只是让时间、让历史来见证一切。诉求与倾听，这种交流总是在不经意间进行着，就像在一条长长的、永无止境的时空隧道里，越往里走，听到的回声就越清晰。

当初，天坛的建设者们利用声学原理，在几块看似寻常的石头间随意施展着魔法，营造出一种上天有灵、天人相应的氛围，无意中为这个庄严肃穆的祭祀之地增添了许多意趣。但无论如何，它来自于历史深处，经历了岁月的磨洗，散发出深沉的气息。就连那条三百多米长的甬道，也是那样地引人遐想，站在甬道上南望，眼前门廊重重，越远越小，天地间浩渺雄浑，极目无边。

相对于祈年殿、回音壁等主要建筑，斋宫是一处安静的所在。当年皇帝祭天时，一定要在这里待上三天，沐浴斋戒，而后从斋宫起驾，在悠远的钟磬声中，在袅袅不绝的香雾中，出现在丹陛桥上。待皇帝神情肃穆地登上圜丘坛后，程序复杂繁琐的祭拜仪式开始了。

如今，每到春天的时候，斋宫内外两道护城河的河池里铺满了盛开的紫花沙参，而榆叶梅绚烂的花枝则在红墙绿瓦的重重回廊和房舍间若隐若现，透露出一股庭院深深的人间气息。

祭祀天神、天法自然、人天感应、天人和谐等哲学思想，是天坛文化最深层次的文化积淀。天上人间，就在同一处屋檐下交集；天坛，仿佛是离神最近的一片净土。人类对于天和神的崇拜在这里得以外化，而这恰恰是人类得以生生不息的精神命脉。人与天、人与自然的关系，都在这一方苑墙里保持着微妙的和谐。当我们离神越来越远时，蓦然回首却发现：即使在那蒙昧岁月里，先人对宇宙的探索也从未停止过；即使历史只给我们留下一片断壁颓垣，其智慧与精神也是不朽的。

钟鼓楼的时间哲学

　　钟鼓楼午后的金色阳光沉静无声，充满着玄象和智性，仿佛是对时光的吟哦和歌咏。从某种意义上说，钟鼓楼就像一个巨大的计时器，记录着日升月落、朝代更迭。我们在苍茫悠远的晨钟暮鼓里直接面对时光，面对它那宏大、绵延的存在，以逝者如斯的平静和安详，与永恒息息应和……

　　出斜街，沿地安门外大街往北，左侧便是红墙朱栏的鼓楼，青砖素瓦的钟楼则位列右侧；它们共同构成了北京中轴线壮美逶迤的余音——如果说故宫是北京城中轴线的高潮，而鼓楼和钟楼，则是中轴线的意味深长的尾声。时至今日，在元大都如同棋盘一样经纬分明的街道设计里，唯有钟鼓楼所在的街道，依旧忠诚地遵循着往昔漕运的走向和布局；作为一种年代久远的报时工具，钟鼓楼见证着北京城几百年来岁月的变迁，也见证着一代代北京市民庄严而生动的流水生涯。

在元、明、清三个朝代，这里都是北京城的报时中心。1272年，钟鼓楼被精心建造在元大都都城之中，成为古代都城的司时中心。从那一刻起，钟鼓便成为传递时间的使者，启闭城门的信号，在一代代北京人的心目中，树立起一种特有的神圣与威严，同时满足了报时、施教、扬威的需要。钟鼓楼日益成为国家机器的重要组成部分。

时间是一切实体存在的要素之一，"声与政通，硕大庞洪"，"以时出治"，又能昭示法度、安定民心。回味"钟鼓楼"这个名词，就会令我们悠然获得一种历史和时间的纵深感。年复一年、日复一日的暮鼓晨钟，以一种空旷廖远的宏大意境，使古老都城的人们逐渐对钟鼓之声产生依赖，渐而转化为尊崇，达到了空前的教化效果。

此时我站在钟楼下，北风正大。仰望天空，感觉天幕正在一片一片被撕开，四面八方都是风的通道和碎片。岁月嬗递，钟鼓楼仍不失往日的华丽和庄严，虽然高楼上早已传不出晨钟暮鼓的肃穆与清朗，然而心绪依然在历史的四野八荒无序地蔓延，不知能否跨越七百年的时空。元宝脊上的阴阳瓦和兽头瓦在改变着气流的走向，扩张着声音的通道；而时间的弥天洪水在通过每一个具体的生命，也使他们看到了它更真实的茫茫无声的面容。

钟楼是北京城中轴线北端的标志。元代《析津志》载文："钟楼，至元中建，阁四阿，檐三重，悬钟于上，声远愈闻之"。后来毁于一场莫名的大火。明永乐十八年（1420），钟楼在元大都

钟鼓楼

的万宁寺中心阁的旧址重建；发声"清宵气肃，轻飙远扬"。

历史的宿命有若轮回，不久钟楼又毁于大火。到了清乾隆年间，乾隆认为钟楼是紫禁城的后卫，那口大钟则是中国的皇钟；于是"柱桄槺题，悉制以石"，钟楼再次重建，而且第一次采用砖石砌筑，从此令钟楼消除了火患。两年后钟楼竣工，喜欢舞文弄墨的乾隆皇帝没有忘记洋洋洒洒写上一篇惊世奇文，以垂范后人。

现在的钟楼分上下两层，底层是拱券式砖石城台，上沿四周建有雉堞。四面开券门，券洞内呈十字相交形，中心相交处为一边正方形"天井"，往上与二层相通，可仰望大钟。钟声通过"天井"的共鸣，产生巨大的振波，向古城四方传递，浑厚的钟声，十余里外都能听得见。

钟楼所有窗户均是罕见的石雕窗，四周有汉白玉石护栏，内部东侧筑有七十五级石阶直达二楼。二层建筑独成一体，坐落在城台之上。正方形汉白玉须弥底座，上沿四周镶嵌着洁白的石护栏。重檐、歇山顶，上覆黑琉璃瓦绿琉璃剪边，显得精臻凝练。券门两侧有汉白玉镶边的拱券式暗窗相衬，窗心是古拙淡雅的砖雕花草图案。大额枋、檐檩、斗拱、檐椽等均为石料剔凿而成，上面仍保留了清式旋子彩画，两侧山花均为琉璃砖拼制而成的金钱寿带，饱满遒劲。

对钟楼雄伟的飞檐杰阁，乾隆皇帝曾有过这样的赞誉："尺木不阶，屹然巨丽。拔地切云，穹窿四际。岌业峥嵘，金觚绣甍。鸟革翚飞，震辉华鲸。"而报时的巨大铜钟，铸有"永乐年月吉日制"的印记，即悬于楼中央八角形木框架上。铜钟重约六十三吨，居然比大钟寺里的永乐大钟还重十多吨，可称中国古钟之最。其以响铜铸成，声音淳厚绵长，据称"都城内外，十有余里，莫不耸听"。

华夏祖先对于时光的流逝有着切身的体认，漏、晷、钟、表……种类繁多的计时工具表达着他们对时间的敬畏。钟鼓楼曾经是北京人最熟悉的声音，不论是文武百官上朝，或是百姓生活，都要倾听"击鼓定更撞钟报时"的韵律。从钟声鸣响的那一刻起，人们就感觉到时间在那一瞬间忽然显现。而平日，它潜藏在琐碎和繁杂的生活表层之下，没有响动，没有声息。

钟楼内部建筑结构与声学原理的统一，使钟楼这座古代建筑更独具特色。重建后的钟楼，不仅巍峨、壮观，而且把建筑结构、共鸣、传声三者巧妙地融为一体。"天井"与"十字券洞"的贯通，恰似上下两个重叠的共鸣腔，使钟声回旋千腔体，产生共鸣。不仅钟声得以扩大，而且更加圆润动听。

只是不知道这钟中之王是如何铸成，如何运到这里，又是如何挂在这梁上的。

民国时期，钟楼被改为通俗电影院，据说因为营业不佳，时演时辍，后来干脆辟成了自由市场。虽然远不如鼓楼院落大气，但是因为紧邻民房，钟楼显得清雅幽静，有种超然于世的感觉。有时你会恍然感觉，钟楼就像是一个深居在老北京灰墙青瓦的四合院里的隐士，展现着深邃的文化风骨。

从地理位置上来看，鼓楼位于几条重要马路的交会处，楼前车水马龙，从古至今都是附近街市的标志性建筑，宛如一位披着光鲜的铠甲每天准时站岗的卫士。透过密密交织的叶隙，往上，能看到鼓楼的翘角飞檐。

太阳已经西斜了，这是一天中最适于登高的时光，崔颢就是在这一时刻登上了黄鹤楼，李白就是在这时刻登上了凤凰台，辛弃疾也一定是在这时刻登上了北固楼。鼓楼虽然总共就只有两层，但想要上去的话，任谁都得费些力气。登上鼓楼，向南可见什刹海水波清浅、景山万春亭巍然屹立，令人感觉钟鼓楼的声音虽成绝响，但是它的存在已凝固成一种悠远之美。

鼓楼二层展示有一件古代计时器的模具，据说称作"铜刻漏"，已有近千年历史，原物已经遗失，但就其仿制的外形看，共有四口水箱依次相叠，有一个造型逼真的铜俑双手持铙，每到固定时间就会自动撞击，创思之精巧，令人击节。另一件名为碑漏的，虽已失传无法仿制，但仍能让人悠然想见时光奔涌给先人带来的灵感与内心的共振。

在以这个报时建筑为中心形成的浓郁生活氛围里，鼓楼在漫长的岁月中，成为引导城市生活起居的地点。如果说故宫是草芥之民绝无可能踏入的皇家禁地，而鼓楼一带，则已逐步过渡到平民百姓柴米油盐的日常生活；在这样一个充满张力和意趣的衔接点下，演出过多少王公权贵和草根百姓生死歌哭的故事？历史像一个巨大的涡流，一切都在其中变得混沌不清了。

鼓楼到清代时已经重修了很多次，保持着相同的建筑规模，它的报时功能也一直延续到20世纪初期。1924年，末代皇帝溥仪被逐出紫禁城，负责击鼓撞钟的銮仪卫因而废止，经历了这一场历史的重大变迁，钟鼓楼从此就成为失语的沉默建筑。当然也不能让它闲置，京兆尹薛笃弼动了脑筋，将鼓楼辟为"京兆通俗教育馆"，开创了民国时代对民众教育的先河。为了使国民永记八国联军侵占北京的国耻，薛笃弼还一度将鼓楼更名为"明耻楼"，展出了大量的国耻照片和实物，据说被八国联军刺破的一面大鼓，陈列在鼓楼内，警示后人。后来，鼓楼改为"第一民众教育馆"。新中国成立后，钟鼓楼一直作为群众文化馆而存在。

钟鼓楼的钟鼓声不仅传达了报时的声响，更传达了一个广阔悠远的历史和文化的信息，雄奇高伟的建筑，延续着我们对时间和历史有意味的倾听，让人在悠长的回音中有所感悟。

在钟鼓楼被设为报时中心之后很长的一段时间内，这里都是作为商业标识而存在的。在七百多年前的元代，大运河的终点码头距离鼓楼不远，当水势浩荡的漕运河流从周边迤逦而过时，鼓楼自然就成了南北货物的集散地，加上南端是宫城，北端是集市，这里很容易就涌现出无限的商机。什刹海和积水潭一带成了百姓游憩的好去处，在当时就有帽子市、皮货市、鹅鸭市、珠子市、柴炭市、铁器市、米市、面市等，加之当时的贵戚、勋臣多集中于此，购买力集中，可以想见其一时的繁盛。北京城一个名副其实的商业心脏就此形成。纵横交错的街巷中充斥着丰富的色彩、音响和气味，使这片街区保持了一种不衰的活力。

到明代，大运河终点已然抵达大通桥，中轴线也随之东移，整个北京城呈现向南发展的态势，随着城市机能的变迁，钟鼓楼一带逐渐从喧嚣走向平静。什刹海的湖光水色，开始吸引着京城里豪门权贵、文人墨客的眼光，这一带也因此走向了游赏

钟鼓楼的时间哲学

休闲与市场相结合的道路。到了清代，这一特点更为明显，尤其钟鼓楼地区是正黄旗和镶黄旗的驻地，有着极强的消费能力，这也更带动起钟鼓楼附近的繁荣发展。

没有了漕运码头汹涌的浮躁和喧闹，钟鼓楼地区开始变得树荫匝地，充满了闲适悠然的趣味。一种新的潮流出现了：一些王公贵族看中这里汇聚着什刹海和积水潭得风望水的气势，纷纷在什刹海边择地建房而居，鼓楼地区越来越热闹。众多的商号也闻风而至，鼓楼前及烟袋斜街陆续出现了很多铺面，钱庄、茶馆、当铺、浴池、烟社、布店、米市、饭庄云集。《红楼梦》中写的"恒舒当铺"，其原型就在鼓楼前。当这一商业区鼎盛之时，王府井、西单等商业街区尚默默无闻。直到今天，我们在地安门外大街上还可以看到不少真正的北京老字号。

民国初年社会的变革，钟鼓楼之间又变成为百姓设场游玩的所在。西风东渐，钟楼之下开始有了电影院，中国特色的"平民市场"自然也在发展，不少商贩和民间艺人长期活跃于此，把这里变成日趋繁华的民间商肆和娱乐场所，使之有不输于天桥之感，钟鼓楼开始有越来越丰富和独特的精神魅力。朱光潜1936年在《论语》半月刊上发表的散文《后门大街》中写道：

到了上灯时候，尤其在夏天，后门大街就在它的古老躯干之上尽量地炫耀近代文明。理发馆和航空奖券经理所的门前悬着一排又一排的百支光烛的电灯，照相馆的玻璃窗里所陈设的时装少女和京戏名角的照片也越发显得光彩夺目。

民国时期鼓楼商业街的光与影如此耀眼，令人神往。据说在当时，就连前门的谦祥益和豫丰鼻烟铺，都到这里开起了自己的"北号"，吸引了北京社会各个阶层的人们。鼓楼合义斋、福兴居灌肠等，也都在这里起步扬名四九城；还有个名声在外的鼓楼市场，以物美价廉著称，有点像我们现在的尾货市场。新旧商家一茬一茬地交替着，见证着鼓楼和钟楼永不止息的生动脉息。

这个与民众生活息息相关的建筑遗存，留给人们更多的恐怕是一种深刻的生活记忆；"晨钟暮鼓"声虽然只有象征意义，却也成为老北京人记忆中永不消失的场景，它映衬着万家灯火，离合悲欢。

随着天色由晶黄转为银蓝，沉睡了一夜的城市苏醒过来。

鼓楼前的大街上店铺林立，各种招幌以独特的样式和泼辣的色彩，在微风中摆动着；骡拉的轿车交错而过，包着铁皮的车辖辘在石板地上轧出刺耳的声响；卖茶汤、豆腐脑、烤白薯的挑贩早已出动自不必说，就是修理匠们，也开始沿着街巷吆喝："箍桶来！""收拾锡拉家伙！"……卖花的妇女走入胡同，娇声娇气地叫卖："芍药花——拣样挑！"故意在鼻子上涂上白粉的"小什不闲"乞丐，打着小钹，伶牙俐齿地挨门乞讨……

钟鼓楼的时间哲学

这是北京作家刘心武在自己那部代表作中描述的景象。一部《钟鼓楼》，写尽了钟鼓楼周围四合院居民生活的点点滴滴，他们在这里生活了几十年，已经习惯了每天听着钟声、鼓声作息的日子，正是他们，书写了一幅北京平民生活的当代画卷。

1961年，刘心武从北京师专毕业，成为钟鼓楼附近中学的一名教师。在柳荫街居住的十几年间，他经常在什刹海、烟袋斜街、鸦儿胡同、花枝胡同一带活动，梦想着自己的事业和爱情。日子久了，老北京的世态人情，他们的足迹、眼泪和欢笑，他们的热血、智慧和辛劳，慢慢也渗入到他的思维和感觉中，给予了他创作的冲动。

钟鼓楼作为亘古不变的时间意象，在他的思想和气质中占据了越来越重要的位置；在小说《钟鼓楼》中，钟鼓楼有如一道苍老而悠远的目光，将人的悲欢、历史的变迁，定格在时间的瞳孔里。铸钟的帝王将相早已灰飞烟灭，消逝在历史的尘埃里；而《钟鼓楼》虽然沉默地依身于寂寞的书架，却封存着一种敦厚安详的旧京气韵和人文气质，为这城与人的交融作着历久而弥新的见证。

七百多年来，旧鼓楼大街的宽度始终没有大的改变。从景山上登高北望，在黛色西山阴晴不定的云影之下，北京的各色楼宇在景山脚下静静铺陈，气态高古的鼓钟楼仍在以一种严格的比例，沉默地耸立在中轴线上，仿佛在顽强地证明和凸显着某些事物的重要和庄严。

从元代始建以来，曾经历雷击、大火，直到清代仍不断重建修缮，钟鼓楼现在仍安稳地立于大地之上。作为一种文化记忆和文化想象中的北京形象，美国《时代》周刊曾把北京钟鼓楼评选为"消失前最值得一看的地方"：如果你有时间，的确应当到鼓楼一带看看。不必有什么旷日持久的乡愁，只需到钟楼与鼓楼之间的地段烤几串羊肉串，喝一碗炒肝，要盘爆肚，或许只是面对某条胡同坐定发呆，看从你身旁淡然走过的居民、低矮平房顶上随风摆动的杂草，以及沧桑老树的影子。屹立几百年的钟鼓楼，自会向你提供历史的模糊残片，让你转眼就从熙来攘往的现代，跳跃到悠远平和的从前。

风渐渐地大了，我听见城楼上的木门木窗被吹得咯咯直响。在一瞬间的恍惚中，钟与鼓再次被击响，那空空荡荡的一唱一和，把远山涂染成了最纯粹的金色，抖落光阴的尘土。钟表里的刻度，静默地周旋于一切之上，那是淹没万物的滔滔洪流，是宇宙神秘的意志。在岁月中日渐古旧的钟鼓楼，会在沉思中被唤起超越时间的崭新生命。钟鼓楼附近的春风秋雨沉静无声，充满着玄象和智性，是对人类永恒时间的吟哦和歌咏。我们在苍茫的水流之上直接面对时光，面对它那宏大、绵延的存在，以逝者如斯的平静和安详，与永恒息息应和。

圆明园：一曲悲笳吹不尽

过往的一切，已被悲怆与荒凉掩盖。站在圆明园那些残破的石柱旁，天壤云泥。穿越一百多年晦暗不明的时光，在 2010 年夏天的黄昏里，我站在这些残破的石柱旁，观望四周，犹如观看黑夜中跳动着的一颗痛苦的心脏……

华美的园囿，转到我的视线里时，早已荒草残碑，只剩下些断壁残垣，静卧在满天云霞之下。一排排枯萎的芦苇根在冬风里轻轻摇曳。最后的阳光打在凌乱的废石块和瓦砾堆上，在雕廊楼柱间洒下深浅不一的光晕。一根根洛可可风格的石柱横躺竖卧，一块块檐壁和三角楣淹没在荒草之中。

这些东西，由于是石头制成的，都留了下来，尽管仍处于废墟的状态，而其余的一切都已荡然无存。高大的废墟静卧在满天云霞之下，见证了此间多少悲欢起落。我仿佛看见它们在烈火中轰然崩塌的场景。我的脑中再也升腾不起关于大理石、汉白玉、青铜和瓷器的梦境，那些天鹅、朱鹭和孔雀早已不知所踪。只能看见大批乌鸦，沿着黄昏的边缘，在偌大的废园中低飞。

1860年，装备着来复枪和连发枪的英法联军，与弓马娴熟的清王朝政府军，在北京通州八里桥打了一场相遇战。八里桥边征尘蔽日，清帝国的骑兵发动了一次又一次英勇无比的自杀式冲锋。清军阵亡了五千人，许多八旗军官杀身成仁；而僧格林沁所辖清军无法抵御敌方的强大炮火，最后终于绝望地溃退。英法联军方面也差不多耗尽了所有的弹药。

落日熔金，苍水浮云，天地四方一片茫然，北京城陷入了难堪的彷徨与凄楚之中。

清王朝遭遇了史无前例的创伤和羞辱。一个衰老帝国的逻辑碰上强硬的殖民主义的逻辑，那后果足以让后人陷入一种欲哭无泪的痛苦境地。

北京城头没有任何备战的迹象。天色昏黑，一轮黯红色的满月挂在宫殿的飞檐上。宫墙下站满了手持戟戈的禁兵。此刻在养心殿上，隐约还能看得见久病的咸丰坐在正中，一阵强烈的孤独感，正在向他袭来。他举目四望，仿佛置身于一间寂静而漆黑的空屋。

一群阴沉沉的影子正咆哮而来。这些年，他时常能感觉到它。开始只是在梦里，后来白天它也光顾，而且越来越频繁。它们无形，但却巨大，大得没边才无形。它们无脚，但是在逼近。它们一步一步，无声无息，却地动山摇。他觉得它们的呼吸像风一样。它们无形的眼睛像深长的山洞，里面奔腾着无数龙蛇

圆明园

圆明园：一曲悲笳吹不尽

虎豹，全张着血盆大口。

这些影子，令他想起狼群的眼睛，密布在帝国辽阔疆土的周围。终于，他摩挲着龙椅冰冷的扶手，疲倦地闭上了眼睛。无尽的黑暗顿时淹没了他。

殿内肃立着同样束手无策的王公大臣，黑暗雕塑般的人影缺少鲜明的轮廓。他们带着一种隐隐伤感，一种对未来心力交瘁的焦急和无能为力，找不到一条穷途中的出路。终于，在英法联军攻陷朝阳门之时，咸丰在跪拜祖先之后选择了逃离，逃离这座宏伟的皇家宫苑。

如果彼此没有其他交流的可能，那么，战争可以被认为是最后一种交流方式，双方通过血与火表达自己的观点，只是双方都会在战争中丧失理性的判断与倾听的耐心。然而，历史的路，在中国总是越走越窄，西方殖民者与东方帝国都失去了选择的机会和转还的余地。它们在刀刃上相逢，并且，只能以血的方式进行交谈。

陈旧的史册中风雷激荡，字里行间风声鹤唳，字字惊心。清军败给了大炮和来复枪——这些清朝贵族眼中的"淫技奇巧"、仅能供开心取乐的"玩艺儿"。为江山版图流尽最后一滴血的清国武士，给英国官兵以梦一般的感觉。一位英军随军牧师在日记中写道："出乎所有人的意料，战争竟然如此顺利。整整一天时间，我们只打死中国士兵，自己却几乎丝毫无损……如此不可思议的战果充分证明，技术和文明比军队数量更占优势……"

英法联军在夺占八里桥后继续进军，僧格林沁率残部退驻到安定门、德胜门以外，所剩人马已无法担负防守北京的任务，其残部竖起了免战的白旗。至此，北京城完全暴露在了英法联军的枪口之下。

英法联军打进北京以后，没有攻占紫禁城，反而绕过京城，直奔西郊的圆明园。10月6日黄昏，法国军队占领了圆明园。此时清帝国的军队已经全面蒸发，奋起抵挡的竟是留守的几十个太监。

10月18日凌晨，遵照额尔金和格兰特的命令，英军米启尔将军指挥数千名英军的步兵和骑兵，纵火焚毁圆明园和清漪、静明、静宜三园。整整三天三夜的大火，这座历经康雍乾三代近一百五十年时间建筑的皇家园林毁于一旦。大火持续三昼夜不熄，浓烟蔽日，本来秋高气爽的北京，却被浓重的黑烟笼罩，整个城市满目萧然。

一个英国军官在日记中写道："焚烧从夏宫开始，一直蔓延到西边所有的皇家园林，大约一百多平方公里的范围。黑色的烟雾和红色的火焰，为燃烧的夏宫提供了强烈的背景。士兵们说，今天傍晚的景象一定非常漂亮。"

重重烟雾，从树木中蜿蜒曲折地升腾上来了。飘荡的火焰卷曲成奇奇怪怪的彩结和花环，那些历代收藏的举国仰为神圣庄严之物，全都付之一炬，化为劫灰。在那三天的焚烧当中，出动的士兵达到三千五百人；成百上千的建筑物毁于一旦，庞大奢华的财富转瞬变为烫人的灰烬。

在焚烧的时候，士兵们发现了一个秘密的仓库。那儿有许多六十多年前马嘎尔尼爵士赠给中国皇帝的礼物。中国人早就拥有大英帝国的大炮和枪支，这个发现令这些来自西洋的士兵惊讶不已。

在圆明园里一座叫作"鸿慈永祜"的宫殿里，三百多名太监和宫女反锁大门，希望在这里逃过一劫，但是，三百多人最终被活活烧死。他们绝望的哭喊淹没在噼啪作响的火焰声中，放火的联军士兵甚至不知道他们的存在。

这样的场景混合而芜杂，这样的情景迷离而伤惘。大火过后，圆明园化成了一片焦土。历经百余年精心建构的十六七万平方米的园林建筑，绝大多数被无情焚毁，全园仅存双鹤斋、蓬莱瑶台、海岳开襟三个景群以及二三十座殿阁亭廊、庙宇、值房和园门，而这些仅存建筑物的门窗也因连日高温烘烤严重变形，里面的物什也都被洗掠一空。

与此同时，万寿山清漪园、玉泉山静明园、香山静宜园里的大部分建筑，也都惨遭焚毁。法国人伯纳·布立赛在《1860：圆明园大劫难》一书中写道："不妨大胆打个比方。圆明园之因英法联军之过而毁于一旦，很可能相当于凡尔赛宫加卢浮宫博物馆及法国国家图书馆全遭普鲁士军队焚毁。"

一座旷世名园的绚丽光彩，都在黑暗和火光中旋转起来，最后都已成不堪回首的往事。火光一停，天地间便立即陷入了一片死寂，一种悲愁悄悄笼罩过来，浓稠地凝结在空气里。一个绝代名园，最后只剩下残破的柱础、石雕、石碑、石构件和御花园假山卷门，散落在水杉林中，忽隐忽现，像一个个历史的谜团。

而这里，曾布满了楼榭亭台，堪称世界上首屈一指的游乐之所。清朝统治者在明代遗址故园的基础上，浚池引水、培植林木，花费大量人力物力，构筑了这座充斥着亭榭楼台和宫墙楼宇的皇家宫苑。经历了整整一个多世纪的修建过程，这是一个旷古未有、史无前例的大工程。林语堂于《皇城北京》一书中写道："这座供康熙和乾隆皇帝享乐的宫苑是何等壮观，与它相比，西方的城堡简直如同玩具一般。"

这个旷世园林最终拥有一百多组景观、将近一千座宫殿，占地五千多亩，园林由圆明园、长春园、绮春园三部分组成，既有宫廷式的高雅华丽，又有江南水乡的秀丽多姿。一座名园的瞬息兴亡，就像是一个王朝的微观兴衰史，极是耐人寻味。

1644 年，东北的满洲人南下取得了汉人朱氏家族营造了二百多年的皇宫"紫禁城"。中国历史上的皇家政治从形式上进入了最后的一段路程。似乎存在着预感，新主人很快就感觉到看上去雄伟壮丽的皇宫并不适合居住，巨大的宫殿由木头建造，很容易着火，偌大的皇宫因此被一堵堵宫墙分隔成一个个封闭的空间，这些高耸的宫墙用阻断空气流通的方式来防止火灾的蔓延。康熙需要突破千百年来的皇家"命格"，承担着给重复明灭的皇家命运找到并且控制"生气"的责任。

圆明园的历史开始于清康熙时代。当时吴三桂等人的叛乱虽已平定，但西北地区战事未竟，不过清廷统治者的心已经全然放下。康熙皇帝玄烨少年亲政，经过数年征战与建设，政局渐趋稳定，经济日益发展，逐渐开创出了一派盛世气象。大约从 1680 年起，康熙皇帝终于腾出手来，开始进行皇家内部的"家庭"建设。他先是在北京西郊修建了玉泉山静明园，之后，又于 1687 年，在明代国戚武清侯李伟的别墅（清华园旧址）上，建造完成了京城西北郊第一座皇家园囿——畅春园。

"圆明"这个名字是佛语。这两个字在字义上是"圆融和普照"，意味着完美和至善。康熙被誉为"佛心天子"，因此，他选择这个富有佛学意涵的名词作为宫苑的名字。

玄烨兴建畅春园，以"避喧听政"的名义进行，朝野各方都没有话说。不过弘历对方壶胜景（圆明园景观之一）的题词，还是隐约透露了清廷耗费巨资修建皇家园林的初心："海上三神山，舟到风辄隐去，徒妄语耳。要知金银为宫阙，亦何异人寰，即景即仙，自在我室，何事远求"——一言以蔽之，无非是建设皇家的极乐世界罢了。

至雍正时，圆明园拥有将近二百座宫殿，面积有三千亩。在它的周围，二万四千名皇家卫队毫不懈怠地日夜巡逻。与现代人所习见的鳞次栉比的高层建筑不同，圆明园绝大部分是单层建筑。在传统的中国式思维里，高层建筑实在是匪夷所思的事情。1943 年 11 月 1 日，宫廷画师、法国人王致诚在给达索先生的信中写道："我们的楼层在他们看来简直难以忍受，他们不明白我们怎么能冒着摔断脖子的危险，每天上下一百次到五层楼。"当年，康熙皇帝曾经对外国人的居住方式深表同情，他在看过欧洲住宅和西洋楼的平面图之后评论说："西方一定又小又穷，因为它没有足够的地皮来发展城市，因此人们不得不住在半空当中。"作为一个皇家园林，圆明园自然不会吝惜"地皮"，尤其不会无视"安全"和"景观格局"，选择建在"半空当中"。

圆明园里到底有多少景观，就连圆明园研究专家们也说法不一。造成这种混乱的主要原因是划景标准上的差异。按照园林学上的定义，"景"者，指的是以建筑为中心，配合周围山水地貌、树木花卉所呈现出的独成格局的园林风景群。具体到圆明园来说，因为圆明园的景观结构太过繁复，很多景观属于"园中有园""景中有景"的套层结构，无形中给景观的认定带来了不小的困难。不过，笼统地说圆明园有一百余个景观，大体是可以的。

在帝王心里，他们花费漫长时间经营的皇家园林，或许寄托着更深远的意境。它们应该是具体的，既集纳着中国传统宫廷的优点和特质，又有西化的风味和情趣。但还应该是生动的，既避免了刻板呆滞的模仿，又流淌出真实细腻的古典韵律。尤其是乾隆时期，乾隆皇帝自下江南归来，便力图把江南的风光搬到北方来。此外，圆明园还融合了欧式的建筑，将中西不同风格的园林建筑巧妙地合为一座大型皇家宫苑，被誉为"一切造园艺术的典范"和"万园之园"。经过水系整治，山体堆塑，用小尺度的山体将海淀分成多个小园，又用活水将小园连为一体。建起飞檐斗拱、雕花彩绘，移来奇松怪石、西洋水法——这些山水园林达到了传统营造技艺的顶峰。而有些西式建筑，开始在园区建造的时候，已经被博大的中国传统文化消化吸纳了，比如西洋楼，房顶一律采用中国传统的琉璃瓦，配合得极其协调。

漫长的岁月里，数位帝王在园林建筑上倾注了极大的热忱，终于在这座浩荡广博、面积达到五千二百多亩的园林里，营造出了山高水长的园林盛景。

在清代统治者对园林经营的炙热追求中，园林越来越成为他们重要的活动场所和施政所在。长春园作为政务中心，比照紫禁城设置了全面的行政机构。在西转角处设立有户部、刑部、内务府、大理寺、武备院、护军西四旗的朝房，在东转角设置有内阁、吏部、礼部、兵部、国子监、护军东四旗的朝房，它们成片连缀，连绵不绝。在嘉庆之后当政的道光和咸丰两位帝王，平均每年大部分的时间也都是在这里度过的，圆明园毫无疑问地成为紫禁城之外全国最大的政治中心。

数不胜数的节日、宴请、游乐和典礼是大清盛世最为直观的标志和象征。在园林建设和日益盛大的过程中，五朝帝王常年移居园林之内，除了行使巨大的皇庭威仪之外，还创建着绮丽绚烂的文化技艺。圆明园中正月十五元宵节，漫天的烟花将这个"万园之园"映照得如同白昼，十六支乐队奏响盛世之曲，三千人高唱太平之歌，成千上万的彩灯尽兴欢舞……空前的成就感笼罩着几代帝王。

黄花迷宫是一座仿欧洲式迷宫。外砌长方形迷阵，中心筑高台圆基西式八方亭。乾隆皇帝每至中秋佳节都在这里观赏宫灯，宫女们手执黄绸扎制的莲花灯，在迷阵中东奔西驰，先至中心亭者可得到皇帝的赏赐。

如同是整个帝国的一个隐喻，在这春光曼妙的洞天胜境里，一代一代的皇帝贵胄们，相继迷失在圆明园销魂夺魄、心驰神飞的飘逸和梦幻中。风花雪月，浅斟低唱，他们不怕来得太早的白天扰了他们的好梦，也不怕消逝得太快的月色会妨碍他们的宴乐。

只是他们不知道，这个帝国的各个零件、各个环节，像原本紧紧衔接、灵敏运转的发条，从金銮殿开始，如涟漪一般，一层层向外松懈，一层层生锈……

然而这些却无人顾及。在宝榭层楼之巅，他们把鸵鸟脑袋缩进厚重细密的帷幕之中，丝竹婉转，华灯如昼，歌舞已尽，而繁华不歇。在接近黎明的最黑暗的辰光里，他们连心都是静止的——直到历史的幕帐，被撕开了一道血色的缝隙。

整整三天三夜的大火，终于将这座历经康雍乾三代近一百五十年时间建筑的皇家园林毁于一旦。而这一切的发生，仅仅是因为帝国拒绝了英法的使臣进驻北京，仅仅是因为帝国的军队在自己的内海攻击了英法的海军，仅仅是因为帝国的官员拒绝英法的军队驶入中国的内河，或者，仅仅是因为帝国的军队在自己的领土上抵抗了文明的侵略者！帝国的逻辑碰上强硬的殖民主义的逻辑，结果是如此的悲壮与沉痛。

10 月 18 日圆明园火起的时候，俄国公使义格拉底夫在清政府和英法联军之间扮演了暧昧的角色。他一边出面担保恭亲王的人身安全，一边力劝恭亲王"认明危险，速订和约"，并暗示说，和议签订之后，"外国军队"可以帮助清政府剿灭太平军。

结果证明，圆明园的大火和义格拉底夫威逼利诱式的调停，对和约的达成起到了极大的促进作用。这样，圆明园余烬未熄，清政府就接受了英法联军所提出的全部要求。俄国因"调停有功"，趁此要挟，迫使清政府签订了中俄《北京条约》，从而霸占了乌苏里江以东包括库页岛在内的四十万平方公里的土地。

血与火惊醒了天朝的百年迷梦，然而在花园焚烧的现场，并没有升腾起复仇的烈焰。软弱的清廷没有像英法联军中某些人担心的那样，因为御园被毁、皇宫受到威胁，从而奋起与入侵者决一死战，相反，他们彻底屈服了。英军步兵中校沃尔斯利在《1860年对华战争录》中写道："摧毁了圆明园，似乎使北京当局甚为惊恐……它表明额尔金的最后一封信绝非空言恫吓，而是对首都本身的命运发出警告，除非我们提出的各项条件被接受。城内的皇宫尚完好无损，但是，如果他们想要保全这处硕果仅存的宫殿，中国人不应该浪费时间。"

10月19日在圆明园被烧之后，咸丰皇帝谕令军机大臣："俟该夷酋进城，即行前往画押换约，保全大局，毋再耽延，致生枝节。此时天气尚未严寒，该夷如能早退，朕即可回銮，以定人心。"

咸丰皇帝最大的心愿，就是这些恐怖的"夷酋"能够早日退兵，只要能让大清王朝苟安下去，对于决死一战、御驾亲征之类，从此不提也罢；当然他也有着现实的考虑，太平军的威胁也迫在眉睫，一旦太平军跟英法联军联合起来，清王朝也就气数将尽了。

1860年11月初，英法联军分期分批撤离北京，由通州前往天津。

至此，第二次鸦片战争以清政府的彻底失败而告终。在刺刀下，"天朝上国"放下了架子，从此被人强拉进了对方构筑的世界体系。清政府不仅允许外国使节驻扎北京，而且还成立了第一个专门与西方人打交道的"外交机构"：总理各国事务衙门。

历史学家亨利·高第谴责这一行径及其施行者，说他们玷污了此次中国战役，激起了中国人的仇恨。

> 很多人认为，我们不应该以毁灭昔日遗产的方式惩治今天的罪行，我赞同这一观点。大杀人犯和破坏分子都将被钉上历史的耻辱柱，千万不要成为他们当中的一员。1860 年额尔金火烧圆明园和法国人的洗劫行径，在中国人的心目中记忆犹新。这些卑劣的行径，无论有怎样的借口和托词，都将使中国之战的荣光黯然失色。

1860 年的大火之后，圆明园的灾难并没有结束。在被外寇彻底蹂躏了一遍之后，又有无数的流民、土匪参与了打劫。英法联军掠去最贵重的对象，土匪则捡拾其剩下的精华，小民也不放弃委弃于道途的零碎，就连守园太监也趁火打劫。到 1900 年八国联军侵占北京时，西郊诸园再遭劫掠。这一次清廷对圆明园已完全失去了控制；趁火打劫者将园中零星的建筑木料用大绳拉倒，清河镇木材堆积如山，一时交易繁忙。再到民国初年，走马灯一样更迭的军阀们，也都把圆明园作为取之不尽的建筑材料场；大批的石雕和太湖石被北洋政府的曹锟、王怀庆等人拉走修了园宅。附近的大学和公园也相继拉去了大批石件装点自己的园区。从方砖到屋瓦，从墙砖到石条，这些东西断断续续地拉了二十多年，原本高大的圆明园围墙，也被当局拆除，打成石渣，永久地填埋在路基之下。

宣统末年，当地旗人已在园内的宫殿旧址上筑屋，昔日的皇家园林，麦垄相望。 1940年以后的日寇占领时期，北京粮食紧张，于是奖励开荒。从这时起，数不清的居民陆续迁入其中，垦荒种地，圈栏饲养，开田种稻。圆明园这处在清初盛世历经一百五十余年苦心经营的湖山之胜，可以说是历尽千劫，最终沦为一片废墟。

　　最刺目的遗址莫过于西洋楼残骸。一堆堆残雕断柱杂乱地横陈在破壁荒草间，迎着秋风，披着斜阳，凄凄切切。在夕阳余晖中，这种荒凉是如此惊心动魄。随着时间的流逝，人们甚至根本想象不出她的旷世盛景，以致将圆明园中的一个景点西洋楼，与整个圆明园画等号。

　　然而烟色树影之间的废墟，总是在不经意间流露出年华消逝的凄美。石板上的雕刻依然精致典雅，触摸上面冰冷的纹路，似乎仍能触摸到昔日三园四十景的繁华极致，但我知道，它的魂魄已经消散。历史徒然留下难以言表的一个个悬问，以及至今无人真正述及的时代启示，穿透时间的屏障，一直绵延至今。

　　晚清以来的中国人，继续以夹杂着缅怀和悲伤的深切情怀，来检视这个悲剧。从来没有哪座花园像圆明园那样，承载了如此沉重的家国记忆。圆明园和国家同享光荣与屈辱，它走进了一个民族的集体记忆，虽然这个民族根本无缘身临其境。大部分中国人已经忘记了导致这场报复行动的直接原因。但相反，火烧圆明园"一直是一个敞开的、敏感的、灼痛的伤口"，他们仍感到自己受到了凌辱和伤害，并将圆明园视为民族遗产不可分割的一部分。他们忘记了圆明园只是为了一个人，即当朝的皇帝而存在的。就像被剥夺了继承权的后代一样，他们对失去这样的艺术和建筑瑰宝愤恨不已。坐在废墟上，我突然明白，历史本身就是一座巨大的迷宫。

　　驻足于西洋楼的废墟上，满目萧然。我看着远处涌上血色的夕阳，看见一个循环往复的黄昏，在 1860 年的傍晚朝我们走过来，走进我们无地彷徨而又平静如水的心中。

四合院里　一方阳光

北京应当保有更多的胡同和四合院——我们可以据此守护一个古都的文化气质和风貌，甚至可以说，是守护着一种弥足珍贵的价值观。这里面蕴含着古城文明里一种中正平和的理性精神，以及尘世生活中安详美好的人情味。

胡同是北京古老的城市小巷。胡同这个词属于外来语，是蒙古语的音译。在蒙古人建立了一个空前的大帝国后，这个词就开始在元大都和北方的广大地区使用。汉语中原本没有这个词，根据音译，就产生出了多种多样的写法，如"衖通""衕衕"等。王实甫的《歌舞丽春堂》中有"排列着左军也那右军，恰便似锦衕衕"之句；关汉卿的《单刀会》中也有"杀出一条血胡同"的说法，久远年代的文学缝隙里，也隐约飘出游牧民族青草味道的气息。

日久年深，胡同变成了北京的血脉，成为北京特有的文化遗留，更直观地承载着一个古老都城的历史和现状。它们沿着数百年前形成的街巷形制，在城市的深处默默地生长和衰亡。它不仅仅进入了汉字，而且经过汉字，深入到了一个城市的精髓，直到粗暴冷漠的现代城市规划，用野蛮的掘机将它铲除。

像纵横交错的棋盘一样，胡同星罗棋布地错落在北京城中。日复一日，胡同纵横穿越或者斜斜地吻合，每一个分支都散发着漫长历史所形成的独特韵味。当我们在蜿蜒迂回的胡同中随意行走时，恰似穿梭在无尽的时光隧道之中；我们会不由得想起那些百年间曾在胡同里居住或借住过的人，每一个胡同就像历史时程中的每一个站点，充满着一段段令人感怀叹喟的陈年旧事。

在一瞬间，仿佛是闻到一脉茗香，或是听到一曲丝竹，一抹最温情、最中国的情感，会舒缓地从心头掠过。六七百年以来，正是这一条条胡同，勾连着"内九外七"座城门，围拢着精致的四合院、气派的宅门、虎虎有生气的守门石狮，还有长袍马褂下跨来跨去的门槛、打躬作揖下也化不开的温暖人情……胡同仿佛是古城肌肤上的琴弦，流淌出凝固却悠远的韵律。

青灰色的屋瓦和对称的胡同里，满地的银杏树叶子，铺成飒飒秋风里的金黄。暖融融的阳光，从胡同背后弥漫开来，遇到宽大的胡同，又分出许多南北走向的胡同，眼前的一切，渐渐有声有色。你会看到胡同人家清晰的生活景象。追逐顽戏的孩子，槐荫下扯闲篇儿的老人，提着菜篮子的家庭妇女，穿着马甲、骑着红色凉棚的三轮车、一路洒下沙哑吆喝声的车夫……时已深秋，有棵特别高大的柿树，叶子早就落尽了，却在高高的枝头伶伶仃仃地挂着几个红彤彤的柿子。这凡俗的日常生活啊，人们像沉默而生动地流淌着的溪水，自有一种由平安和静谧构成的庄严。

北京的胡同，大多是东西走向，横平竖直，方便出行。两边的四合院错落有致，而胡同与四合院的完美组合，体现出曾经的统治者在城市建设与管理方面的不凡之处。胡同是大小四合院之间的夹道，它的宽度，决定了不同家族之间的人们必然要在这里相遇；胡同也因此成为深宅里的居民们抬头不见低头见、寒暄往来的社交场所。在井边与左邻右舍吹吹牛谈谈天，恰恰可以弥补四合院的封闭性所带来的不足——我们可以看到，每个家庭的隐秘空间都得到了保护，而邻里之间又不乏交流的机会。可以说，四合院的特殊结构直接影响着北京人的胡同性格特征，街邻之间的亲近感、平等和相互信任，超越了贫富贵贱形成的阶级层次，并使之成为老北京城文化的基本要素，造就老北京人善良正直、温和敦厚的性情。

胡同里的砖墙和等级鲜明的大门，它的宽窄、布局，都受到中国传统思想和风水观念的潜在影响，它的尺度与走向，都有着坚实的历史积淀，老北京的民风民俗、邻里观念都隐含其中；而在小小的四合院里，更是包含着中国传统的文化、伦理道德；这些东西，只要你有心便随处可见。

金碧辉煌的紫禁城、颐和园、北海，是皇家建筑的文化遗存，而纵横交错的胡同和青砖灰瓦的四合院，则更显得草根和民间，更能代表真实老北京的事物。不论它被岁月的风雨吹打得多么斑驳陆离，却依然流露出特有的文化魅力，那是一种不同于皇

北京：当历史成为地理

家气派的质朴与亲和。它是北京人文历史的博物馆，然而，它又不像博物馆那般僵硬和刻板。

　　然而也正因如此，胡同和四合院往往难以在历史的变迁中躲过一波波的劫数。"北京的胡同在衰败，没落。除了少数'宅门'还在那里挺着，大部分民居的房屋都已经很残破，有的地基柱甚至已经下沉，只有多半截还露在地面上。有些四合院门外还保存着已失原形的拴马桩、上马石，记录着失去的荣华。有打不上水来的井眼、磨圆了棱角的石头棋盘，供人凭吊。西风残照，衰草离披，满目荒凉，毫无生气。"（汪曾祺《胡同文化》）在"四通八达"这一城市规划原则下，北京的胡同早就在推土机的隆隆声中，大片大片地被辗作破砖碎瓦。如今标准的胡同已经很难找了，就算真找到一条被两旁摩天大楼夹在缝中的窄沟，你也会失望地发现，因为整体氛围已变，空间轮廓线已变，原来绿树灰瓦之下的那份安静平和，早已是杳不可闻了。

　　汪曾祺的文章写于20世纪90年代，当时的他还可以从被马缰绳磨亮的拴马石孔里和斑驳的墙砖上，去领悟七百年的风雨沧桑；而现在，即使是这些"衰败"和"没落"都已不可见了，大多数胡同仅以汉字的方式存在于人们的记忆中。扁担胡同、烧酒胡同、司库胡同、香饵胡同、红罗巷、北竹竿、椿树头条——你还找得到它们吗？推土机推倒了胡同，也推倒了原本附丽其中的传统、故事，或回肠荡气或温婉宜人的历史陈说。与这些名字相对应的，是一条条宽阔喧闹的大街，各种店铺罗列两旁。马路很宽，中间有铁栅栏相隔，街两边的住户隔路遥遥相望，彼此默然。

四合院里　一方阳光

最后的没落，实则是一种质朴与亲和气质的没落，是帝都气象和京韵京味儿的完全湮灭。也许，这是一种找不到支持点和姿态的没落，正在以一种单一的繁华去强硬地填补，就像是现在的北京。

和胡同一样，四合院是北京的一道道风景，因承载着古都的文明而具有永久的魅力。每当我想起过去的四合院，就仿佛听到古典音乐中的袅袅韵律，仿佛看到经典影片中典雅逸致的黑白画面。

四合，"四"指东、西、南、北四面，"合"即四面围墙合在一起，形成一个"口"字形。在四合院的生活中，"四"被视为是吉利数字，是一个具有概括力度、适于稳定架构的数字，也是一个通达平稳、蕴含和谐之意的数字。有"四"就意味着牢固、长久与和谐。过去老北京对"四"从来没有什么忌讳之意，而是偏爱有加。尽管也有以"六"和"八"为组合的事物，但在使用的频率上，都远远不如这个"四"。而四合院里的生活与"四"更可谓是密不可分，并构成了独具特色的风景、风俗、风味和风情。

四合院的老玩意儿也像凑趣一般的大多与"四"有关。比如四大玩好的说法：玩鸽子、养金鱼、玩虫儿、养猫；男孩子最喜欢玩的是滚铁环、抽陀螺、拍三角、弹球儿；女孩子玩的最多的是跳皮筋儿、抓拐、踢布包和过家家。老年人喜欢下象棋，文人雅士摆围棋，年轻人玩军棋，孩子们玩老虎棋。而二胡、京胡、笛子和口琴，则更是不少老北京人家里常备的四种乐器。

从布局和形式上看，四合院充分体现以血缘为纽带的伦理等级制度，以及这种制度下人们的生活范式。院内，一家人在里面和顺孝悌，是一幅令人羡慕的亲情画面。旧时人家很讲究院落结构和装饰，他们在围墙之内精心种植树木花草，喂鸟养鱼，家底殷实的人家还会进一步叠石造景。四合院有很强的私密性，是封闭式的住宅，对外只有一个街门，关起门来就全是自己的小小领地，很适合一家人居住。院落里面则布局严整，四面房屋单独的隐私性却没有得到有效的保护，而且门都向院落方向开，当然既然是一家人就没有太大关系，房屋之间有游廊连接，便于彼此走动。四合院的装修雕饰也处处体现着民俗民风和传统文化，表现了主人的精神向往，如以蝙蝠、寿字组成的图案，寓意"福寿双全"，花瓶内插有月季花的图案，寓意则为"四季平安"，而嵌于门簪、照壁上的箴言敬语，俯仰可见的匾额楹联，以及悬挂在室内的文人字画，多是意蕴深远的先哲之语，或见诸高头典籍，或铭处世之学以警全家上下，或咏鸿鹄之志以励子弟上进，读来令人不禁反复回味。登斯庭院，就有如步入一座中国乡土社会的残年旧梦。

四合院里的生活设施很是齐备，麻雀虽小，却五脏俱全，有贮存、仓储、厨房、寝室等等，是一个安全、舒适、宁静的小天地。要住就住独门独院，这有个讲究，天棚鱼缸石榴树，账房肥狗胖丫头。这是北京四合院的一个基本标准。在正院，垂花门的位置很重要，它和荷花、鱼缸、盆花等的位置摆放，都有着很有来历的说头儿。院内种着的树和花，要总是一派花木扶疏、幽雅宜人的景象。所以比之西方建筑的封闭性空间特点，四合院是更加合理和优雅的住宅形式，它打通了住宅与自然的隔绝。

四合院里种植较多的有丁香、榆叶梅、山桃花等，树多是枣树、核桃树。花草多种多样，除栽种外，还可盆栽、水养。盆栽花木最常见的是夹竹桃、金桂、银桂、杜鹃、栀子等，一年三季，都生机满院，让人想起"露晞向晚，帘幕风轻，小院闲昼""萧条庭院，又斜风细雨，重门须闭"的诗句。

经过几个世纪的演变，北京四合院从功能设计到美学风格，都有了自己独特的印记。方方正正的结构，坐北朝南的方位，上尊下卑的次序，内高外低的阶差，象征着古老中国森严的等级观念，彰显着携妻率子尊奉家长的宗法序列。它的格局处处体现出一种特定的秩序、安适的情调、排外的意识与封闭的静态美。曾有一些学者认为，四合院是中国文化尊卑制度在建筑上的无意识体现，家长特权、自我封闭心理都一览无余。

其实据我所见，四合院虽然把人围在中央，却并没有什么局促的感觉。没错，四合院是一个封闭的空间，哪怕是王公富贾的宅第深邃通幽，也只有一个正门，并以此门为进出通道，也有开角门、后门、旁门者，但那一般都不是接待正式和尊贵来客的。但从另一个角度来说，四合院整体感觉方方正正、坦坦荡荡，反倒令人有舒张释然之感。四合院里的风土人情中，有着一种说不出的怡人的散漫，大概最能体现出从士子到庶民对居家生活的很切近的向往。可以说，四合院是传统中国的理想家居。

四合院是伦理秩序的建筑形式，这话倒是不错。其建制的形成，有功能性的，亦有从伦理原则出发的考虑。北京的四合院一般有"北屋为尊，两厢次之，倒座为宾，杂屋为附"的位置序列安排，完全是父慈子孝、夫唱妇随、事兄以悌、朋交以义的人生道德伦理观念的现实转化。正对着垂花门的是两间正房，坐北朝南，房屋的开间进深都较大，台基比其他房间都要高些，一般都是留给长辈居住，以示尊重。正房两边的东西厢房，台基与正房相比要矮一些，开间进深和格局也偏促一些，自然是给家族成员中的辈分较低者。正房、厢房和垂花门之间有长廊连接，构成一个生动有序的居住链，是为四合院最核心的部分。各人回到屋中，把门一关是一个小家庭；群集天棚之下，几代同堂又是个大家族。有分有合，有聚有散。

乍见之下，小小的四合院似乎一览无遗，其实不然。比如小姐的住房，外人一般是无缘得见的。就在正房左右，正对厢房北山墙处，有一对小巧但装修精美的房子，那个叫耳房，如果一家中有待嫁的小妹，那就是小姐的闺房了。耳房另起山墙，自成一个袖珍的小世界，一侧与正房前檐相通，是一个小小的正方形院落。凡有耳房、厢房的山墙必须要下功夫细做：对于讲究的人家来说，假山修竹卧松兰草，一样都不能少。这些盆景式的事物不仅起到了个性化的装饰作用，而且能同时把小姐的门窗遮住，遮住所有窥探的目光。

四合院在平凡之间蕴含内秀，足以让人咂摸出许多滋味来。一个大家庭里，一般有一个德高望重的老爷子，一定德高望重，而且能一碗水端平，这样才压得住阵脚，能得到一大家人的敬重和爱戴。有老人在堂，就无人敢喧哗，有时儿子、儿媳妇有些压低声音的小争吵，时间稍久，或说话音调略高，隔着院子就能听见上房里一声严厉的咳嗽，大家立即住口，谁也不敢再多说一句话。在这样的院落里，老爷子的权威是至高无上的。

四世同堂的生活自有其温情脉脉、其乐融融的一面。逢年过节全家人欢聚一堂，热闹非凡，日常起居中儿女便于照顾老人，当爷爷奶奶的也能含饴弄孙，享受天伦之乐。祖父母、父母、子、孙四辈人合居于一个院落之内，构成了"四世同堂"这一理想的居住形式。对于邻院的居民或者是礼尚往来，或者是老死不相往来，但都奉行"好邻居，高筑墙"的政策，以"各家自扫门前雪，不管他人瓦上霜"为行为准则。因此大规模的械斗只会发生在乡下，而北京城内却鲜有所闻。

儿子辈有出息，媳妇们也贤惠，兄弟姐妹因朝夕相处感情自然也会加深。孙子可能在报馆里找到了事做，或者还在学堂里读书。四合院可以几代人同居，子承父业，上行下效，代与代之间的代沟，一般不难被抹平。外面的世界在急速变化，四合院经受着风吹雨打，却像一个几方面都受力的平行四边形，即使扭曲变形，还能大致保持着方框框的形象。一家数代，在方寸之间回旋，那是一种其乐融融的家庭味道。当然，当一个家庭行将没落之时，四合院的各种矛盾也可能会趋于激化，变得复杂起来。

在四合院里面，也会有一些朱门豪宅，所谓大宅门是也，虽然尽量地低调隐晦，但还是遮不住逼人的气派。某日你走进一条幽静古巷，偶尔会看到一座朱漆大门的四合院赫然在目，青砖黛瓦，飞檐斗拱，沉默的山墙拱卫在大门两侧，山墙磨砖的对缝里停栖着懒懒的阳光。朱漆的大门之上照例是兽面铜环。站在这样的大宅门前，你多少会感受到一种往事如风的意味。

迈进朱漆的如意门，迎面是传统的影壁。站在无声矗立的天井回廊之中，你可能会想在这小小一方土地上的假山叠石、花草树木、匾额题字、砖雕石刻中，去寻找主人的神秘信息；可是，这些山石草木匾额砖雕还有瓦隙间的枯草，什么都不说。

不过无论是富商巨贾还是平头百姓，对宁静生活的向往是共同的。只不过身份和财富的不同，通过这个居家建筑体现的形态也有区别而已。官宦人家的四合院以王府和大臣旧居为代表，遵循着严格的规模建制和装饰样式，通常比平民的四合院多一些前后跨院上的附带。它们通过游廊相连，同样勾勒着宁静的居家生活。四合院里的生活，同样是低姿态的，是内敛的。我们也据此看到北京人家日常生活上的温情脉脉，殷实满足，以及生生不息。

古都风貌保护、危旧房改造、城市人口疏散，这曾经是北京城市化进程中一个突出的难题。时代在急剧变迁，城市里的旧建筑，有些势必会被改造、被淘汰。现在北京的旧城区内，已经找不到明代住宅，现存的四合院绝大多数是 19 世纪中叶至 20 世纪中叶的建筑。但无论如何，这种改造与淘汰，应是一种良性的，也就是向着更加人性化的方向演进。

北京应当保有更多的胡同和四合院——我们可以据此守护一个古都的文化气质和风貌，甚至可以说，是守护着一种弥足珍贵的价值观。这里面蕴含着古城文明里一种中正平和的理性精神，以及尘世生活中安详美好的人情味。正如邓云乡先生

四合院里 一方阳光

曾说：

　　海外的好古之士羡慕北京的四合院，只是想象羡慕那种古老承平时代的旧都风情，并不单纯是向往四合院。同北京住房类似的四合院，如果盖在其他地方，那味道就不一样。如北京附近各县直到天津、保定一带的四合院，格局也同北京城里的院子差不多，可是给人的感觉就两样。原因是旧时北京城凝聚、弥漫着几千年的传统文化气氛，这在别的地方是找不到的，这就是北京四合院的特点所在，魅力所在。

　　在我旷日持久的想象里，秋日的阳光，散淡而温和，一丝一缕透过浅色的叶脉，跳跃在花丛和庭院之间。外来客人，进到院子，便会闻到一阵花香，随之便看到身后有一口巨大的鱼缸，鱼缸两旁种植着花开似火的石榴树，或者槐树和枣树也可。走进阴凉处，客人可以透过树叶的隙缝，眯眼仰望天空。

　　四合院里的房间宽敞而舒适，两壁为紫红色雕花隔扇，屋内四周悬有字画，纸虽微微发黄，字却娴熟老道，不一定是名家名作，只要有一份飘香的风雅。

　　天棚顶上一道卷帘，骄阳当空时把它拉上，全院便处于一片浓荫当中。黄昏之后把它卷起，就在棚顶开了天窗。夏夜全家人坐在天棚下，谈天说地，远观繁星明月，近看荷叶兰草，品茗夜话，忘尘世之忧……

　　行文至此，忽然发觉自己所写下的，原来只是一些逐年漫漶的臆想内容。然而，我是多么盼望，我们日新月异的新生活，能根植在传统文明的沃土之中；无论人怎样一代代地繁衍，江山怎样一代代地替换，然而在夏日蓝天下悠扬的鸽哨里，两株大槐树总能遮盖全院，槐花的细瓣飘坠如雪。

风筝

酒旗戏鼓天桥市

在历史的演变更迭之间，天桥消失的不仅是固态的东西，还有很多无法触碰却始终铭刻心底的情结。它是底层老北京人一生苦乐年华中的一份慰藉，一份欲落泪而又表达不出的眷恋，一声声惋惜与唏嘘背后挥之不去的阴影。

沿中轴线，从前门向南，是天桥。天桥在北京城南前门与永定门之间，东南是天坛，西南是先农坛。

查看现有的史料，旧时的天桥区域，在元、明及清代前期，还都是一片雾霭弥漫的水乡和沼泽。每当秋季，空中荻花飘飞，水面上有野鸭游弋，和着天坛北边大片的芦苇，形成曼妙的郊野美景。

元代，这里是画舫游河的必经之地。元代统治者定都北京之后，这个地方被选为祭祀之所，但是连绵的水域漫漶其中，给南北交通造成了很大的不便，更重要的是，皇帝赴南郊祭天的道路也被阻隔。于是主事者花费重金修建了一座汉白玉单孔高拱桥作为"御路"，专供天子通行，"天桥"由是得名，别名亦称"龙鼻子"，因称前门为龙头，桥两边的河沟就成了"龙须沟"，这个名字也在漫长的岁月里延续下来。

天桥桥身选用汉白玉石料砌成，桥长约八米，宽约五米，石桥有三梁四栏，雕刻精细。桥下有由西向东的河渠流过，桥孔券洞上有精雕细刻的螭头（螭是中国古代民俗里能镇洪水的龙）。天桥平时有木栅栏封挡，不许闲杂人等靠近，官民只能于两侧的木桥通行。

在整个元代，天桥都属于偏远的城外郊区，直到明代迁都北京之后，在原元代城池的基础上向南平移五公里，建立了外城，才真正把天桥划归到外城的中心。

当时曾有小市，即后来的穷汉市、日昃市等，相传还有荷塘，有小船供游客泛舟赏景。没承想，"穷汉市"与"赏玩"相加，就引出后来的"天桥市场"，吸引和接纳了来自四面八方的江湖艺人，并成为文人雅士、官宦人家寻欢作乐、消磨时光的理想地方，天桥一带成为日趋繁华的民间商肆和娱乐场所。

当然天桥最重要的使命，是迎奉皇帝的祭天大典。在威严的皇家仪仗的护卫下，皇帝身穿龙袍，从太和殿庄严肃穆地起驾，去往天坛。尾随着龙辇，这支试图与天宇沟通的队伍依次经过午门、端门、天安门、大清门、正阳门，走过万头攒动的前门大街，最后来到这座汉白玉石桥前，会刻意地作一次停留。

这桥就是天桥。在冥冥之中，它成了尘界与天庭的一个分野，桥的北面是蝼蚁般的人间，桥的南面则是渺茫的天界，所以除了天子，任谁也没有资格登上桥头。按照当时的讲究，正阳门算是龙头，天桥是龙鼻，天桥东西两侧的长沟是龙须：所以长长的祭天队伍只能从龙须抵达"天界"。

不过，天子祭天的场面寻常百姓难得与闻，祈年殿威严高耸的屋顶也距升斗小民的生活十分遥远。皇帝经常在宫中待着，一年来不了天桥几次，因而天桥平日里就是老百姓的天下。天桥一带由于地界儿宽阔，又多郊野风光，成了人们郊游、娱乐的场所。自明代嘉靖以降，边关不靖，频频示警，朝廷于是花大功夫将都城"南扩北缩"，外城一直修到永定门。天桥地区由此变成明代外城的中心地带。到了清康熙年间，灯市从城里迁到前门外，天桥地区的灵佑宫成了灯市的一部分。上元灯节的喜庆气息更带动了天桥的繁荣发展。乾隆年间，天桥附近的河道又被重新启用，两岸种植了很多绿树，重又恢复了生机。茶楼酒肆比比皆是，天下商贾熙来攘往，成为越来越成熟的商业区，难怪乎游人会乐而忘返了。桥下河水东流，桥边柳荫匝地，循水而下，随着烟云升腾，这里的风景越来越吸引游人，老老少少相携从游，欢歌笑语，好不热闹。

清光绪年间，前门至永定门之间的道路得以修缮，由于地形产生变化，天桥的形态看上去也有些不同了。民国初年，天桥地区已彻底发展为百业俱兴、人口稠密的闹市区。1913年，北洋政府改造前门外喝茶的市集，将聚集于瓮城两旁东西荷包巷的商户迁至天桥附近，商贩们在这里重起炉灶，集资建起了好几条新的商业街。此举极大地刺激了经济的发展，很多各具特色的手工作坊在天桥周围四处开花，据统计每日都有数千人在这一带经商谋生。他们中有卖日用百货的、有收买当票的、摆摊占卜的、修车修表的、治病拔牙的，还有药摊、蛐蛐摊、杂货摊、皮货铺……五行八作，应有尽有，天桥成为一个从日用百货到饮食娱乐各行俱全的正式市场。

民国年间天桥一带铺设电车路轨，路面再次增高，路已与桥面一样平了。1934年在修永定门地区的马路时，天桥残存的石栏杆也被拆除。至此，天桥的真实形体已不复存在，"天桥"只作为一个地名被口口相传。

而天桥的灵魂，则在它独具特色的传统民俗文化中。这里是北京著名的多曲艺门类及杂技等百戏纷呈的大众娱乐场，方圆二里的天桥，曾是北京诸般曲艺能人扎堆之地。一代代身怀绝技的艺人们不断聚集，有的来自北京，有的都不知是从哪里来的。演皮影戏的、掼跤的、耍中幡的、练武卖艺的……自清朝末年至1957年，演绎了整整半个世纪的艺苑传奇，京剧、评剧、曲艺、武术、杂技、马戏、魔术等各界民间艺人，各有师承，各逞其能，不畏艰辛，在这里绽放梦想。

每天早晨天桥拉洋片的锣鼓一响，天桥市场才算正式开始。在一些上了年纪的老北京人那里，提起天桥，还会勾起他们许多记忆；对于孩子们来说，天桥则是看热闹、玩耍和开心智的地方。掼跤耍幡的宝三儿，玩杠子的"云里飞"，拉洋片的"大金牙"，说相声的焦德海，还有评书、数来宝、竹板书、西河大鼓、单弦、河南坠子、梅花大鼓，以及稀奇古怪的旧货玩意儿……小孩们则最爱看"拉洋片"，又称"西洋镜"，人们坐在镜箱的凸透镜前看被放大的图片；艺人站在镜箱的左上方时说时唱，介绍画片的内容。乐器只有一个扁鼓、一个小锣、一副镲，敲打鼓和锣的小锤与另一面镲，都被一根绳索操纵着，艺人拉动这根绳索，三件乐器就热热闹闹地响了起来。

过午以后，天桥的气氛就逐渐有了烟火气，耍把式的、做小买卖的都开始热身做准备。等到日头不像午间那样肆虐，靠天桥吃饭的人们就迎来了一天中最好的商机。到处都是一堆堆拥来挤去的京城百姓，蹬技、钉板开石、银枪刺喉、开砖等独门技艺最受欢迎。在天桥扬了腕儿的艺人，更是成为民众日日追捧的角儿。

表演滑稽双簧的老云里飞、卖相滑稽的花狗熊、力大无穷的王小辫、技艺神出鬼没的傻王、口舌如簧的曹麻子、领着一大群大大小小动物谋生的程傻子……为博得哄然而至的一声喝彩与一顿隔夜粮，艺人们每日里挥汗如雨。天下没有免费的午餐，天桥是一个竞争残酷的大社会，不拼命，谁都甭想在这地界混饭吃。天桥地区数得着的民间艺人，在顶峰的时候达到五六百位。

就地画圈、拱手卖艺的天桥江湖之中，也少不了风雅的故事。张恨水的代表作《啼笑因缘》，主要通过旅居北京的杭州青年樊家树，与天桥卖唱姑娘沈凤喜的一段感情悲剧，刻画了民国时代的一个社会侧面。小说故事从主人公樊家树乘车到天桥游玩写起，写了先农坛、水心亭，写了天桥的杂耍说唱、各种小吃，写了樊家树和沈凤喜在先农坛柏树林里相会。

据说老舍也喜欢乘着有轨电车到天桥看戏，喜欢到小摊上吃各种小吃，喜欢坐在长板凳上看"拉洋片"，甚至喜欢进农民住宿的小客店，躺在大通铺上跟人聊天。《龙须沟》就是他以天桥旁边一条臭水沟为背景创作的。晚年，他曾有意写一部以天桥为背景的长篇小说，可惜未能如愿。老舍生前最爱上天桥"万盛轩"听新凤霞唱戏，还介绍吴祖光和新凤霞订婚。吴祖光、新凤霞结婚时，老舍自愿当女方的主婚人。

还有曾经流连天桥的鲁迅，被奉系军阀悄悄杀害的新闻先驱邵飘萍，在天桥面对枪口从容就义的抗日名将吉鸿昌……许多故事已经消融在岁月之中，寂然无声。

自民国元年至 1930 年，天桥日趋繁荣，此时的天桥已经变了一些，街道比以前宽阔，也比以前平坦了。附近铺筑了新路，还出现了百货公司、游乐场和跳舞场。经常还可以看到一些穿着高跟皮鞋的摩登妇女。《北平日报》曾经对抗战之前的天桥盛景有过调查，天桥"共有各行各业的店铺和摊贩达到七百七十三户，其中正式领有牌照者三百三十四户……大小戏园九个，坤书馆七个。临时设摊四百三十九户……游艺杂技摊六十二个"。

天桥的服务对象为下层贫困百姓，也是贫穷人谋生之地——"穷汉市"三个字，贯穿了天桥从元至明、清、民国的历史。一拨一拨的江湖艺人，在艰难的时节里来了又去，随着天桥的演变，成长或湮灭着，就像是广阔水流中的一片树叶，本身是无根的，然而却能够在自己无根的旅程中承载起其他什么更加卑微的生命，承担起一个又一个像小水泡一样旋生旋灭的梦想。

自 1937 年至 1957 年，在这一阶段前期，由于北平在抗战时期的沦陷，加上随之而来的解放战争，乌云压城的时局使得天桥的艺术之花逐渐枯萎，天桥的艺人身心都处于一种被压抑、被损害的状态之中。世间事如流云般反复，在闪亮后必然会慢慢进入一种陨落的状态，这陨落可能不是刹那间的随风而逝，但没有了鼎盛时期的激情、热烈的意味。尽管如此，天桥依旧能人辈出，很多台柱子都留名艺苑，如"飞飞飞"、"赛活驴"、侯宝林、魏喜奎、关学曾等。

1956年以后，整个时代都处在轰隆隆的巨变之中。活跃在天桥的艺人们常常会有恍惚之感，身边的老伙计和他们的接班人，陆续有了国家的编制和身份，如北京或全国各省份的国营剧团、曲艺团、杂技团，天桥的演出及集市日趋没落。有能耐的艺人陆续离开天桥到了外地，"飞飞飞"到合肥杂技团，刘雨林到兰州杂技团，张英杰到长春，辛稳立到贵州，朱国全到了北京杂技团。到了1957年，活跃了数百年的天桥演艺和集市，在停歇中走向消亡。

天桥以其令人眼花缭乱的诸多绝活和由此产生的精神魅力，给老北京人的生活增添了几分亮色。它在北京人的精神底色里占据了非同凡响的位置，那种热火朝天的繁闹和激情，令人在苦难生活中有片刻忘忧的闲暇。天桥的民间绝艺是对人自然状态的一种回归，是现代社会人们元气充沛的一种表征。有心人还想念着当年"酒旗戏鼓"的盛景，于是后来就有了黄宗汉与话剧演员于是之共同策划的茶园演出大戏《天桥风情大串演》，由蓝天野编脚本，夏淳导演，演员多是天桥土生土长的艺人。数来宝、唱大鼓，拉洋片、变戏法……旧天桥的把式被浓缩于舞台上。台下两廊，汇集北京各色风味小吃，有豆汁、茶汤、羊杂碎等，席间还有卖花、卖糖葫芦的小贩……令人感慨不已。然而旧日的生活意趣，早已静静飘散于呼啸而过的车流和恍如白昼的北京夜景里，曾经喧腾着生活热浪的纯朴记忆，也已无声地沉默于现代都市的高架桥下。

在历史的演变更迭之间，天桥消失的不仅是固态的东西，还有很多无法碰触却始终铭刻心底的情结。听说后来老天桥的后人还在挖掘演练老天桥绝活，同时进行创新，比如隔山打牛、掌踏石碑、银针透体、卧刀双钉板开石、头撞石碑、踩刀宝剑背开石、银枪刺喉顶汽车、头发拉汽车、耳朵拉汽车、纸上悬人等几十个绝活节目，但是随着时代的激烈演进，天桥绝艺还是不可避免地没落了。如今只有几个戴着"八大怪"名头的杰出艺人，以雕塑的形式立在空旷的天桥广场。可看的大概只有德云社剧场和其他老式剧场，亦新亦旧的雕梁画栋，演员都是长袍打扮，方桌、醒木、大白手绢，还能让人大致感受到一点老天桥旧有的文化气息。

正阳门前仍有很多雨燕在檐下穿梭，似乎并不理会时代给这座城市带来的剧烈变动。层层叠叠的商店招牌，在喧嚣的市声中一直延伸进昏黄的天色中。远处老火车站钟塔上的时针，好似永远静止在一个时刻。我站在气派而空旷的天桥广场边，长久地看着喧腾的车流和整齐延展的霓虹灯，想着老天桥曾经的盛景。天桥的辉煌不属于帝王也不属于宗庙，它是市民商贾的、贩夫走卒的、土洋杂处的。它是底层老北京人一生苦乐年华中的一份慰藉，一份欲落泪而又表达不出的眷恋，一声声惋惜与唏嘘背后挥之不去的阴影。

北京与水：积水成潭蛟龙生

时间徐缓而过，像大江大河一般浑蒙。一个古老的都市，就在与水的相遇中开始。水与这座城市之间，演绎出一个绵延千年的故事。我们存在于其中，如鱼在水中。

在古老的蓟城东北郊，有一条涓涓流淌的小河，小河自西山流出，由西向东，蜿蜒曲折，滋养着这片广袤的平原上无尽的稻畦桑田。"出自蓟北门，遥望湖池桑，枝枝自相值，叶叶自相当……"这是曹植来这里时，在他的《艳歌行》中，对这一带景物的描述。这条河，记载了古老的爱情与农事，两千多年前的浪花溅湿了先民的草鞋。

所有有历史的城市，也都是由河流缔造的。优质的水源是一座城市真正的命脉。水以其向下滋润的养护之力，成为一切生命的核心。历史上的大城一般都建在大河岸边，城市与水共生，古今中外，大致如此。从地理上说，北京是远离水源的，因其没有自然河流穿过。不仅如此，北京还常被来自阿尔泰山脉、途经内蒙古额济纳的冷空气所携来的沙尘暴搅得天昏地暗。

然而让我们想不到的是，北京其实是座"水城"，是一座以水结构起来的城市。北京城的设计中隐藏着两条龙的造型。那条水龙，就是今天的前三海和后三海。前三海在元代被称为太液池，而后三海则称为积水潭。北京城的城市建筑和民居规划，同样也是以水的规划为准绳的，其中最典型的表现是，北京的巷道称为"胡同"，这就是蒙古语"水井"的意思。

北京城真正的生命力不在崔巍的城墙上，也不在危机四伏的宫廷传奇中，而在它的一泓碧波中。大凡都邑城郭，总要依江河湖泊而建，或引水穿城而过，或左近临水而建，正所谓水旺而气脉足。一千多年以来，大规模的"南粮北调"主要依靠漕运，其他商品诸如丝绸、茶叶、食盐、瓷器、红木家具、竹麻制品、水产品、工艺品和人文荟萃之都需用的纸笔墨砚，也多从水路运来。更大宗的物资是建筑材料，看看故宫三大殿的梁柱，就知道这些参天大树只能从水上漂来。明朝皇帝朱棣曾经是燕王，深知威胁来自北方，他决定迁都北京，镇守北疆，修建了紫禁城、皇城、内城、外城四重城，砖墙坚固，城门附有高大的城楼、箭楼和瓮城，突出了防御功能。而这些五十斤一块的厚重城砖是漕运而来的。加之清朝"三山五园"大型皇家园林的建筑材料也是漕运而来，北京城简直就是水上漂来的城市。京城的历史变迁是围着水而变迁的，水系是北京的生命。

在中轴线两侧，我们可以和很多河道湖泊不期而遇——北护城河、后三海、前三海、紫禁城筒子河、内金水河和外金水河、菖蒲河、永定门外南护城河、南苑的凉水河，等等。在街道名称上，我们也时常看到有"水"的痕迹，叫"三里河"的街道北京有三四条之多。还有许多河流，应当是消失在时间的深处了，比如前门外的护城河。刘半农在 20 世纪 20 年代曾经写过一篇名为《北大河》的文章，记载了一条流经沙滩红楼北京大学门前的无名小河，这条小河，曾经唤起了他关于江南水乡的温暖回忆。

忽必烈的时代出现郭守敬这样的水利学人才，实在是北京城的幸运。他开凿了通惠河，导昌平白浮泉水，西折南转，汇集诸流，经高粱河后流入都城的积水潭，东南出文明门，东至通州张家湾，总长一百六十余里。因大都地势比通州要高出不少，所以每隔一段就设一道闸门，共设置了七道闸门。距闸一里左右，上置斗门，及时蓄泄河水，利于行船。从此，江南的粮食就很通畅地一直送进北京城。1998 年，曾有一条长十几米的元代大船在通州出土，斑驳的船身却分明透露出漕运昔日的繁华。

但是王气此消彼长，一代天骄的子孙基业并不长久。当北京易主，永乐皇帝朱棣踏着元皇宫的废墟肇建紫禁城的时候，他想要继承元大都规划设计的合理体系，又要废除元代的剩余王气。当时的风水师便采用将宫殿中轴东移，使元大都宫殿原中轴偏西，处于风水上的"白虎"位置，加以克煞前朝残余王气，并凿掉原中轴线上的御道盘龙石，建设人工景山。这样，新的风水格局就形成了。

不过在明代，"碧波千顷，草树葱茏，烟水云月，长天一色"

的积水潭，仍被时人称作"都下第一胜区"，虽然失去了贸易码头的地位，但积水潭也逐渐从昔日繁华的商业中心变成了宁静的风景胜地，这般洗去铅华喧嚣、华丽转身成功，反而平添几分魅力。

据《燕都游览志》中描写："每岁六月六日，中贵人用仪仗鼓吹导引，洗马于德胜桥之湖上，三伏皆然"。清潘荣陛《帝京岁时纪胜·六月》也记载："帝京莲花盛处，内则太液池金海；外则城西北隅之积水潭，植莲极多，名莲花池。或因水阳有净业寺，名为净业湖。三伏日，上驷苑官校于潭中浴马。"

作者孙国敉是明万历、天启年间人，因此这里所描写的积水潭，应该已是晚明的景象。令人印象深刻的描述是，当时的大内太监，驱赶着御马在积水潭附近饮水洗澡，一派龙腾马跃、震撼人心的热烈气氛，更兼所到之处都是一片白浪澎湃，远望几乎是天兵在仙境操练，实在是令人神往的盛景，由此也可见当时积水潭的水资源称得上丰富。

其实在明代迁都北京的时候，城市的北城墙被向南移动了五里，明城墙正好从积水潭的中间穿了过去。这样，当时那座大湖就被分成了两半，城外的水随着护城河流走，积水潭就剩下城里的一半了。

时世变迁，后来从德胜门又修了一条路，把积水潭又分成了东西两半，西边的一半仍叫作积水潭，东边的一半就改名叫作什刹海了。几百年间，元代积水潭的几个部分水量越来越少，湖面逐渐缩小，而今天仍旧沿用这个名字的水域只在积水潭医院院内的一个小水池罢了。

城内的大运河河道，则在 20 世纪被填埋，今天只余北河沿、南河沿、沙滩、银闸等地名，与这条古代运粮河道相关的地方，还有内城东部的海运仓、南新仓、北新仓、禄米仓等粮仓，不知这些古粮仓是否还有仓房存世，我想恐怕大多数都只留下个地名而已了。

时间徐缓而过，像大江大河一般浑蒙。一个古老的都市，就在与水的偶然相遇中开始。水与这座城市之间，演绎出一个绵延千年的故事。我们存在于其中，如鱼在水中。那份氤氲水气，温婉柔弱，却又刻骨铭心；早已淡远，却又缭绕不绝，浸润此生。历史也是无边无际的大风和大水，它掠过我们头顶，弥漫的水雾扑面而来。苍老的浮云与涛声，溶解在我们的血液里，悠长的浪潮，拍打时光的河岸。

九重门上　把栏杆拍遍

门自从其诞生之日起，就注定了它与墙具有不同的使命，进进出出既是为了生活的需要，又何尝不是某种沟通呢？然而，沟通似乎不像看起来那么重要，它更多的工作似乎是心怀警惕的隔绝，这才是门的隐秘宿命。没有门，是不好叫作城的。自我封闭意识是出于人类的自我保护心理和安全上的需要，而北京的这些城门，则多少还有些特殊的含义和象征……

自古以来，燕地就以悲风和义士名扬天下。从击壤而歌的大同之世，到金戈铁马的大争之世，北京蓬勃的古风，都在史册中留下了一个个灿烂的剪影。"北枕居庸，西峙太行，东连山海，南俯中原，沃壤千里，山川形胜，足以控四夷，制天下，诚帝王万世之都也。"在凛凛的剑气和袅袅的箫声中，千百年的历史沉积于北京的每一寸天空、每一寸土地；整个城市也像亘古天幕下苍老的浮云，神秘而遥远。

朝代的轮转与时代的更迭，一次次地改变着它的容貌，一条条街巷兴起，一代代商贾消逝。历史除了留给我们一段段模糊的文字，一个个老去的故事之外，还留下了古刹、古殿与一片片色彩已斑驳的琉璃瓦、一蓬蓬衰草，以及巍峨的城门。

在黄昏仰望大前门，经常会发现在城楼上有成群的黑色鸟类翱翔并且鸣叫。因它们体形较小，容易被误认为蝙蝠。其实那是雨燕。它们围绕着残缺褪色的雕栏玉柱飞高飞低，在人们的想象中摩擦出沉甸甸的质感。据说大前门门楼上，打清朝时起就已有这种鸟装点着天空，和暮鼓晨钟一起，构成安详的人间城郭景象。

蓟城、幽州、辽燕京、金中都和元大都——这些辉煌一时的巍峨城阙，早就已经"被西风吹尽，了无陈迹"；现在人们能够看到的，是明清时代的北京城，这个由里外三层的"城"构成的"城之城"。

1403年，发动"靖难之役"的燕王朱棣，篡夺了建文帝的帝位。明成祖以元大都为基础，营建宫殿城郭。红墙一道道地筑起，铁钎在巨石上不停歇地飞舞着，深红和绀碧的栋宇，白石的栏杆，金的佛像，都在碎石飞溅中，慢慢清晰。城围三重，宫城中央殿阁辉煌，坊里划一，街道笔直，坛、观、寺、庙云布的正方形制的北京，气象是如此宏大，仅此一点就可称作东方第一文化古都；上苍赐予的这片神州赤县尽管历尽沧桑，但其天纵式的辽阔、威仪、尊严、气象却不容任何力量触犯凌截。

北京内城和外城城墙，几乎就是一部用砖石土木书写的建

前门大街

筑史。全部工程用了大概四千余万块砖，搬运、烧窑、打造石料、采伐木料的每一个工序，都动辄数十万人。明代修建城垣所需木料来自中国南方很多偏远的省份，城砖墙砖由中原各省轮流提供。琉璃瓦来自三湘四水，花岗石采自安徽，青白石则还是北京房山的好。筑城的匠人，来自全国各地。

《周礼·冬宫考工记第六》有云："匠人营国，方九里，旁三门，国中九经九纬，经涂九轨，左祖右社，面朝后市，市朝一夫。"这一论述清晰地表明，都城有极为严格的建筑礼制，要正方形，要每条边九里，四面城墙上应分设三座门，城里有九条直街和九条横街，南北的主要街道能并行九辆车。北京的整个设计思路都体现了这一布局要求，均匀开阔，疏密有度，宫城居中，左边是太庙，右边是社稷坛。商市在后，朝、市的边都有完全相等之距离。《孟子·公孙丑下》有云："三里之城，七里之郭，环而攻之而不胜……"中国古代城与郭相依，所谓"城必有郭，城以为民，郭以卫城"，而在"郭"中，"城"与"国"的概念更密不可分，倾城与倾国相连，城破与国破无异。不只是北京城，从汉唐长安、宋汴梁到金中都、元大都，中国古代营城的模式中，我们都能清晰地看到这样威严方正的城市规划，甚至可以说，整个中国都深深沉浸在仪礼规范和宗教仪式的建筑美学之中。

明代北京的城墙无比坚固，城砖厚十三厘米，一块即重十余公斤。清代边关不靖，清廷居安思危，为增加城墙的抗震度和黏结度而不遗余力，在砌墙时，使用了糯米、白面、桐油等材料来调灰，可以想见筑城之成本一定是天文数字。

山河千里国，城阙九重门。门自从其诞生之日起，就注定了其与墙不同的使命，它是为沟通而建立的。然而，沟通似乎并没有像看起来的那么重要，心怀警惕的隔绝才是门隐秘的宿命。没有门，是不好叫作城的。自我封闭意识是出于人类的自我保护心理和安全上的需要，是人类童年时期普遍存在的现象。世界上的许多民族都修建过城墙、城堡，以防御外敌的进攻。而北京的这些城门，则多少还有些特殊的含义和象征。

北京九座城楼，无可替代，各有时辰，各有堂奥，各有阴阳，各有色气。正阳、崇文、宣武、德胜、安定、东直、西直、朝阳、阜成这九门，就是严格意义上的京师之门。这些门是最掷地有声的宣示，它用一种镇定的威严，表明一种沉稳雄劲、无所畏惧的决心，所有的布局也都具有明确的效果。所以清代的"首都卫戍司令"，便叫"九门提督"；而九门当中的正阳门，便是京城内城的正门、前门。它是北京最重要的城门。它的北面，是壁垒森严的皇城和宫城，是金碧辉煌的王府和园林，是平民百姓可望不可及的地方。它的南面，是北京城的门户地带，是最大的交通中心和商业中心。它是帝王禁苑与平民市井之间的中间环节，因此老百姓把正阳门叫作"大前门"。

处在北京正中心位置的前门，主要用于商业贸易；崇文门连着旧日海关，供商人随时出入；宣武门外是宣南文化的发祥地，赶考之人出入比较多；西直门主要是为皇宫运送西郊的泉水；朝阳门担负从通州运粮食的功能；德胜门是军队出征的经由之地，等军队回归，则就要进安定门了。

1924 年，瑞典学者喜仁龙来到北京，立即被北京的城墙和

城门所倾倒：

无论从哪个方向观看，西直门都显得气象不凡。沿通往城门的宽阔街道接近城门时，远远就可以看到耸立于一片样式相同的低矮建筑之上的巍峨门楼……从城外接近此门时，但见方型瓮城和箭楼在四周赤裸的地面上拔地而起，颇具城堡气概，给人留下深刻印象……乘着飞驰的汽车经由此门前往颐和园和西山参观的游人，到了这里会不由自主地降低车速，慢慢驶过这个脆弱易逝的古老门面。因为，这些城门比起颐和园和卧佛寺来，毕竟能够提供关于古老中国日常生活更为真切的印象。

……

从西侧，全部建筑一览无余，使你可以看到永定门最美丽、最完整的形象。宽阔的护城河边，芦苇挺立，垂柳婆娑。城楼和弧形瓮城带有雉堞的墙，突兀高耸，在晴空的映衬下显出黑色的轮廓。城墙和瓮城的轮廓线一直延续到门楼。在雄厚的城墙和城台之上，门楼那如翼的宽大飞檐，似乎使它直插云霄，凌空欲飞。这些建筑在水中的侧影也像实物一样清晰。每当清风从柔软的柳枝中梳过时，城楼的飞檐等开始颤动，垛墙就开始晃动并破碎……

北京的每一座城门、每一块砖都凝结着北京人的回忆。归乡的游子从前门车站下车，抬眼就是熟悉亲切的正阳门；很多老去的孩子午夜梦回，都是随父亲出城采蘑菇，从高大的城楼下穿过的情景。满是斑斑锈迹的铁皮城门，永远镶嵌在他们意识深处。终其一生，无论他们走到哪里，总能感到老北京城门无声的注视。墙是岁月留下的痕迹，像一位老人，它身上的裂缝，就像老人脸上的皱纹；城墙上的酸枣树已有了沧桑之色，燕子在箭垛间飞起，城楼顶上荒草连天……

王朝的兴衰、战争的胜负、权力的消长进退都带有很大的偶然性和不确定性，兴也骤，亡也速，历史的城头上王旗变幻，歌台舞榭、宝光丽影，转瞬就成一梦，一个比一个更为强悍的北方民族纷纷崛起，与前一个迅速衰竭下去的帝国兵戎相见。在兵戎相见、肉身仆地之后，似乎谁也无力在北京永居。

1900 年庚子之役中，八国联军就在天坛架炮，正阳门箭楼饱受炮击，祸不单行，两个月后，驻扎的印度士兵，夜间取火点燃了正阳门城楼，正阳门被毁。在这次大劫难中，八国联军还肆无忌惮地轰塌了崇文门箭楼与朝阳门箭楼，广安门和东便门处的城墙也被拆毁。几年后，袁世凯受命对正阳门进行了有限的修缮，建筑图纸却怎样都找不到，应当是已毁于战火了。最后正阳门的建筑尺寸是依照崇文门城楼和宣武门箭楼形制略增尺寸后完成的。

1912 年至 1949 年间，北京城基本保持了清代的风貌。

1912 年 4 月，中华民国首都自南京迁往北京。1914 年起，北洋政府为解决交通问题，在内务总长朱启钤主持下进行了对北京城的第一次现代化"改造"。具体的内容包括：

第一，拆除部分城墙。1915 年，拆除正阳门、朝阳门、东直门、安定门、德胜门瓮城，修建环城铁路。正阳门的前门箭楼被改造。1921年，德胜门城楼、宣武门的箭楼，作为危楼被拆除，木料被售卖。此外在1925年，在宣武门与正阳门之间新开城门，即和平门。第二，打通封闭的皇城。1914年，在天安门东西两侧的皇城上开门，即南池子和南长街；拆除位于天安门两侧的千步廊，保留长安左门、长安右门。第三，开辟公园。将社稷坛改造为中央公园，开放天坛、景山、颐和园等。

这些措施在一定程度上改善了北京的市内交通，但也开了肆无忌惮破坏古城的恶例。与此同时，现代化的建筑出现在古城内外，喜仁龙当年就已经对北京城内日益增加的现代建筑表示了忧虑：

> 唯有洋式或半洋式的新式建筑，才敢高耸于这些古墙之上，像一个傲慢的不速之客，破坏了整幅画面的和谐，蔑视着城墙的庇护……而这些建筑的数量正在迅速增加着。北京的雄奇壮丽和图画般的美究竟还能维持多少年？每年有多少金饰雕刻的店面牌楼被毁坏无存？有多少有前廊和巨大花园（里面设置着充满奇趣的假山和亭阁）的古老住宅被夷为平地，而让位为半新式的三四层的砖造建筑？有多少古老的街道被展宽，多少皇城周围华丽的粉红色的宫墙为了铺设电车轨道而被拆毁？古老的北京城正被迅速地破坏，它已失去昔日皇城的面目，但却没有一届政府去设法保护它那些最值得骄傲、最珍贵的古迹。……它们是一座土石做成的史书，内容一直在不断地更新和补充，直接或间接地反映自其诞生以来直到清末的北京兴衰变迁史。

北京：当历史成为地理

这段话今天读起来，让人感觉到几分历史轮回的荒诞意味。一座历经剧烈变动的城市，一座在全球近代化进程中历尽沧桑的城市，在短短几十年中，就有大量的事物消亡。

抗战期间，日伪政府曾在内城城墙南部东西各打开一个豁口，并无耻地将之称为"启明门""长安门"。光复后，国人将之更名为"建国门""复兴门"。

1952年始，北京外城城墙开始分段拆除；1958年，中轴线上的中华门被拆除；1965年地铁开工，内城城墙被陆续拆除；1969年，内城城墙已被拆除殆尽。到最后，就只剩下了九门之首的正阳门城楼和箭楼、德胜门箭楼、东便门角楼和两小段城墙。被拆除的东直门城楼尤为令人扼腕，那是北京城唯一遗留下来的明代楠木建筑，其价值难以估量。

改造旧城的现实，曾令众多古建专家跌足长叹，众多老一辈北京人横泪踟蹰，仿佛失去了内心的精神依托。在这一群人的血液中，往往都饱含着一种怀旧般的感伤，他们不想让记忆变得支离破碎，随风飘散，无可追回。因为，即使仅仅是一些旧日的梦境和色彩，也会让这个城市人文历史的承传，有了现实的依托、对比和凭借。他们的眼里，没有立交桥，没有广告牌，没有夜色也没有雨水，只有一座城，一座已经在北京市民眼里消失、却依然在他们心里存在着的城，那座城在晴丽的和风下，立在朝阳之中。他们活在自己的记忆里。

从唐至清，从城里到城外，从兴至衰，衰而复兴，北京城所经历的重大历史事件和过往的历史人物都令人感慨。它就像一个千岁老人，身体经过生生死死、几度轮回，而它的精神却始终存活着，如同高空中一双不眠的眼睛，默默地注视着世道的盛衰变迁和人间的悲欢离合，北京城上千年的繁华兴衰都映射进去。起初，它牵动你沉重的思绪，而当你真正将身心融进去，你才会拂去历史的尘埃，透过苍茫凝重的表象，感受到它鲜活的本质。那个由几个朝代的人们经过艰苦卓绝的努力才建立起来的古代东方都城，几个世纪的文明中心，我们怎样才能追源溯流，接续香火？

老北京瑞蚨祥

灵魂重塑时代里的人与城

即使在战乱时代里也顽强保持着的那种平衡，在新的时代里却彻底倾斜了。对于梁思成而言，重大的断裂开始了，从前某些时候只是小小的不适、隐隐的疑惑，现在却已然变成灵魂重新锻造时的剧烈痛楚……

我突然想到了梁思成。当北京壮观的旧城墙和门楼遭到拆毁时，梁思成痛心疾首，留下这样一段话：

北京古城所承载的信息，不是皇帝个人以及封建王公大臣的，是全民族的，是勤劳聪明的中国人用砖石垒成的史书。现在，人们不懂得她的珍贵，把她大卸八块随意糟蹋，五十年后，相信会有人后悔！

林徽因也留下了一句意思大致相同的话：

> 你们拆去的是有着八百年历史的真古董……将来，你们迟早会后悔，那个时候你们要盖的就是盖个假古董！

很多年来，北京古城的古建和城墙，已经成了他们夫妇生命的一部分，成为他们的表情、伤痕、梦境和歌声，吸纳着他们的激情、青春和血，把他们投入河流和与河流一起奔流的时光里。他们已经变成一条船，河流是它终生的籍贯，只有在河流中，它才不朽，一旦离开，它将变成一只风干的标本。

他们夫妇二人的话，在今天不幸被言中。在20世纪90年代的北京城里，也曾掀起过一场"夺回古都风貌"的活动，从政府到民众都有所醒悟，甚至有人提议适当恢复当年北京的旧城墙。不少单位和个人纷纷将单位和家中收存的旧城砖无偿捐献出来，提供给文物部门用于文物古迹的修缮。很多老北京的市民从家里拿来了当年拆毁城墙时保留的旧城砖，很诚心地要为恢复北京城墙做些贡献。许多人有着难以遏制的恋城情结，就像小时候轻松撕毁了一张价值连城的"龙票"，从而留下了一生的懊恼。

几十年弹指一挥间，沉到底的往事重又浮现。清华园中著名的第十二座雕像，就是建筑学家梁思成先生，他戴一副眼镜，每天都是一副沉思的样子，见到同事时就会微微地笑着，他留下来的影像总是那样的平静、坦然，好像刚刚走进明媚的校园，到他创建的清华建筑系去上班。

辛亥革命后，年幼的梁思成随父亲梁启超从海外回到中国。

此时的梁启超开始对翻云覆雨的政治失去兴趣，于是到清华大学任教。这位同陈寅恪、王国维、赵元任一起被誉为"清华四大导师"的维新先锋，政治理想日渐衰歇，文化理想却方兴未艾；他把主要的精力放在教育和对长子梁思成的塑造上。

梁思成从小随父读了《国学源流》《孟子》《墨子》《清代学术概论》《论语》《荀子》等国学著作，对中国的传统文化，比之未出过洋的同代人，有着更超然和深入的理解。纵观他的一生，几乎是为古建筑事业而生，尽管从某个角度看来，是因为林徽因。

1923 年，梁思成的一次车祸，使他的腿落下了终身伤残，也使他和林徽因之间的感情经受了考验。当林徽因告诉他自己将来要学建筑时，梁思成义无反顾地选择了建筑学。两个人思想同步，自然更是琴瑟和谐。1925 年，林徽因与梁思成携手赴美，三年间，两人用心磨合，终于修成正果。

梁思成在美国留学期间，得到了父亲梁启超不断的鼓励和鞭策，也使得他在建筑学领域的探索越走越远。在父亲从国内寄来的与建筑学相关的各种典籍中，一本北宋的《营造法式》对其后半生产生了重大的影响，他也由此确定了自己事业的终身方向。

回国后，梁思成和同好组建了营造学社，在"山雨欲来风满楼"的抗战前夕，对中国古建筑做了一番抢救性调查。

接下来抗战军兴，中国知识分子也进入了八千里路的艰难远征。大批文人从北平辗转至长沙，再从长沙到昆明，最后，梁思成一家随营造学社迁至四川宜宾李庄，在战火中来回奔波，为一点点经费不停往返于重庆和李庄之间。而林徽因一直卧病在床，梁思成旧伤复发，即使在这样艰难的条件下，他们也没有放弃对建筑的挚爱。正是在这里，梁思成和林徽因完成了《中国建筑史》。

早在20世纪30年代，梁思成在天津宝坻考察广济寺的三大士殿时，以其职业的敏感，意识到这是一座架构独特、有着极高文物价值的辽代建筑。他也曾向当地政府反映情况，得到的答复是："辽代的建筑又怎么样，反正是一个没用的破庙，不如把这些辽代的木头拿去修桥，还能为人民服务。"

也许很多人无法理解，在那个硝烟弥漫的年代，在那个举国流血抗日救亡的年代，居然还有像梁思成这样文绉绉的知识分子有心情去研究那些雕花檐角、凤阁龙楼、木头石头。他们的这种精神，感动了李约瑟，感动了费正清和费慰梅。古人云：穷则独善其身，达则兼济天下。他们所做的不能说是兼济天下，但是在如此困窘的境况中，也能沉静治学，延续民族的瑰宝，不能不让人赞叹。

及至新中国成立前夕，曾有两名解放军军官在清华教授张奚若的带引下来到新林院八号面见梁思成，原来他们是在为国共双方和谈失败后的攻城战作准备，在一张北平城的作战地图上，梁思成慎重标出了北京所有重要的古建筑，明确了所有严禁损毁的区域。一支部队，宁愿多流血也要保护古建筑，保护文化，梁思成瞬间受到了触动，共产党一下子成为他认为可以终生依赖的政治力量，因为一个重视文化的政党和政权，必然是最得人心的。

开国之初，万象伊始，欣欣向荣。梁思成看到，一个最需要建筑师的时代来临了，这是无须质疑的，自己生逢其时，实在是值得庆幸。他终日奔走，眼中闪烁着振奋的光芒，在被任命为北京都市计划委员会副主任之后，他对城市规划提出不少大量超前的方案和建议，比如限制城区工业的发展，保护环境，保存北京故宫、古城墙城楼等遗迹，当他得知自己关于保留紫禁城的建议被政府采纳，他的欣慰之情难以言喻。他为自己当初没有留在美国或是去到台湾而倍感欣慰。

在《关于北京城墙废存问题的讨论》中，他说："环绕北京的城墙，是一件气魄雄伟、精神壮丽的杰作，它不只是为防御而叠积的砖堆，它磊拓嵯峨，是一圈对于北京形体的壮丽有莫大关系的古代工程。无论是它壮硕的品质，或它轩昂的外貌，或它那年年历尽风雨甘辛、同北京人民共甘苦的象征意味，总都要引起后人复杂的情感。"

"建筑是凝固的音乐"，梁思成的脸上仿佛笼罩了神奇的光彩。这是梦的光彩，神话的光彩，是历史的回光。这光彩应足以照彻这幅美妙的图景，也使得梁思成的古建之梦更为沉溺：

> 城墙上面，平均宽度约十米以上，可以砌花园，栽植丁香、蔷薇一类的灌木，种植草花，再安放些园椅。夏季黄昏，可供数十万人纳凉游息。秋高气爽的时节，登高远眺，俯视全城，西北苍苍的西山，东南无际的平原，居住于城市的人民可以这样接近大自然，胸襟壮阔。还有，城楼、角楼等可以辟为陈列馆、阅览室、茶点铺。这样一带环城的文娱圈，环城立体公园，是全世界独一无二的。……古老的城墙正等候着负起新的任务，它很方便地在城的四周，

北京：当历史成为地理

等候着为人民服务，休息他们的疲劳筋骨，培养他们的优美情绪，以民族文物及自然景色来丰富他们的生活。每当夜幕四合，繁星点点，月挂中天，几十万人同在月光下摇着蒲扇聊天，岂不是全世界一大奇观！

多好，如果他们的设想得以实现的话。一个民族的记忆不能没有实在的物体见证，民族的感情不能没有真实的依托。梁思成希望北京能够"新旧两立，古今兼顾"，新城改造做到"平衡发展"。在他的愿望里，是希望旧城能整体作为一个大博物院保留下来，那将是一个没有屋顶的中国上千年乡土社会的伟大博物馆。

而更让我们感慨的，是梁思成为了保护北京城墙而说的这么一句话："倘若再打起仗来，那城墙的垛口还是架机枪的好地方。"意思大概如此。一个学者，为了捍卫他的知识和理想，而不惜说出这种可能他自己都觉得荒唐的话，只能让人觉得心酸。梁思成作为一个建筑师的良知，其一心只为学术的精神，足以让后人感慨不已。

然而，这个思路超前的方案，却引起了相关方面的不快。苏联专家也指出，北京应该建设伟大的工业城市。历史潮流浩浩荡荡，落伍的事物都沉在了历史的护城河里。1957 年，北京城墙终于轰然倒塌。同时倒塌的，还有带着美好历史记忆的个人情怀与感受。那些有着几百年历史的明朝古砖背负新时代的使命，有的成了新社会工厂厂房的墙砖，有的拿去砌了防空洞。

1966 年，在这个看似平常的夏季里，中国的政局波诡云谲，暗流涌动。只想终其一生在学术研究领域跋山涉水的梁思成，

东单牌楼

一下子被抛进命运的深渊，不仅学术生命戛然而止，而且人生之路也在无限的困惑和痛苦中走到了尽头。他一次次被游街批斗，自己连做人最起码的尊严也无暇顾及。

造反派还用漫画形式批判梁思成的"罪行"。画像中梁思成的脖子上挂着北京的城墙，下面写着"我们北京的城墙，更应称为一串光彩耀目的璎珞了"——这是梁思成在50年代初为保护北京古城墙而写的《北京都市计划的无比杰作》一文中的一句话。

一张带有归纳性的大字报，将"丧失了民族立场"的梁思成的重大"罪行"又提高到一个新的水平。从这张大字报里，人们得知了梁思成多得令人吃惊的"不堪经历"。比如，梁思成曾在与法国同行见面时，亲吻法国女士的面颊；再如梁思成在1947年代表国民政府出任联合国大厦的设计顾问，这几乎是卖国的行径；他担任过国民党"战区文物保存委员会"的副主任，这是他反共的明证；最重要的是他主张在北京西区另建新城，公然反对毛主席的城建规划设想。

林徽因早在1955年4月就已经辞世，走得十分干脆。关于古建筑保护和她丈夫后来这些伤心事，从此不再令她烦恼。我想，假若林徽因还活着，她是宁肯捐弃生命，也不愿看到梁思成被迫写出"十年教诲沐东风，东方红日暖融融。旧皮还须层层剥，身心才会真透红"的打油诗。很多年以后，梁思成先生的续弦林洙也对梁思成受辱的表情记忆犹新："天啊！我无法形容我所爱的这位正直的学者所爆发出来的那种强烈的屈辱与羞愧的神情。我想，现在即使以恢复我的青春为补偿，让我再看一次他当时的眼光，我也会坚决地说'不'！"

从后来的历史发展来看，梁思成并不是患了"复古病"。北京中心区功能越来越密集，"古都风貌"已彻底消亡，"大城市病"又如约而至，人口膨胀、交通堵塞、环境污染……这几乎是"古今俱失，新旧两害"的典型案例。

梁思成站在同代人不能理解的高度上发出了他自己的声音，但他的声音又渐渐沉寂了。重大的断裂开始了，从前某些时候只是小小的不适，或者是隐隐的疑惑，现在变成他灵魂重新锻造时的剧烈痛楚。

他也许已经认识到，思想者的存在是一个悲剧。他寂寥的生命年华，从此黯然消泯于暮秋昏晚的风里。

直到生命中的最后一刻，搞了一辈子建筑设计的梁思成还是在悄然关注着那些业已消泯的历史记忆。

前尘隔海，过往的一切都换上了一种幽暗的背景。人生几度秋凉，一眨眼间，昔日年少的光亮额头就已水成岩般刻上了条条沟壑。

新的不一定是好的，总是雷厉风行地"推陈出新"、消灭前代遗存建筑不容商议，这是否是对历史真正的尊重？同欧洲的古国比起来，我们是一个有着五千年文明历史的民族，我们的国民也以文明古国自豪，但是我们做得如何？上千年历史的古城，我们留下了多少？

只是我们的城市日新月异，新鲜得让人目瞪口呆；我们的历史却满是忧郁的灰尘，让你无法和它共同生存。历史真是无情，当故都将倾的时候，想去扛住她的竟是一个"瘦弱还有些残疾的书生"。

1972年1月9日，梁思成大睁着两只迷茫的眼睛。他的前方就是阴沉而无形的人生终点，冲过终点那一霎间，一切是非清浊、历史评判，都会有一个最后的了结。北京古城则为大手所倾覆，全然不见形迹，有如火山灰下深埋的庞贝城。

历史的轮廓未必是清晰的。有时候，它显得异常神秘，恍如海市蜃楼；有时候很曲折，山重水复，云雾重重。我总在想，那个时候中国的知识分子，无论是学识还是人品，的确都是无与伦比的优秀。当他们所拥有的一切，在一个时代得到欣赏，继而在又一个时代被委之尘土之时，他们也就永不回顾地转身离去，连同一个时代的士风文气，一座故都的春明好景，也就一并化为消散的春梦，化为无法排解的文化乡愁。

北京：当历史成为地理

卖羽毛扇的老人

燕京八景：烟霞洞中日月短

> 立春已过了十来天，外面刚刚有了抽芽苗青的消息。赶时髦的王孙公子、仕女贵妇们已经呼朋招侣，骑马的骑马，乘车的乘车，联翩到燕京八景等名胜之处去"探春"。朝气清蒙之中，京城的雉堞若隐若现，西山的云翳似近似远……

老北京则偏爱"八"，他们爱逛"八庙会"，买布要去"八大祥"，在地名中，带八字的也很多，如八条胡同、八道弯、八王坟、八里庄等。糕点有荤八件、素八件、回民八件，腌菜类有八宝菜，而八宝莲子粥则更是受人欢食的粥品。再比如还有"天桥八怪""燕京八景"……

古代和晚近的北京，一直保持着空气湿润、林木苍翠、鸟语花香、郁郁葱葱的环境。查阅《帝京景物略》，会发现北京可圈可点的景物太多，且各有千秋。据明朝永乐年间胡广《北京八景图诗序》所载，"燕京八景"之说起始是"金章宗明昌遗事"，名单如下：太液秋风、琼岛春云、金台夕照、蓟门飞雨、西山积雪、玉泉垂虹、卢沟晓月、居庸叠翠。后经元明清历代沿革，八景之说时有变化。金中都城郊的这八大景点，有些属于帝王游幸驻跸之所，譬如太液池与琼岛，大多数则是当时百姓寻芳访古的旅游景点。可见在那时候，人们就喜欢在节日爬香山、看卢沟桥了。

1751 年，乾隆皇帝亲自主持更定了名目，钦定的八景名称是"蓟门烟树""西山晴雪""卢沟晓月""琼岛春阴""居庸叠翠""金台夕照""太液秋风""玉泉趵突"，并在每一处立碑定景。

世事变迁，一切都变得模糊了，一切都在飘逝，如今这八景之中，有的碑亭还在，其景却是大大改观，有的就连踪迹都已荡然无存了。曾经的"燕京八景"，已经从北京人身边溜走大半了，如果有闲暇，可以再去余下的景观看看，权当寻古亦可。

在燕京八景中，"金台夕照"是最虚无缥缈的，容易令人遁入哲学家式的玄思妙想。据史料记载："昔燕昭王尊郭隗，筑宫而师事之，置千金于台上，以延天下士，遂以得名。其后金人慕其好贤之名，亦建此台。今在旧城内，后之游者，往往极目于斜阳古木之中，徘徊留憩，以寄其遐思，故曰金台夕照。"

"燕昭北筑黄金台，四方豪杰乘风来。"一个"黄金台"，带来了燕国的强盛，大概后人也是希望黄金台为北京带来繁荣的气象，于是又建了多处黄金台。在京城，还有几处因名中有"金台"或者"夕照"二字，而被附会为金台夕照的景点。由于年代久远，此景在北京城内的确切位置，几乎已经无法考证了。明朝后期将黄金台附会到朝阳门外，清乾隆时又在朝阳门外苗家地以东立起金台夕照碑。1923年，金台夕照碑因年久失修倾倒，字迹被土侵蚀，日渐模糊。在1935年出版的《旧都文物略》中，尚可见到已经倒卧的"金台夕照"碑，但多年过后，石碑杳无踪迹，无址无基，仅有朝外小庄往北的金台路名而已。留给人们的也只有想象——到哪里去寻荒草斜阳、古台萧瑟的景象呢？虽然斜阳倒是依旧，路上车辆人流穿梭不息，一派现代都市景象，至于那份古意和情怀，则遗失得极为彻底，而今徜徉在金台路上的人，又有几人能有曾经"夕照"的心情？

相形之下，卢沟桥倒是可考可看的。古往今来，无论进京或出京的仕宦商旅，卢沟桥多为必经之地。卢沟桥拂晓晨景甚是出名，斜月低垂，晨霭苍茫；西山诸峰，笼罩轻烟，如同一幅月色迷离的画境。至于鸡鸣上路，送别京门，尚见明月当空，大地似银，这便是"卢沟桥上月如霜"的意境了。几百年来，"卢沟晓月"最易引发宦游人、读书人的心事，他们会出广安门一直往西，走过三十里的黄尘古道，专程来到永定河边，观赏有乾隆御笔题碑的"卢沟晓月"景观和有着清冷气韵的卢沟古桥。

卢沟桥横跨的永定河在宋、辽、金、元、明各代均叫卢沟河，又称浑河。此河又急又浑，常常改道，古称无定河，康熙三十七年，改名为永定河。

1188年，金世宗下令建桥，1192年落成，命名广利桥。桥如长虹，长二百六十六米，宽九米，十一个拱券门，四个华表，望柱上雕有大小石狮五百零二个。

北京：当历史成为地理

古时交通不方便，就有商旅早行的传统。俗语云："未晚先投宿，鸡鸣早看天。"唐代温庭筠的《商山早行》就记载了这样的情景："晨起动征铎，客行悲故乡。鸡声茅店月，人迹板桥霜。槲叶落山路，枳花明驿墙。因思杜陵梦，凫雁满回塘。"这首诗真切地反映了过去一般旅人的共同感受。京城距卢沟桥约是半天的路程，于是卢沟桥附近遍设客馆驿站，进京的一些士子商贾到此居住一夜，次晨迎着朦胧月色往京城走去，出京的一些人也常在此与至亲好友话别。

"落日卢沟桥上柳，送人几度出京华"，这是金人留下的名句。元、明、清以来，进出京城，更是有百分之八十的人都是走彰义门（即广安门）和卢沟桥。过卢沟桥时，一般正是东方欲晓之际。卢沟桥上于是留下很多文人诗篇和故事，比如关汉卿被逐出大都，王实甫等人曾送他至此。有了诗和故事，就有了浪漫和情调，只不过如果是丢官、降职和赶考不中的落魄之辈，会倍感凄凉。在茫茫晨曦之中，人在桥上临风话别，凭栏远望，但见晓星已没，淡月有痕，那一份惜别之意更是令人断魂。

如今的"卢沟晓月"，石碑还在，石狮也经过了修葺，冷月西风尚有迹可寻，只是由于在永定河上游修建官厅水库拦蓄洪水，昔日的大河波光已经无法见到了。

北京西郊，太行山的一支余脉连绵至此，横卧拱卫，是京城的西部屏障。这就是与北京城市发展关系最为密切的"西山"。其实，这里说的"西山"是对这一太行山支脉的总称，香山是这一带最典型的山峰。西山是距北京最近的山地，像一面层林尽染的横幅，就挂在北京城的后墙上，远望可及，在烽烟四起

燕京八景：烟霞洞中日月短

的时代，望之就是一种妥帖的安慰。

其实说起来，西山积雪的景色虽然尚可，毕竟称不上"山峦玉列，峰岭琼联"。关于西山，它最大的意味应当是：亲切。土生的北京人，计算不出一辈子究竟爬过西山多少次。踏青是它，登高也是它，香山、八大处、樱桃沟、碧云寺……这些地方还都凑趣似的连在一起，不高也不算太低，既巧既拙，亦俗亦雅，最对北京人的胃口。

旧时的北京，没有现在这般密集的高楼大厦，视野极好，天晴之日极多。每每向西远望，便可在京城的任一地方看到西山群峰的皑皑白雪。而现在，任你是多么好的目力，也难得有几个地方能做到了。近年来，北京降雪极少，更有一年中根本不见一粒雪踪的年头，想一见雪后西山的美丽，那是难之又难。西山晴雪因此声誉渐薄，渐渐被"香山红叶"所取代。

"蓟门烟树"也是燕京八景之一。由蓟门桥往北去不远处，元大都土城关上，有皇亭(俗称黄亭子)，亭内树立乾隆御书"蓟门烟树"及题诗的大理石碑。碑文提及：《水经注》：蓟城西北隅有蓟丘。"据传说这座荒芜的土城关即古蓟丘遗址，为蓟城门之所在。

"蓟门东直下金台，仰看楼台飞雨。"这是最早写到燕京八景的元曲。许多年前，蓟门外参差着许多柳树，一到春天，柳枝发出嫩绿的叶芽，远远望去，如同笼罩了一层鹅黄绿的清烟。春天嫩黄，夏天婀娜，秋天沉静，冬日萧条。亭亭拂拂，如曳杖而行，如持笏而立，如伞如盖，如烟如雨。

而"蓟门飞雨"所写的，并非某个具体地点的景物，好像是一种心理的地点。可以想象一个暴风骤雨的场面，抒发的是一种不平之气，有如大自然神秘而狂暴的音响。也许是这个缘由，"蓟门飞雨"被认为是清冷、清凉的代名词，多少扫了太平盛世的火热兴头；便有帮闲文人出面，将此景改名为"蓟门烟树"。

在八景中，乾隆尤爱蓟门烟树。"苍茫树色望中浮，十里轻阴接蓟丘……青葱四合莺留语，空翠连天雁远游。"此外还有"十里轻杨烟霭浮，蓟门指点认荒丘"之句。

《燕京八景图》记说："门之外，旧有楼馆，雕栏画栋，凌空缥渺，游人行旅，往来其中，而门犹存二土阜，树木蓊然，苍苍蔚蔚，晴烟浮空，四时不改。"写的是斜阳外层林重叠、远烟缥缈的景象。只是如今，在车水马龙、高桥横架的蓟门桥一带，还能看到"晴烟浮空"的景象吗？

不过蓟门桥附近树木品种繁多，倒还不乏苍松翠柏。这里的色彩错落有致，元大都的土城依旧在，历经百年沧桑，绵延在学院路中间的土城早已成为狭长的街心公园——树木花草，随季换景，间或杨柳、枯草，以及金黄的银杏、鲜艳的红叶。斜阳里，倒颇有几分古老萧瑟的意味，只是两旁高楼耸峙，两桥横空凌驾，桥上车流不息，绝无"远树生烟"的意境。

在"燕京八景"当中，"玉泉趵突"应属与北京城的关系最为相关之一景。经过颐和园去香山的路上，走到青龙桥时再往西南去，就是玉泉山了。玉泉山平地突起，主峰海拔一百米，高出地面五十米，两侧峰拱伏南北。这里山色苍翠，空气清新，泉水清澈，晶莹如玉，故称玉泉池，山也因此得名。

玉泉山之水的功用和价值不仅在美学方面，乾隆年间京城供水系统的建成，其优质水源不仅为颐和园、圆明园等诸多园林提供用水，而且还成为沟通大运河的通惠河的上源。

提到观赏"居庸叠翠"景观，绝不仅仅限于居庸关关城一带，如同乾隆帝在《燕京八景诗》中所云："居庸天险列峰连，万里金汤固九边……雄峻莫夸三峡险，崎岖疑是五丁穿。"从"列峰"以及比拟中的"三峡"等字样上看，显然，"居庸叠翠"的范围极广，关沟全段以及周围地区的景色均涵盖其中。

居庸关关城至三堡约长十里，这是关沟中最为深邃宏奇的地段，也是欣赏"居庸叠翠"景观的佳处——西山上遥远的云彩纵横南北，如同一幅巨大的水彩泼墨画。山势重叠的景象颇具幽燕沉雄之气，再加上雄浑险峻的军事关塞，在这里，自然风光与人为工程紧密相连，深山大壑的磅礴气势一览无余。沿着大山铺展开的天空下，奔涌着终年不绝的浩浩长风，同时发出海浪一样低沉雄厚的声响，仿佛诉说着文明和历史的全部精要。登临时，总免不了联想起北风和黄沙、呐喊和杀戮、刀剑碰撞和战马悲鸣之类，只是幻觉中那"嗒嗒"的马蹄声只能是一个美丽而忧伤的错误，我们无法留住瞬息光阴，也永远不会遇到逝者和后来人。

清代，乾隆帝在最初写的《燕山八景诗》中将"太液晴波"改为"太液秋风"。1751年，乾隆帝手书的"太液秋风"碑立于中海水云榭。

清初诗人朱彝尊有诗《早秋水云榭》："残暑秋逾炽，凉风午乍催。微波莲叶卷，新雨豆花开。宛转通桥影，清冷傍水隈。夕阳山更好，金碧涌楼台。"远处碧波千顷，近处荷花映日，北

北京：当历史成为地理

126

海满湖的碧绿黛绿，深红浅红，皇家园林的徽记还没有被岁月完全剥蚀，而那遥远的帝国，已是踪迹全无了。

中海湖面狭长，与南海、北海一起连成茫茫水域，每到秋季，天高气爽，金风吹过，碧波荡漾，水天合一。其实，不只秋景美妙，太液池的其他季节也是景色殊异。"太液池之阳，有白塔，为永安寺。岁之十月廿五日，自山下燃灯至塔顶，灯光罗列，恍如星斗……太液池之五龙亭前，中海之水云榭前，寒冬冰冻……积雪残云，景更如画。"这段出自《帝京岁时纪胜》的话又描绘了太液池冬季景色，颇令人神往。

明永乐皇帝迁都北京后，曾组织了一批文人将燕京八景绘成"连环画"，分别配诗加以说明。于是燕京八景又呈现为泼墨的山水、纸上的风景。

"燕姬白马青丝缰，短鞭窄袖银蹬光，御沟饮马重回首，贪看杨花飞过墙。"立春也已过了十来天，隔开一层半透明的明角窗格，外面刚刚有了抽芽苗青的消息，色调沉重的帝都开始镶嵌鲜嫩的绿色。水关河边垂杨的新枝，还有不再扑面如刀的风，都能让人感觉到，春天已经到来。西山健锐营那些守着老满洲风俗的旗兵们，跳起了他们的萨满舞。平民院子里的石榴花蕾已经绽出深红的颜色，而宫廷里的池塘也绣上了斑斓的浮萍。赶时髦的王孙公子、仕女贵妇们已经呼朋招侣，骑马的骑马，乘车的乘车，联翩到燕京八景等名胜之处去"探春"。朝气清蒙之中，京城的雉堞若隐若现，西山的云翳似近似远……那充满诗意、如梦境一般遥远缥缈的燕京春日啊！

燕京八景：烟霞洞中日月短

127

历史不忍细看之明朝遗事

当大明王朝纲常萎顿、庙堂将颓之际，北京城历史的每一天都显得扑朔迷离。青砖无言，草木无语，在漫长的时光里，它们看过了繁华与破败、凝重又沧桑的历史镜头的切换。唯有落日的余晖穿过残垣断壁的陈迹，才会在雕廊楼柱间洒下深浅不一的历史光晕。

豹　房

回廊曲户，通道幽深。

穿过繁复曲折的厅堂轩室，就进入了外间人无缘一见的神秘所在。

内宅庭院，更是在庭院深深的堂奥深处。没有园中人引导，外人贸贸然闯进来，只怕是在重门叠户中晕头转向。

在精致的暖阁中，一架细雕花纹的玻璃宫灯置于妆台之上，明光照彻，四壁皆明。另外一盏青绿釉瓷灯，塑作一头昂首扬尾的瓷狮。灯光下，雕花胡床之上帷幕高卷，正有一位高鼻深目、肤如凝雪的美女酣然深睡，妖丽惹火，妩媚入骨。

紫檀屏风和镂空的博古架，将内室分隔成几个部分，显得曲折幽致，而不至于一览无遗。分隔在内室一隅的妆台之上，随意摆放着各种名贵珍饰，都是时下北京城里最受名媛贵妇追捧效仿的时新样式，晶莹璀璨，珠光宝气。

这里，就曾经是明帝国武宗时期最为神秘，也最为朝野人士非议的所在——豹房。

它本是皇族豢养虎豹等猛兽以供玩乐的地方。说起来，豹房也算是数百年前蒙元帝国遗风，另有虎房、象房、鹰房、羊房、鹿房、天鹅房等处。

朝野人士传说，豹房周边采土筑山，深林绝涧，有奇禽驯兽，飞走其间。其中密室极多，勾连栉列，犹如迷宫，设有无数的帏帐、暗门、暖阁、绣榻、蒲团等，每间华丽豪奢的房间里，都有裸卧的美人。当武宗皇帝带着随从、近侍、胡僧，在美女、歌僮等人簇拥下进入豹房时，这里就成为秘合狂欢的处所，酗酒纵饮，通宵达旦。

人们甚至私下传说，武宗皇帝有一次在豹房，见到一个美人脖子上围了条豹尾，身影映照在大扇纸窗上，像极了直立的豹子，就让所有的美人褪除衣裙，在粉颈上挂貂尾、獭尾、狐尾、豹尾等，腰上系虎皮，模仿兽类爬行，互相追逐、嬉戏，甚至在兴起之时像动物一样交配……

这些传说，到底有几分真，又有几分假，没人能说得清。

武宗朱厚照，据说孩提时"睟质如玉，神采焕发"，性情仁和宽厚，颇有帝王风范。加之张皇后的另一嫡子在三岁时意外夭折，孝宗自然对他宠爱有加。在朝臣的督催下，朱厚照八岁就开始接受严格的教育。幼年的朱厚照聪明稳重，据说前天老师所授文字，第二天，仍清晰不忘。而且他很快就将宫廷内的烦琐礼节一通百通，孝宗每次前来探视，他趋走迎送，中规中矩，这令孝宗颇为解颐。

1505 年，孝宗因误服药物而驾崩。朱厚照就被推到了历史的前台。武宗即位伊始，还是一个年仅十四岁的少年。然而，正是这样一个被朝野上下寄予殷切希望的皇太子，在君临天下后随之摇身变成另一个人。有人认为他荒淫暴戾，有人认为他荒诞无耻，有人认为他追求个性解放。总之，他成为历史上最有争议的皇帝之一。

朱厚照在为东宫太子时，太监刘瑾常侍奉左右，武宗即位后，刘瑾极受宠爱。在刘瑾的怂恿下，朱厚照下令建起了豹房这片金碧辉煌、勾连栉比的殿宇。琼宫仙阙般的殿宇两厢分立，一厢置有虎豹狮熊之猛兽，一厢藏有雪肤玉貌之美女。为掩饰其昼夜宣淫之行为，朱厚照注销了专事皇帝起居的"尚寝诸所司事"这一官职。

在纲常委顿、庙堂将颓之际，有玉玺金印握于掌中，有阉竖佞臣阿其所好，朱厚照更加恣意妄为，放纵着比虎豹还要百无禁忌的本能。自豹房建起后，朱厚照先从猛兽那里获得感官刺激，继而便在美女身上放浪形骸。锦衣卫都督同知于永为邀买帝心，向朱厚照进言称，西域女子万种娇媚，千般风情，胜似汉女百倍。朱厚照命于永前去寻觅。于永四处奔波，终于觅来一群能歌善舞的西域美女。不久，朱厚照又敕令礼部移文各布政司，精选全国各地通晓技艺的女子进京。或灵秀，或娇艳，或妩媚，或优雅，或纯真，或纤弱，或丰艳，群芳争艳，难分高下。于是豹房之内，整日管弦丝竹，音动梁尘；媚眼如丝，秋水横波……

除纵情声色外，朱厚照还大兴土木，凡皇家的御用场所，大都或扩建或修葺一新。如此的大肆挥霍，必然会导致国库空虚。朱厚照虽几次下令在全国增税加赋，但国家财政仍是捉襟见肘。面对"天字号"工程，工部大臣不敢停工，便奏请朱厚照采取卖官之策，来弥缝国库之缺漏。朱厚照当即准奏，遂开了明朝公开标价卖官之先河。上至朝廷庙堂之宇，下至五侯四贵之阁，到处都弥散着浓烈的膏腴锦绣、声色犬马、挥金如土、随珠弹雀的奢靡之风。

武宗是位颇有争议的人物。他贪杯好色、尚武蛮横，其所行之事多悖于常理，后世评价自然不高。当然他也有处事果决的一面，比如雷厉风行诛刘瑾，英州大败小王子，有时颇能体贴下情，会亲自到大臣家中探病，还曾痴情于艺妓……我们可以从不同的角度看到一个不同的皇帝，却很难看到一个完整的形象。他奇特的一生只能留待后人评说了。

1520 年，南巡途中的武宗于清江浦垂钓，不慎落水受寒，身体每况愈下。次年，武宗病死于豹房，终年三十一岁，葬于昌平金岭山东北的"康陵"。

今天的北京地名中仍有豹房的名称，但据一些历史学者考证，那并不是武宗所建的豹房，而今天东华门外的报房胡同，才是当年武宗"白昼宣淫"的场所，只是由于日久年深，豹房在口口相传中变为报房。时人刻意的隐瞒，有意识的忘却，使我们关于豹房的记忆变得飘忽迷离。许多细节在历史中大量流失，风儿一样地逝去了。

西　厂

余晖收尽，暮色完全笼罩了京师九城。大街小巷，行人敛迹。

刚刚膺任西厂主管的汪直，这时却在迷宫一般的胡同巷道中，鬼魅般穿行绕走。

帝国皇朝多年，天下依然不靖，内忧外患，交相煎迫，迄无宁日。为了应对莫测的时局，由宦官统领的侦缉机构西厂应运而生。

昏黑的天色中，一条胡同影影绰绰地出现在眼前。这条非常不起眼的胡同，叫西厂胡同。当时人们唯恐与这里有一丝一毫的联系，谈之色变，避之唯恐不及。

在明代成化年间，北京除东厂外，还有一个宦官管辖的侦缉机构，设于明代的灰厂，即今天府右街中段向东北倾斜的地方，因与东厂在位置上东西相对，被称为西厂。众所周知，这里是个令朝野厌恶和恐惧的所在。

汪直走进一幢庭院。这是一处被官府抄没的朝官宅院，因为久无人住，早已破败不堪。汪直宛如狸猫一般轻灵无声地走入庭院中。

这是什么地方？原来是西厂秘谍眼线在京城活动的秘密场所。

在这里，汪直向鹰扬卫以及锦衣府的密探们教授血腥、暴力、暗杀、绑架、欺骗、偷窃、女色引诱、金钱收买、暴力胁迫、诬陷、诱骗这些勾当；教他们怎么从众多真假莫辨的消息中，寻找到真正最有价值的消息；教他们怎么判断消息的真伪，怎么抽丝剥茧，条分缕析，怎么从微小之处窥视大的动向。

东厂和西厂，乃至后来刘瑾设立的内行厂以及与东西厂相同性质的锦衣卫，构成了明朝的特务系统，终明一朝，西厂、内行厂存在时间不长，而锦衣卫、东厂则至明亡。西厂虽然存在时间不长，却因其黑暗与酷烈，留给后世恐怖的记忆。

1476年，宫中出现黑眚，据说这是一种能走动的不明物体，当时被认为是一种妖异。而且这一年妖人李子龙和太监韦舍勾结，私入大内。事发后，明宪宗非常害怕，愈发想知道宫外的情况，于是派御马监太监汪直改装易服出外私访。汪直颇有做特工的潜质，出外侦察近一年竟无人发觉。宪宗十分满意，决定设立正式机构。1477年，西厂正式设立，由汪直任提督厂事。

汪直原为万贵妃宫中的太监。万贵妃得宠于宪宗，汪直因此得到了皇帝的重视和信任。他生性狡猾，为人阴险，西厂在京师边镇、南北要道、各府州县都有他的眼线，在他的指挥下，许多朝官、书吏也成了西厂的线人，通过他们，汪直能准确把握大小官员的动向。百官的生活也在西厂的侦察范围之内，如官员犯罪追赃，西厂将其家门封闭，或者乘夜越墙而入，大肆搜索财物，有时辱打拷问，甚至剥去命妇衣衫。全国上下，人人自危，虽公侯不免。汪直出行之时，随从甚众，公卿都得避让。

表面的光洁秩序之下，京城布下了阴沉的弥天大网。西城勾栏、粉子胡同，东城本司胡同（教坊司所在）、演乐胡同、勾栏胡同、宋姑娘胡同、灯市口等京师青楼妓馆聚集之地，也是官僚士子、巨商富贾们趋之若鹜之处，官府要对这些妓馆青楼抽取可观的脂粉钱，而皇家密探则混迹其中，侦伺有哪些官员、哪些富商、哪些士绅，去了哪家妓馆，吃了哪个粉头的花酒，闲谈了什么内容，何时来，何时走，全部都要上报。

西厂的密探，不但侦伺京师官员的一举一动，还每每将京师市井中张家长、李家短、王家娶媳妇、刘家死儿子的事情，事无巨细，一一俱报……

在宦官和锦衣卫的协助下，皇帝们对大内禁宫之外的京师动静多有了解。明成祖时期，仅仅在北京一地，锦衣卫就有十四五万名之多，而遍布全国的特务机关及人数，则有数十乃至上百万名。这一大规模的专制机构，一直延续到明帝国的覆亡。帝国的臣民们经受着不堪重负的精神折磨，他们活得谨小慎微而又心惊胆战，日久年深，人性开始变得扭曲。亡命者、搜捕者、藏匿者脚步纷沓，奔跑的身影错落交叉重叠，夹杂着告密信和密杀令的残屑，变成一股股不规则的旋风……

在亘古如此的长夜里，从每一个角度看去，都是漆黑一片。

南　宫

尝过权力滋味的人，食髓知味，怎肯轻易与人分享权力？

北京：当历史成为地理

北京南池子大街东侧，有一处近年刚建成的菖蒲河公园，环境优美宜人。虽然距离闹市只有几步之遥，但一走入其中，清奇的古意扑面而来，市声一下子便被隔在了另外的时空中。每年入春后，随着桃李绽放、槐花飘香，更是让人神清气爽，遐思无限。公园中，要属普渡寺的大殿最引人注目，这不仅仅是因为它壮丽古朴，还由于它含凝着明初以来许多轰轰烈烈的历史瞬间。

在明代，南池子地区和太庙、社稷坛一样，是专供皇家使用的地方，永乐时称作"东苑"，后来称为"南宫"或"南内"。普渡寺所在位置，明正统时原为崇质宫，是南内的核心。应该说，南内在明初不过是皇家的又一处苑囿而已，性质有如南苑、西苑，并无特别，但由于明代唯一的一位太上皇——英宗朱祁镇曾在此居住七年，并从这里出发重新夺回政权，从而使南内具有了不同的意义。

朱祁镇的一生复杂难言。在他当政的后期，废除了一些血腥的法律，明王朝开国时的暴戾之气，正是在他的手中逐渐消退，但同时，宦官的势力也是在他的纵容下日渐坐大的。

这一年，瓦剌大首领也先分兵三路攻打中原，北疆告急。不过，这次也先入关只不过是一种报复性的掠夺行为，并无什么野心。明朝边防经过朱棣和其后几代皇帝的经营，塞堡坚固，京师更有数十万精锐，实力强于瓦剌数倍。明军只要严守边关，坚壁清野，主力伺机反攻，瓦剌的进攻不会构成太大的威胁。

然而少年皇帝对战争和英雄有着一种浪漫想象，所以朱祁镇执意亲征，以建君威。结果五十万帝国精锐一朝断送，自己也连带着做了蒙古人的俘虏。

于是，英宗成为也先手中的一个天大的筹码，他觉得自己随时都可以向明王朝漫天要价。数十万明军在土木堡一役土崩瓦解，北京守备空虚，形势岌岌可危；也先于是想乘着土木新胜之余威，挟持英宗，一鼓作气，攻取明朝的京城。

北京城这边的情况可想而知。一时间乌云蔽日，人心惶惶，许多大户人家纷纷南逃，局势混乱到了极点。国难当头，社稷为重，明王朝果断地拥立英宗的弟弟成王朱祁钰即位，也就是明景帝，遥尊英宗为太上皇。

瓦剌军队直扑北京，国难当头之际，主战派于谦言辞铿锵，一锤定音，使那些已然涣散的力量重新凝结起来，迅速形成一个以他为中心的抵抗势力。在官场上一向低调的他，此时像一把出鞘的宝剑，闪出熠熠光华。北京保卫战由于谦全权指挥，北京城内军民一心，坚决固守，力拯帝国危亡。

大明王朝的新天子坐稳了位子，瓦剌又未能在军事上进一步得手，英宗朱祁镇这个捡来的大宝贝也就失去了价值。也先叹了口气，将朱祁镇送回，以交换点实在的好处。

从死亡的边缘重回人世的感觉确实非常奇特，被释放回来的英宗，此时心头，伤感、凄凉、庆幸、忧心一应俱全。伤感在昨是今非，凄凉在功业全废，庆幸为全身而退，忧心在回京之后，紫禁城已经不是自己的家了；但终也无可奈何。他带着一干后妃，黯淡无光地住进了南宫，过上了太上皇的日子。

南宫的大门永远是紧闭的，日常饮食衣物都是由一个小窗户递送进去，为防止南宫与外界联络，管制极严。景帝确实也是有些过分，严格看管也还情有可原，到后来竟然连饭都不管饱，英宗的钱皇后有时还不得不做些女红，补贴家用。

废帝朱祁镇好长时间都不太能适应自己的新角色。他对自己的弟弟尤其产生了幽幽的恨意。他甚至有些怀念在漠北的时光，那时虽然是俘虏，不过蒙古人对他以君礼相待，照料得蛮不错。他对于谦的恨尤其深重，于谦"社稷为重君为轻"的主张和作为，对他个人造成了深深的伤害。

在南宫，朱祁镇一待就是七年。绛红色的宫墙反射着迷茫和沉寂，愁绪像墙根下的苔藓一般，长了一层又一层。英雄无用武之地，于是一口气生了九个孩子。

然而世事难测，命运再次转折，朱祁镇命中偏偏有第二次当皇帝的运气。

1457 年代宗突染重病，卧床不起，而太子这时已经早逝，皇位继承权发生了问题。帝国的宫廷里，一时波诡云谲，暗流涌动。皇帝一旦驾崩，帝国将面临无君的困境。大臣们忧心如焚，只能通过太监向皇帝问安，并上疏恳请皇帝早日选定太子。病中的皇帝答复："正月十七，朕当早朝。"

一场政治大风暴也不可避免地来临了。石亨、徐有贞和一些太监秘密谋划，认为复立他人不如复位上皇，可以邀功请赏，于是决定拥立幽居南宫的英宗复辟。

正月十七是一个格外寒冷的日子。凌晨时分，政变开始了。徐有贞等人拥着英宗，登上御辇，来到东华门外。守门禁军见是太上皇，不敢阻拦，石亨此时挥军直入东华门，迎英宗来到奉天殿。

天色微明的时候，群臣才走过金水河上的玉带拱桥，进宫早朝，抬头一看奉天门御座上坐着一人，正是太上皇朱祁镇。

一个月后，被废为成戾王的景泰皇帝死了。据明代野史《病逸漫记》记载，"景泰帝之崩，为宦者蒋安以帛勒死"。真相如何，现在已经永远无法知道了。北京皇宫绛红色的围墙，深深隐藏了一切。

一切都得重新洗牌了。于谦是景泰政治的代表人物，也是景泰皇帝最倚重的大臣，要证明太上皇复位的合法性，于谦也必须死，否则英宗复位就名不正言不顺。忧国忘身、赤胆忠心的于谦被押赴北京西市，抛洒热血，饮恨刑场。

后来的英宗对南宫岁月依然难忘，即位之后多次故地重游，并对南宫加以扩建。浓浓春花中，这是胜利者对龙兴圣地的留恋；萧萧秋风里，这是饱经沧桑者对过去的追忆。而时时萦绕他心间的，恐怕更多的还是对高耸宫墙的反思，以及对变幻世事的感慨。在这样的心境中，他释放了被囚禁数十年的建文帝的儿子建庶人，他废除了惨无人道的人殉制度。

入清后，南宫之地先是成为"睿亲王府"，多尔衮在这里呼风唤雨；后来被改作玛哈噶喇庙，崇祀大黑神文殊菩萨，成为缎匹库的组成部分；再后来，就被称作普渡寺了。

顺便可以说一句，东单迤北路东的"外交部街"，曾叫石大人胡同，就是参加过北京保卫战的石亨大将军的府宅。这位"石大人"曾率领禁卫军杀入皇城，拥戴英宗发动令朝野震荡的"南宫复辟"，废掉景帝，这场宫廷政变使石亨一举成为国家柱石。皇帝赏赐他的这套豪宅，自然奢华无比。可惜若干年后，

北京：当历史成为地理

皇家的脸说变就变，石亨因有"谋逆"动向，被抄家并死于牢狱。

不过"石大人胡同"的名称却一直叫下来了。清末，总理各国事务衙门在这里修建了一座宾馆，专门接待外国使节。民国新成，袁世凯上位后，曾多次下榻于此。1912年8月孙中山来北京，也暂居于此……

大风吹过史册，世事混沌不清，轮回的故事永无尽头。

西直门天主教堂

利玛窦：蓝色瞳孔里的北京城

　　临死的时候，那几年在海上经历过的惊涛骇浪，一层
层从他眼前清晰地闪过。沧海辉煌，落日在无语的归途上
铺就了一条奇幻的光毯。对中国往事的无尽思念，都在那
金色的光芒里，慢慢幻化为虚空……

　　1600 年的北京人，或许能够看到这样的场景：一个年轻的
洋和尚，以无比卑微的姿态，小心翼翼地走进这座灿烂之城。

　　也许是不得其门而入，他经常在日落时分，伫立在高处，
长久地遥望着紫禁城。

　　这些年来，他的眼睛已习惯了中国南方的青色瓦屋。金黄
一片的琉璃瓦顶，刺痛他的眼睛。

　　他从遥远的欧洲来，山高水远，只有这里，才是最终安顿
他行脚的地方。历经九九八十一难，他进入北京，来到万历皇
帝脚下。这里是他全部里程的真正终点，所有颠簸的道路，都

指向这座宫殿，他的全部远大而隐秘的理想，也都维系在这座宫殿上。

北京，如果它只是一个遥远的城市，熙熙攘攘的人群与高大的城墙，又能怎样？他在自己意识深处的虚构或真实，又有什么关系？对于人与世界、历史与现实、苦难与爱，对于在分裂与混乱中挣扎、充满渴望与感奋的欧洲，中华帝国意味着什么？……

内心在反复而混乱地追问，然而他的表情却很安详。终于，泪水顺着面庞蜿蜒而下，没有人能够分辨他是快乐还是悲伤。

而北京，正在以一种沉稳的金黄色迎接来自远方的客人。井字形的城市、怡人的气候、古老的传统、城市、宫殿、河流……这美妙的文明之梦，与他那久远的梦想几乎不差分毫。他的喜悦和感伤，就像无遮无拦的阳光一样倾泻下来，然后在内心深处溅起辽远深邃的回声。

一切，都如同先前梦中所预示的，他终于如愿以偿。北京一下子离他如此之近，这几乎就像是一场盛大的典礼，但只存在于他的心中。他感觉自己在抬眼的瞬间，遭遇了上帝温暖的目光。

这已经是利玛窦第三次"进京"了，应当说，也是他最接近成功的一次。

"我们在这些国家，就像是自愿流放，不仅远离我们的亲人，而且远离基督教民族和我们的祖国，有时是来到一个十几二十年见不到一个欧洲人的地方。"

自从 1578 年离开欧洲，利玛窦终身未能回到故土。那份凄苦无人可诉，苦恼到了极处，他有时也会暗地里想，向天主献身，是否一定要远赴海外？

在传教的间歇，利玛窦经常会一个人陷入冥想。从他那被记忆之光放大的瞳孔里，可以看到他父亲的幽暗身影。

他的父亲对自己这个儿子抱有殷切的希望，要他到罗马去学习法律，将来好光耀门楣。但利玛窦抵达罗马后不久就加入了耶稣会。他的父亲大为不满，立即动身去罗马，然而鬼使神差，他在出发后的第一天就病倒了。他将这次重病视为天启，在返家后就给儿子写了一封信，表示默认他的信仰。

1578年，利玛窦一行十四人从里斯本启程，忍受着遥遥路途的艰辛，经历着海上的狂风暴雨，万里踏浪，往远东而去。

1582年4月，利玛窦被耶稣会负责远东教务的观察员派往中国传教。连着几天，他都有着强烈的预感，一旦自己受命出使，将要面临无比艰难的旅程——也许，这趟旅程要花费他一生的光阴。

他于当年8月抵达澳门。行囊里是他一路小心珍藏的时钟、三棱镜、星盘、浑仪、世界地图、竖琴、天体仪及地球仪等，他要利用这些东西辅助自己完成梦想。他把这些自己认为最好的东西精心打点一番，在装船时他不断在设想，中国人见到这些礼品之后，会是多么的喜悦和震惊。

此时的澳门，已经成为葡萄牙人的"飞地"。晚明学者张燮曾经对葡萄牙人作如下描述：葡萄牙人身高七英尺，长着猫一样的眼睛，嘴巴就像黄鹂，脸色灰白，胡子卷曲，像黑色的纱布，而他们的头发却几乎是红色的。

更令中国人觉得奇怪的地方在于：当囚犯被拉去斩首的时候，他们在后面哼唱着古怪的歌吟——那是宗教经典里的赞美诗。

而利玛窦则发现，中国非"热带丛林"式的原始文化可以相比，而是有着悠远发达的文明。他也发现了中国人的另外一些方面，中国人大都聪明，但聪明才智都用在对人的研究上。如一个士人应该如何如何，才能被别人承认为君子；一个官员应该如何如何，才可以得到上司的信任，从而升迁快、官运好。他们又喜欢把精力用在对过去事情的记诵上。他与中国官员谈话，发现他们对中国几百年、几千年前的事知道得一清二楚，但对眼前发生的事，却讲不清楚，更拿不出一个好的处理办法来。

再比方说，在这个古老的国度里，很多人都有着一种"士"的精神，他们显得高贵而迂腐，人们普遍不追求物质生活的丰富和奢侈，更注重于精神和面子。

要想在这样的国家传教，当然极为困难。这不是一个可以被什么风暴轻易颠覆的国家，这里的人们也不是一个容易被其他文化影响的种族。面对着那些高大巍峨的石坊，面对着那些深奥难解的匾额、门联，面对着那些迷宫一般的庭院曲径和庭院内高高的古树、翠竹，利玛窦用了很长的时间来稳定自己的心神。

1589 年，利玛窦迁居韶州，以后又到达南京。他一再遭到驱逐，一败涂地，最终落荒而逃。他自己已记不起来，自己在中国遭到过多少次驱逐。无数惊险无尽的苦难，他认为是上帝

北京：当历史成为地理

那双手一次又一次地将他扶起来。

考虑到如果不被明朝皇帝接见，想长期居留在中国进行传教几乎是不可能的。1598年，利玛窦开始了到北京传教的努力。他和兵部侍郎石星一同启程。此时，他已在中国当时十五个省的十个中有了朋友。每向北一步，利玛窦都能感到一种更深邃的召唤。

他们从南昌出发到达南京，又从南京起程沿水路北上，于1598年9月17日到达北京。

在北京，利玛窦等人住在南京礼部尚书王忠铭的府中，但这一次试探无功而返。11月初，传教士们带着失望离开了北京。

1600年5月，利玛窦再次从南京出发，沿京杭大运河北上。他们要献给皇帝的礼物中有：圣母像、基督像、十字架、自鸣钟、《山海舆地全图》、三棱镜、印度棉布、粗羊毛布、玻璃制品、日晷、沙漏等。

河里挤满船只，遇到水闸，没有特权的船往往要等好几天。当年7月，他们在山东临清遇到了税监马堂，发生"妖术十字架事件"。全部行李被没收了，于是利玛窦一行被拘押了半年。

拜见皇帝又变得遥遥无期。就在他陷入彻底绝望的时候，事情却因皇帝的一时心血来潮而有了转机。明神宗忽然想起一份奏书中提到的利玛窦要献给他的自鸣钟，于是下旨要见传教士们。

没错，如果没有那些西洋钟表，万历似乎永远不会有召见耶稣会士的热情，也无意向洋教士打探地球另一端的消息。

利玛窦被引导着，穿越一道道回廊。卧在宫殿门口和飞檐上的那些人世间根本不存在的铜铸鎏金小兽，正一齐朝他这个面目古怪的洋人怒目而视。这让沉静的宫墙有了几分阴沉的色调，也使得利玛窦更加心神不定。

这是利玛窦参加的一次朝礼。宫漏悠远单调的声音，在华丽而凝重的殿堂之中回荡，让人想起日晷在沙盘计时器上的缓缓移动。

但是，皇帝本人并不在场。

自从因为立嗣问题与大臣怄气以来，他已经十多年不上朝了。利玛窦只能朝着空空如也的天子宝座进献礼物。这种安排让远道而来的利玛窦感到一丝躁动与失望。这个伟大的帝国，对于跨越千山万水前来拜访的客人，显然没有放在心上。

但利玛窦还是恭敬地向那个神气的宝座，行了三拜九叩大礼。

神宗已经多年不见大臣了，虽然也想见见这些异国人，但是孤僻固执的性格，最终还是让他放弃了召见的决定。不过他派了两名画师画了两个神父的全身像，并想进一步了解欧洲君主如何穿着，问他们是否带来了欧洲皇宫的模型。神宗命画师按照利玛窦等人献上的描写圣经故事的画，绘制成一幅更大的画。利玛窦等人还呈上一幅画有威尼斯圣马可教堂和广场以及威尼斯共和国旗帜的画。

利玛窦在紫禁城中的钦天监住下，向四名太监教授如何使用和保养自鸣钟。几天后，皇帝又派了四位太监来向神父们学习演奏古翼琴，因为古琴也是献给皇帝的礼物之一。后来有一位叫庞迪我的神父每天进入皇宫，给太监上音乐课。音乐课上了一个多月，把演奏的外国乐曲配上了中文歌词。利玛窦又亲自编写了八支歌曲，称之为《西琴曲意》八章，内容涉及伦理道德，是教导人们具有良好品行的抒情诗，还引用了基督教作家的话加以说明。

接下来的日子里，利玛窦在北京拜访了礼部右侍郎朱国祚。朱国祚详细了解了他们到中国来的目的。这次利玛窦等人索性公开大胆地声明，他们是被派到中国传播上帝的教义的，并希望永久居住在北京。朱国祚为此上奏皇帝，但是一个月过去了，杳无音信，于是礼部决定再上奏章。奉命管理自鸣钟的太监也希望耶稣会士们留下，因为如果钟发生故障，会受到神宗的责罚。

1601年5月28日，耶稣会士们终于结束磨难留居北京。皇帝批准利玛窦等人以个人身份在京城居住，这是一件史无前例的事。同时朝廷还四个月发放一次生活津贴，这在当时是一笔很可观的收入，即使在欧洲也如此。

前来访问利玛窦等人的士大夫越来越多。这时，距他们从南京出发已经一年有余。利玛窦已经49岁了。坐在中国式的轿子里，行进在北京的大街上，利玛窦掀开轿帘，看见的是塞满了人的熙熙攘攘的街景，有时会有片刻的恍惚，一时不知自己身在何处。他意识到自己的余生，将彻底投入到一种渊深博大的文化中去，对中国文化的景仰与疑惑，在以后漫长的日子里，将是他一生成就、幸福抑或苦难的源泉。

传教士们靠租房子住了六年，最初住在宫门附近，后来为了候命随时入宫修钟而住在钦天监；传教过程中，为省钱有时不得不租"鬼屋"而居，后来在徐光启和几个朋友的帮助下，才终于搬进了自己的房子：顺城门（北京市宣武门东）附近一处面积宽敞的宅院。

1605 年 8 月 27 日，传教士们迁入新居，接着，他们修建了一间正式的礼拜堂，从此，北京有了最早的基督教的天主教堂，这就是后来著名的"南堂"。教堂中陈列有千里镜、地球仪、简平仪等天文仪器，以及龙尾车、沙漏、自鸣钟、天琴等。

这些代表西方文明的器物，确实让中国人感到了震惊。上至士大夫，下至普通穷人，各阶层不断有人登门"领教"，这一年在北京受洗的教徒超过了二百人。利玛窦还专程去过北直隶保定府的乡村考察，发现在他们到北京之后的一年中，这里已经有一百五十多人加入基督教，而且人数正在增多。

在北京，有两个明朝的官员皈依了基督教，一个是湖广佥事冯应京，冯应京重印了利玛窦神父的《交友论》，并写了序言；还印了所有可以搜集到的神父们的著作，其中有利玛窦的《天主实义》。另一个是在工部任职的李之藻。

西方的天文、历法、舆地测绘、数学、物理和机械学，随着利玛窦进入了中国的知识界。尤其在翰林院任职的徐光启，与利玛窦的相识改变了他的人生。

1604 年，已经皈依基督教的徐光启到北京参加会试，他进京后第一件事就是拜访教堂（神父们自用的小教堂），行忏悔礼和领圣餐，据说他在领圣餐时竟虔诚地流下泪来。徐光启这次还把他七十多岁高龄的老父亲也带到北京，想争取让老人在有生之年也皈依基督教。经过徐光启和利玛窦等传教士的努力，老人终于在逝世的前一年受了洗礼。

在北京，利玛窦很能够"入乡随俗"，善于和中国社会的各阶层打成一片，懂得遇事绕弯、和光同尘，"政治手腕胜过神学才干"。他以放弃纯洁性来推进上帝的事业，对此他问心无愧。

寂静的华北冬夜里，利玛窦越来越频繁地想起三十年前离去的那座意大利小城，山坡上的葡萄园、橄榄树与月桂林，今生今世是不可能再回去了，如果他一生的努力能有所报偿，那他希望与故乡的一切都能在天堂里重逢。

1609年2月17日，利玛窦从北京发出最后一封信："我已年老，深感疲倦，但健康尚佳而有雄心，愿天主永受赞美！……这里的工作虽然辛苦，遭受此起彼伏的磨难，但已日渐好转。我感到需要更多的传教士，因为这块园地太大了。但这些传教士务必有耐心、有学识，因为这里的百姓都是修养有素的有识之士。"显然，他开始考虑身后事了。

1610年5月11日，利玛窦在重病七天之后，要求行临终涂油礼。他仿佛对自己的大限了如指掌。逝世前，他对守候在自己身边的神父说，中国的大门虽已打开，但他们还在门口，以后还有更艰巨的工作、更多的危险。

临近黄昏时，他坐在床上，慢慢闭上了眼睛。教徒中有人建议向皇上请求赐给利玛窦神父一块墓地，这样做还可以使教会和基督教在中国更加合法化。反对者不乏其人，他们的说辞是"从无此例"；内阁大学士叶向高一语定乾坤：自古来华的洋人，"其道德学问，有一如利子者乎？毋论其他事，即译《几何原本》一书，便宜赐葬地矣"。

一个月以后，万历帝批准了这个请求，将阜成门外二里沟的仁恩寺赐作利玛窦墓地，计基二十亩，房屋三十八间。

这是基督教在中国的第一座墓地。北京的地方长官顺天府丞黄吉士，为了表示对死者的敬意，亲书"慕义立言"匾额，置于利玛窦神父的墓上，还为此组织了一个隆重的送匾仪式。徐光启亲自为利玛窦下葬，并落下了悲伤的泪水。

利玛窦生前曾有预感，自己付出的努力，将在身后为教会带来福音。果不其然，在他逝后，他和他宣讲的宗教都获得了官方承认。而且，他实现了他生前"将成为第一批死在中国的人"的诺言。他在北京居住九年，是他中国传教生涯中的最重要的时期，他的《中国札记》记载了他在中国二十八年的所见所闻。

清朝末年，利玛窦墓地的所在之处，发展出包括有教堂、神学院、教会学校等多功能的、知名的天主教教会产业。墓地在1900年的义和团运动中遭受一次劫难，1901年由清政府迁入位于附近一所教堂的外墙内。1949年以后，在阜成门外仅一公里的地方保留这处墓地，显得已经不太现实了，除利玛窦、汤若望、南怀仁三人之墓仍在原址保留外，其他传教士的遗骨及墓碑则迁至海淀区西北旺乡新辟的十六亩墓地内。

直至1966年以前，利玛窦、汤若望、南怀仁三人的墓地，仍是北京市文物局管理的受保护文物。"文化大革命"期间，为避免利玛窦等外国传教士的墓碑遭到破坏，利玛窦等人的墓碑被有心人深埋地下，保护起来了。

1978年9月，在意大利官方愿望的推动下，原被深埋的利玛窦、汤若望、南怀仁三位外国传教士的墓碑重见天日，并基本上在原处进行了修复。1984 年，散落各处的六十座外国传教士的墓碑全部重新竖立起来。新的墓地被命名为利玛窦和外国传教士墓地，以纪念曾对中西文化交流做出贡献的先哲们。

近四百年后，利玛窦神父墓碑上"耶稣会士利公之墓"的字样仍历历可见。

先驱者的身后聚集着越来越多的富有献身精神的人。他们告别自己的家园、亲友，准备在遥远的异教世界孤独地传教，他们将在自我流放中过早地衰老、死去，他们生命的全部意义，似乎就在寻找一次壮烈殉教的机会。

他们前往中国，都有类似的期待，他们试图用自己的方式，改变中国人的思维方式，改变中国的政治结构，或仅仅是获取中国的市场。在利玛窦之后，龙华民、邓玉函、汤若望、罗雅谷等传教士，曾先后参与了大地测绘、编订天文历法、地图编修、建筑设计、武器制造，乃至外交谈判，有人甚至成为皇帝的左膀右臂。越来越多的西方人开始在中国的宫殿里出入，他们身穿中国的朝服，使用中国的公文，对中国政治驾轻就熟，他们的身体消隐于山呼万岁的百官中，用宫殿的语法，表达对中国皇帝的效忠。

初来北京那年，我曾与利玛窦的墓地不期而遇。

那是一座中国式石碑，碑顶有双螭旋转盘绕，碑额为十字架图案。碑上"耶稣会士利公之墓"那几个汉字，是京兆尹王应麟的手笔。两侧分别用中文和拉丁文书写着利玛窦的生平。很少有人来专程凭吊他，他的墓地显得孤寂寥落。

好多年过去了，我经常会想起这个意大利人在中国的遭遇。

利玛窦：蓝色瞳孔里的北京城

他在信仰与人生使命上，是上帝的使者，传教士；但在学识与文化修养上，却是地道的人文主义者。他生长在文艺复兴的摇篮——欧洲，内心深处有着令中国人深感陌生的开放与浪漫。

在他身上，我们看到狂热的冲动与持久的信念、偏激与仁慈汇成一种强大的人格力量。或许时间已使他们的事业变得荒唐可笑，甚至是某种无谓的罪恶。如今谁还能够想到那些落满灰尘、睡在图书馆某个角落的耶稣会士的著作，当年是如何激动人心，如何塑造欧洲人的想象与观念的？

但不管怎样，他们是可敬的，是理想化的英雄典范。人类生命真正的活力与创造力也就体现在这里，一切伟大的事业，也就完成在这里。

在利玛窦到来的时代，中国仍是世界中心，四分五裂的欧洲仍在由中世纪向文艺复兴年代艰难地过渡。中国代表着繁荣、文明与进步。然而当英国的船只载来马戛尔尼一行时，一切都在悄悄地发生着变化；只是高高在上的乾隆皇帝，还有垂着辫子的大臣们，竟然没有人意识和捕捉到这一重大信号。19世纪之后，那些乘着蒸汽船到来的西方人，则是带着强烈的优越感而来的，这时中国已由文明的楷模，变成了停滞和溃败的象征。在传教活动中，他们不再对中国命运流露出深切的同情，而是粗暴地进行着一种傲慢的改造。他们不需要在昏暗的灯光下阅读《大学》《中庸》，艰苦地学习中文，理解中国人的内心世界。他们代表着新的权力，并觉得自己的方式是唯一正确的。当然最终他们还将沮丧地发现，这个中国比他们想象的更难以改变，更富有韧性。

然而这些，利玛窦是无缘得见了。他注定只属于自己那个艰难的世代。1595 年，他第一次进入南京那天夜里，梦见一位面目不清的人对他说："你就这样在这个庞大的国家中游荡，而想象着你能把那古老的宗教连根拔掉并代之以一种新的宗教吗？"在他隐约的感觉中，也许将福音带入中国的人，上帝还没有选好。

但这并不妨碍他义无反顾地去实践上帝的理想。在天国光辉的照耀下，殉教者鲜血浇灌的鲜花，正徐徐展现在晨光中金碧辉煌的紫禁城的屋顶上，犹如无数彩蝶缤纷的翅膀。

国子监街

国子监里的流光碎影

曾有多少古圣先贤、名师鸿儒，从竹简和线装书中走出来，在书院里披卷吟读，碰撞智慧，传承思想；大师与学子相互切磋砥砺，辩诘问难，酷似先秦时的诸子争鸣。一群懵懂的古代青年，穿越浩渺的时空，同样在凝望着我们，为浩渺宇宙中那一点温暖人心的文化星光而浩叹……

一切都在变，唯独不变的是周而复始的时光。现在，轮到我们这些后人，一身游客的打扮，在拥有两座数百年古建筑和四座牌楼的成贤街上东张西望。

这里积淀了五六百年的陈酿一般的文气，会让你自然沉静。千百年的历史沉积于这里的每一寸天空、每一寸土地。朝代的轮转与时代的更迭，一次次改变着这里的面貌，也平添了隽秀和静谧。这里，应该是北京最有味道的一处景点。

这是一条连行道树都与众不同的街道。北京的很多胡同和巷弄，通常以种植垂柳居多，而这个怀抱着国子监和孔庙的古街，却在两旁种植了国槐，没有垂柳那种搔首弄姿的娇柔，看起来却充满了中国式的精气神，洒下意味深长的浓荫，一派化境，不沾红尘。

雍和宫的香火很旺，可说是香宫。香气透到成贤街，越往里走，香气似乎越浓，但也有了变化。这香气香得深了、香得静了，细细一辨，是孔庙里的柏树香和国子监里的书香。雍和宫西侧的街道，东西绵延近千米，它的一端，连接着车水马龙的主干道，而且毗邻雍和宫的香火和人声。可是当你从人流中拐上这条街，马上就会觉得，周围的繁杂喧嚣都一下子沉寂了下来，身边只有安安静静的清幽。当然，读书声已随风而去，读书人也不见踪影。

作为中国唯一一座留存在世上的古代中央官办大学建筑，国子监承袭着数个朝代的帝王恩宠，从元明清一直走到今天，甚至连身上的标识和气味都没有褪去。在它门前的这条大街上，四座彩绘牌楼像一个标识，在行人刚刚进入的时候，就发出提醒，让人的脚步马上放轻了很多，一瞬间迅速融入古街的百年静谧。

牌楼所昭示的意义，其实是跟国子监大门内那座瑰丽的琉璃牌坊一样，都是双重的，既有中国古代崇文重教的象征，也有学而优则仕的激励和感召作用。它让无数听着牌楼和学府故事长大的人，打小就在心中孕育着若干梦想。不过从建筑的角度来看，国子监大门内的那座琉璃坊，似乎承担着更多的荣耀。据说它是北京唯一一座为教育设立的牌坊，而且正反两面都悬

北京：当历史成为地理

挂着乾隆皇帝御笔亲题的横额，乾隆要表达的，除了对教育的重视和寄望之外，还有对学子的诫勉激励。让那个年代有机会走进这个学府的人，最先感受到帝王的恩惠，从而在入学之初，就完成一次精神上的抚慰。

要想感受那种传承数百年的浩荡气息，恐怕也只能到这座遗留的文化建筑群里追寻。这些建筑载负着数百年的风云，到清朝时又改建过。其中修建最多的，是那位站在大清帝国极盛的峰顶、喜武功亦好文事的乾隆。

一进国子监的大门——集贤门，迎面可见一个黄色琉璃牌楼。牌楼之里是一座十分庞大华丽的建筑，是为辟雍。辟雍位列"北京六大宫殿之一"，是国子监最核心、最郑重的一个建筑。

辟雍意即"天子之学"，在整个学府都具有特殊的意义，是专门为天子讲学设立的场所。从1784年建造一直到现在，是中国士子最为向往的一座殿堂。

在这座方形殿宇之下，无人的静寂中，可以感受到先人们平和恭谨的人生理想。这个建筑的形态和环境，都继承着皇家的建制，处于学府的中轴线上，坐北朝南，方方正正。四角的攒尖重檐显现出精工细作的匠心，飞金流银的穹窿彩绘天花顶，则毫不掩饰地倾泻出威严的皇家气息。

天子之学必得有水。乾隆认为"北京为天下都会，教化所先也，大典缺如，非所以崇儒重道，古与稽而今与居也"（《御制国学新建辟雍圜水工成碑记》）。于是下令打造水循环系统，最终形成潺潺环绕、垂柳伴岸的胜境，如果水势稍大的话，感觉一定像是水中的岛屿。宫殿东西南北各有一座门，上面石桥

国子监里的流光碎影

157

横跨，直达陆地，充分考虑到了帝王和学子的出行便利——乾隆皇帝还真的来过。如果细心捕捉那些消弭于历史长河里的古老声息，会看到乾隆皇帝讲《大学》或《孝经》一章的情景，王公大臣和国子监的学生一定跪在石池的桥边洗耳恭听。前面钟楼里撞钟，鼓楼里擂鼓，殿前四个大香炉里烧着檀香，这个盛典，叫作"临雍"。

这座建筑的内部，更是处处显露出它独享的尊崇。光是装饰，就几乎跟宫殿的配置一样，还设置有木雕龙椅、龙屏等，这些标准的皇家器具，经常会在皇帝"临雍"讲学的时候，呼应到帝王的气息。

辟雍之后是崇文阁，后来变成彝伦堂。此外有"四厅六堂"，按照专业不同设立，针对学子不同的爱好施行教育，培养不同的兴趣专长。比如东边的是率性、诚心、崇智，西边的则是修道、正义、广业。

以现在的眼光看来，国子监监生们的学术生涯太过清苦，一点也不值得向往。当一般人还在凌晨昏睡时，他们已在彝伦堂前列班点名了。徜徉在书院里，他们能看见的只有一方蓝天，还有想象中的未来世界。昏黄的光影来自书案上散乱的诗稿、未干的墨迹。朗朗的读书声在国子监青黑色的墙壁上慢慢下滑，一点点沉入大地时，一天的功课才在疲惫中告一段落。

那时的大学生也要上体育课，去现在的箭厂胡同射箭——一队小心翼翼的大学生走着，或许还背着弓。黎明时分绛色的光影消失之后，黛色的、蜿蜒数百里的西山，像巨蟒一样清晰地显现在天边。

北京：当历史成为地理

清朝另于国子监斜对门盖了一些房子作为学生住宿进修之所，叫作"南学"，六堂作为考场的场合似更多些。国子监最初只是教育机关，到了清代成为单纯的考试机构，学生的月考、季考在此举行，每科的乡会试也要先在这里考一天，然后才能到贡院下场。

　　考试通常在初春进行，称"春闱"。北京每三年就要接待一次全国性的"考生大潮"——尽管他们成功的希望可谓微乎其微，进入考场的人当中，百分之九十八以上与成功无缘。但无论怎样，"进京赶考"从此成为时人包括后世人命运与前程的象征。明代的考试制度十分完备，学术建制尤其发达，而作为全国教育委员会的"国子监"也功不可没。元明时期，朝廷设立了人才选拔标准，针对秀才进行选拔，然后吸纳到国子监读书。进入国子监读书的秀才被分成了两科，文科的叫文生，武科的叫武生。

　　从唐到清约十万进士，其中约百分之五十出身于三代以内无功名的平民家庭。进入《宋史》的官员中有百分之四十六点一来自寒族。明初一百年间，这一比例高至百分之五十八点二。在反对公共权力的个人、家族或集团的世袭垄断这一点上，我们今天并无资格去小看当初飘荡在科场上空那振聋发聩的声响。

　　无论怎样，作为一种高级形态的私学，国子监不仅是中国大学的源头，更是一个天高海阔而又巨大渺茫的精神空间。国脉的维系，不在书本和高谈阔论里，而在切实的行动中。国子监里走出来的师生，有的重义理之学，有的偏诗赋辞章，有的讲求经世务时，却很少纯粹为了登科入仕。到了清代末年，京师大学堂创建，取代国子监而成为全国最高学府和教育行政机关；学生们仍自认作历代太学的正宗传人。再往后的北大人强烈的社会责任感和政治参与意识，与古老的"太学"传统，确实不无联系。

与国子监一墙之隔的是孔庙。孔庙既是皇帝祭祀孔子、举行国家祭典的主要场所，也是太学的礼法之地，可想而知，国子监的师生也会定期前往孔庙举行祭祀孔子的典礼。

蒙古人本是一个马背上的民族，不过在征服天下后，元朝皇帝多次颁布崇儒兴学的诏令，以儒学治理天下，显然是出于异族统治更深层的心思。元代大德十年孔庙落成，史称先师庙，其建筑规模与山东曲阜的孔庙相比也不遑多让。与此同时，在孔庙的西侧，也开始了营造国子监的浩大工程。元代皇帝下诏，为孔子加封谥号为"大成至圣文宣王"，并在大成门前立"加号诏书"石碑，这是历代对孔子的最高封号。1308 年，国子监工程竣工。这是一个由三进院落组成的长方形四合院，占地约二万八千平方米。

北京孔庙的主体建筑，坐落在高大的砖石台基之上。两侧庙宇雄伟、围墙高耸，建筑周围廊栏林立，浮雕龙纹栩栩如生；屋顶一律覆盖着黄色的琉璃瓦，正中间还设有宽阔的御道；从大门处层层递进，直通三进院落。千年的文气氤氲不去，经过岁月的冶养，越发呈现出一种沧桑之美。这种凸显皇家气概的建筑风格，代表着封建社会的最高建筑规制，当然，也折射出帝王对传统儒学的尊崇。

国子监和孔庙，其实这两座一儒相传的崇文重教建筑，从历史上一路走来就是并肩携手、不分彼此的，今天更是一门相连，惺惺相惜。不过几经修葺的国子监，呈现的是新颖时尚的亮色，而孔庙，则更像一个谦谦长者，愈老愈显出优雅沉稳的学究气度。一股精神的流脉直到今天不绝，维系着千年传承的古老智慧，以及中国传统文化牢不可破的精神根脉。

沧桑巨变，隔海听音，它们共同守护着一种永恒的精神，无论兵燹与战火、天灾与人祸；它们也曾经历过无数次的浩劫和动乱，但仍顽强地保有着中国文化深处的价值体系，使之维持着一种大致稳定的状态，其成熟程度，令人惊叹不已。它们无声地端正和安抚着一代代人躁动的心魂，使他们有了一方精神的守望之地。

据说古代赶考的学子，总是容易单纯地相信师祖和神灵的福佑，所以到了京城，通常会先到孔庙拜祭，祈祷一下吉祥，顺便汲取一些院中的古井水磨墨，寻求浓墨喷香、落笔如神的彩头，然后折身再到隔壁的院落，体验最高学府的神圣。他们对人生从不敷衍，所有的创造，都围绕着耕读渔樵这样一个散发着温润光泽的理想生活。

挺拔苍翠的古柏丛中，一百九十多座石碑浩浩荡荡地排列着，这些被视为稀世艺术珍品的石刻，诞生于乾隆当政期间。石刻上的文字一律是遒劲楷书，文秀茂美，洋洋八十余万字，内容涵盖了春秋战国至西汉初年的十三部儒家经典著作，展现着古代历史、哲学、诗词乃至典章。它们跟孔庙御道两侧树立的近二百块元、明、清进士题名碑形成了颇有意味的对照。在这些幸运儿中，有林则徐、魏源、翁同龢、李鸿章这些留名青

国子监里的流光碎影

史的人物。有些字迹已无法辨识，多少悲欢连同那些古老的姓名一道被消弭于无涯的时空。但它们仍构成了一种凝聚各种情致和文化的载体，在每一纹的波痕里，都可能蕴含着中正平和的韵味，也让我们能够感受到文化的高古气脉和一丝沉静的书香。

暮色苍茫，已是掌灯时分。在幻觉中，夜晚的孔庙里，月至中庭，一阵风袭过，树叶簌簌低语，树影婆娑。曾有多少名师鸿儒、古圣先贤，从竹简和线装书中走出来，在书院里披卷吟读，碰撞智慧，传承思想；大师与学子相互切磋砥砺，辩诘问难。他们用不朽的篇章激荡着整个中国，每一个名字、每一部典籍都流芳百世。

贤良寺的孤城血泪

夜空中能够嗅到浓郁的深红色的恐惧气息，它从空中扑来，弥漫了整个京城的天空。在一恍惚间，我还是看到了一个身材高大的老者，神情悲怆而平静，看上去不是官场人物，但翠森森的三眼花翎，盖住了他饱经风霜的脸……

东华门大街往东走到头，穿过繁华嚣杂的王府井，对面是金鱼胡同。

金鱼胡同比一般胡同宽，长五百四十米，可算是条马路。著名的吉祥戏院和东来顺饭庄都设在这里。东安市场在胡同里也开有北大门。再往东是和平宾馆，这儿本是清末大学士那桐的府第。金鱼胡同中段与校尉胡同相交，沿校尉胡同向南到冰盏胡同再往东转，那片毫不起眼的围墙里，便是从前的贤良寺，是京城众多寺院中的一个。

贤良寺原为胤祥的住宅。胤祥是康熙皇帝第十三子，雍正即位后被封为怡亲王，怡亲王府原在王府井东边的帅府园，面积很大，这个最早的"大贤良寺"被1750年完成的《乾隆京城全图》绘入图中，除王府井东边临街的一些地方外，校尉胡同以西，金鱼胡同以南，帅府园胡同以北，包括原中央美术学院，这一大片地方都属怡亲王府。

因胤祥在生前表示死后将宅改为寺庙，故雍正八年（1730）在他死后，胤祥宅即改为寺庙。胤祥死后谥曰贤，并世袭罔替，第二代怡亲王就又在朝阳门内建新府。贤良寺建于雍正十二年，由雍正皇帝赐名并御撰碑文。

乾隆二十年，贤良寺迁至冰盏胡同。移建后的贤良寺面积减少，但仍规模不小，主要建筑有山门、碑亭、前殿、正殿、经楼、东西配殿、寮房等。正殿面阔五间，为绿琉璃瓦歇山顶，悬木额"贤良寺"。其余建筑均为大式硬山灰筒瓦顶，还有乾隆皇帝御书心经塔碑。

因贤良寺距皇宫很近，此后这里成了清廷地方大员入京时的接待场所。自古以来的寺庙，并不是一个不食人间烟火的地方。比方说，依赖出租"庙寓"维持寺里的日常开支，便是方丈们的一条生财之道。这种"留客"好处多多：一来拿到了住宿费，二来有了香火钱，这三来还能找个"上层的"当靠山。

那会儿上早朝，路远的大臣凌晨两点就得起来梳洗准备了。外省地方上来京觐见，随时都得"候着"。所以地理位置好点儿、近点儿对这些做臣子、特别是外官进京的来说，其重要性是不言而喻的。所以外省官吏进京述职，多居于此。曾国藩、李鸿章、左宗棠这三位晚清重臣，都曾在此居住过，其地位之重要可见一斑。

民国时在寺配殿内附设有民众小学校。新中国成立初期，贤良寺内还有僧众。后来僧众被遣散，部分房屋被用作校尉小学的校舍。

顺着冰盏胡同朝里走，在小学东首那片毫不起眼的围墙里，我们找到了贤良寺仅存的几间旧屋子。这是一座院子，类似四合院，但只有北面的一间屋子是贤良寺的旧建筑物。没有想象中的古柏参天、老槐荫地，也没有官衙王府那样的富丽堂皇，院子看起来甚至有些破败。虽然历尽几百年风吹雨打，它依然显得古香古色，质朴而又典雅，朱红色的横梁上，还依稀能看到精致生动的彩绘。庭院中间，一棵树被栅栏围了起来，绿意盎然，特别显眼。据说，此树距今已经有几百年了，它应该是建造贤良寺的时候种下的。

贤良寺曾是高级地方官员进京时常借宿的馆舍，更是直隶总督李鸿章进京时的行辕。

史载，李鸿章当时外出，必有一百名身穿灰呢窄袖衣，肩扛洋枪的淮军卫队作前导，贤良寺门前冠盖如云，风光一时。

然而，贤良寺最悲怆的一个故事，也是由李鸿章和泪著写的。

1900 年 7 月 17 日，年近八旬的李鸿章在广州打点行装，准备登船北上，作为全权大臣赴京处理庚子事变。

闷热的天气凝固得仿佛将要爆炸。李鸿章的双目半开半合，仍是一副目无余子的气度；然而一张满是老人斑、皱纹纵横的

贤良寺的孤城血泪

长脸上两颊深陷，头上是一顶青缎小便帽，灰白色的辫子有些枯萎。

他已是垂垂老矣。若不是贴身侍卫的搀扶，他甚至走不过跳板，然后在甲板上的藤椅上，他喘着粗气，一坐就是半天。随行的官员都默默地看着他，但李鸿章只是坐在那儿一动不动，久久没有发出发的指令。

在他生命的最后一年，李鸿章还要顶着命中注定的滔滔骂名北上，继续与洋人进行噩梦般的周旋。此时此刻的他在想什么呢？

西方列强，加上日本，终于动手了。1900 年 6 月 17 日，八国联军攻陷了中国北方的海岸门户大沽炮台，聂士成阵亡，马玉昆、宋庆诸军零落。三天之后，京城门户天津陷落，以保护使馆为名登陆的联军向通州进发，而通州距都城北京仅二十公里。19 日，大清国宣布与各国进入战争状态，总理衙门宣布不再保护使馆，限外国人在 24 小时内离京。20 日，德国驻华公使克林德男爵在乘轿前往总理衙门试图交涉保护在京外交使团安全问题、途经东单总布胡同时，被巡街的神机营章京恩海用枪击毙。随后，保卫北京的清国将领李秉衡在杨村遭遇败绩后，退至通州自杀殉国……

接下来的那些日子里，北京城的天空日夜通红，照耀如昼。

大清帝国壮丽的紫禁城，也奇异地处在一种如血的月光下。那些夜晚，北京从来没见过那么红的月亮，月光也很是奇特，空气中感觉像是流动着黏稠的血，朦胧中显现出来的一切事物，都整个被染红。令人恐怖的血色月光，栖息在死者宁静安详的

北京：当历史成为地理

脸膛上。浑身散发着血气的人们几乎丧失了知觉，像燃烧的星辰落入了盲人的眼中。

各国洋兵"俱以捕拿义和团、搜查军械为名，三五成群，身挎洋枪，手持利刃，在各街巷挨户踹门而入。卧房密室，无处不至，翻箱倒柜，无处不搜。凡银钱钟表细软值钱之物，劫掳一空，谓之扰城。稍有拦阻，即被戕害"。日本人植松良二之现场报道说："巍然之橹楼，为联军击碎烧弃，已失数百年来巍奂之美观，旧迹留者，仅一二耳。城内外惨遭兵燹，街市毁失十分二三。居民四面逃遁，兄弟妻子离散，面目惨淡。货财任人掠夺者有之，妇女任人凌辱者有之，不能自保。此次入京之联军，已非复昔日之纪律严明。将校率军士，军士约同辈，白昼公然大肆掠夺，此我等所亲见。计京城内富豪大官之居宅，竟无一未遭此难者，决非过论。"

北京经此一劫，瓦砾一片，坊市萧条，鬼哭神嚎。进入北京的各国联军都开始寻找女人发泄兽欲，就连他们声称要保护的中国教民，也遭到了性侵犯。

根据有关史料的不完全统计，1900年，北京城破的两天之内，全家集体自杀的皇亲国戚达三十多户。王公贵族之家大都枝繁叶茂，于是自杀总人数近两千人。

一些贵族是在联军闯进大门前的最后一刻决定采取自杀行动的。联军随军的英国记者米德尔记录下了这样一幕：他亲眼见到在一个高墙大院里有一具烧焦的尸体，"一切迹象表明，这座院落里曾经发生过一场激烈的交手战"。院子后面则有着更为悲惨的情形：三个成年人和三个孩子已上吊而亡，惨相令人不

贤良寺的孤城血泪

忍目睹。可以想见，前院烧焦的那个人曾与入侵者进行了疯狂的拼杀，目的仅仅是为了让全家人有自杀的时间。

苟活的宗室遭受到更多的苦难。京城里的老百姓们无比惊骇地看到，一些被俘的王公贵族们和他们一样，在洋人的马鞭下做着种种苦役。有洗衣的，有运石的，有拉车的，有搬运死尸的。那些日子，和慈禧太后有姻属关系的礼部尚书怀塔布一直在为洋人们拉车。洋人"以鞭挞其背作声"；而怀塔布则回首斜睨而笑曰："老爷别打，这条道小人一天跑好几趟，不会拉错地方的！"据目击者说，"其意扬扬若甚自得者"。

李鸿章在南方得知这种种情报，羞愤难当，几欲一死了之。李鸿章的悲伤让在场的官员惊慌失措，即使是身边的人，也从未见过如一棵老树般苍劲的李鸿章也会有失声痛哭的时刻。即使是在甲午战争失败的惊天噩耗传来时，李鸿章也只是无语垂泪。而在此时，李鸿章所喷发出来的，已不仅仅是泪，而是血了。

朝廷的电报一封封急如烽火，严令各省封疆大臣率兵北上勤王。李鸿章的内心明显是独怀幽愤的，也有着牢骚和看法。他终于对朝廷说"不"了，这样的态度，算是李鸿章平生对朝廷的唯一一次违背。

在访问欧美归来之后，李鸿章的眼界和自由意识逐步成长，同时南方受西洋影响开风气之先，其蓬勃发展的经济态势也给他以启蒙。他与两江总督刘坤一、湖广总督张之洞、闽浙总督许应、四川总督奎俊往来甚密，反复磋商，终于拟定了东南互保的原则。这样做的道理很简单：危难时候，他们只得自保自己的一方平安，并且不想进一步扩大对立面。按当时的情形来

北京：当历史成为地理

看，如果南方各省也发生义和团运动，或许清朝真的要亡国了。虽然各总督之行为在朝廷看来，自然是令人切齿痛恨的不忠之举，被国人痛斥为一群"出卖民族利益的无耻之徒"，但从实际效果来看，在1900年的庚子事变后，正是由于"东南互保"之理念，才使得大清王朝又苟延残喘了十来年。

年近八十的衰朽老人，从遥远而安全的两广，日夜兼程到达了北京。我们现在已经无法了解，当李鸿章孤独地站在北上的船头遥望着烽烟滚滚的京阙，是不是已经预感到了，这也许是一条不归的议和路。

八国联军打进北京城的时候，慈禧太后和光绪皇帝带着一大帮人"西狩"了。大臣投降的投降，战死的战死，自杀的自杀。煌煌帝都已经成了八国联军的天下，联军统帅、德国人瓦德西伯爵住进了帝后的宫禁——西苑（中南海）里，洋兵们分别划定防区，把一个古老帝京变成了人世苦海。

在这社稷难保的关头，慈禧皇太后想到了在两广总督任上的李鸿章。老太后唯一的愿望就是洋人们别把她作为"庚子之乱"的祸首来惩办。在慈禧看来，偌大的一个朝廷，绝大多数都是一群无用的书生，内阁那些纸糊一般的阁老，六部那些泥塑一般的尚书，做官争权是行家里手，治国理政则尸位素餐，昏庸不肖。真正能在危难的时候挺身而出解决问题的，首屈一指还是李鸿章。

于是在"西狩"之后，"诏鸿章入朝，充议和全权大臣，兼督直隶，有'此行为安危存亡所系，勉为其难'之语"。连慈禧都知道这是一项"勉为其难"的任命，谁都知道那个北京城里现在是虎狼成群，李鸿章此去凶多吉少。

李鸿章于 10 月 5 日由百人俄军护送，自天津乘船北上。到北京的当天，也就是 10 月 11 日，就会同庆亲王奕劻开始与德、奥、比、西、美、法、英、意、日、荷、俄多达十一个国家的谈判代表同桌进行艰难的谈判。整个谈判期间，贤良寺西跨三院就是李鸿章办公的处所。当时占领者宣布，除承认李鸿章住的贤良寺，以及总理各国事务大臣、满族皇室庆亲王奕劻的住处，是"由清国政府管辖的两个小院"外，其他均为占领军所有。

这段时间里，也就只有他栖身的贤良寺和庆亲王府尚算宁静。但这两处也是由外国人把守大门——贤良寺门外，俄国荷枪实弹的士兵在站岗；奕劻则在日本人的刺刀保护下生活，当然说是保护对象也可，但其实正如外国报纸所评论的那样：奕劻"如一囚徒"，李鸿章"实际上是受到礼遇的俘虏"。

这等同监禁的侮辱，他忍了。对李鸿章来说，这种羞辱难道比得过当年《马关条约》签订后，中外臣民的唾骂吗？

没有车喧马鸣的热闹市景，也没有官宦人家深宅大院的煊赫景象。夜已很深，屋外唯一的灯熄灭了。黑暗中的人影有着模糊不清的轮廓。月光透过窗棂，把一片愁苦惘然的光线投射进来。一阵微弱的梆声在寺院门口若近若远地响着。偶尔出去走一走，护城河畔深荡荡的，到处都躺着"顶戴花翎"的尸首。几株苍老的杨树散立在暮色里，西风卷起一片昏黄的沙土，掠过北京城墙的雉堞，有乌鸦不时发出一连串凄凉的叫声。

到处都是黑色的墙顶盖瓦如残眉，像梦中那些披麻戴孝没有知觉的魂灵，沉默地、破败地、阴森森地等待着他。往远处看，阳光铺展在紫禁城的琉璃瓦顶上，铺展在皇城外的胡同院落里，使整个京城显得安详而静谧。烟熏火燎的王府废墟，一座座城墙上残留的血迹，当太阳收尽它的光芒时，帝国的都城仍无知觉般地躺在北方的原野之上，仿佛处在一个恐怖荒诞的梦境中，一时无法醒来。

以往他心静如水，从来按理智做事，近来却常陷入遐想。也许是距离太近，时间太短，国破民亡在他心中竟然没有产生相应的悲伤和震撼，更多的竟是一种难以置信的惊讶。每当夜深人静，贤良寺外就会传来一阵凄长的歌声，总是同样的旋律，伴着飘忽于天际的一张纸钱。

在那类似哭坟的歌哭声中，李鸿章经常一个人陷入长久的回忆。年轻时的日子一点点清晰起来，回忆绕过眼前的国难，又溯向了久远的源头。

弱冠即举翰林，又投笔从戎。他师从曾国藩，被这位清季伯乐认为才气内敛，胆大心细，在人才济济的曾门被目为第一人。然后他募淮军，援上海，破天荒地开始编练近代军队。他从镇压太平天国起家，以一介文人投身戎马，匡扶行将倒塌的帝国。他开办制造局、译书馆，带着虎狼淮军平定东南，功绩勋业赶上了可称为前辈的曾国藩、胡林翼、左宗棠三人。他后来继承曾国藩事业剿平捻军。在老成凋零之后，他靠着一手创建起来的北洋势力独撑这个摇摇欲坠的老大帝国。

他是在这样一个大浪潮中试着摸索自己道路前进的人。他曾经相信通过"坚船利炮"实现军事上的现代化，就可以应对这一"三千年未遇之大变局"。然而1895年的甲午战争，彻底摧毁了他的这一信念，经营了十年之久、耗资数千万两白银的北洋舰队全军覆没。他的一切努力，最终都在疾风骤雨般的炮火中，化作了看不见的尘埃，散落在大海的深处，踪影全无。

对日谈判，充满着在外力压迫下的无奈。《马关条约》里沾着他自己的血！"鸿章遇刺伤面，创甚，而言论自若，气不少衰。日皇遣使慰问谢罪，卒以此结约解兵。"正是刺客射入自己脸颊的那颗子弹，削弱了日本人在谈判桌上的无耻和贪婪。不然，可能何止割让一个台湾，何止赔偿二万万两白银？

《马关条约》签订之后，他负骂名黯然返国。他从"坐镇北洋，遥执朝政"的位置上跌落下来，除了一个大学士的空衔，他已是一无所有了。虽有上谕"入阁办事"，但从1895年到1899年，李鸿章投闲京师，实在无事可办。因为在京没有房产，他就在贤良寺住了漫漫的五年。

此时，门生故吏，纷纷叛离。政敌们还在不停地聒噪，直欲将其置之死地而后快。"同光中兴"的大业就这样无声无息地消逝了吗？或者原本就是水月镜花？李鸿章说：

> 我办了一辈子的事，练兵也，海军也。都是纸糊的老虎，何尝能实在放手办理，不过勉强涂饰，虚有其表，不揭破犹可敷衍一时。如一间破屋，裱糊匠东补西贴，居然成一净室，虽明知为纸片糊裱，然究竟决不定里面是何材料，即有小小风雨，打成几个窟窿，随时补葺，亦可支吾对付，乃必欲爽手扯破，又未预备何种修葺材料，何种改造方式，自然真相破露，不可收拾，但裱糊匠又何术能负其责？

北京：当历史成为地理

这种沮丧的情绪转瞬即逝，之后李鸿章便陷入了一连串惘然若失的玄想之中：大势已去，覆巢之下，安有完卵；政治生命终结，一生奋斗付诸水流，洋务运动半途而废；不幸生在末世，眼见得王朝大厦墙垣老旧，裂隙扩大，虽竭尽全力补救，终于还是倒塌。感情的失落、精神的痛楚尤为不堪，这种感受岂是局外人所能体察的。心灰了，意冷了，隐身于古庙，出门看到墙壁上新贴上的骂自己的标语，他除了一声声叹息还能有什么？

世态炎凉，令李鸿章突然有恍如隔世之感。人生百年，不过是一场尘埃空梦。金戈铁马、旌旗万夫的千秋功名，也不过是一潭瑰丽的水月光影。他对一切世事好像都失去了兴趣，除了修身养性外，只是偶尔读读史籍、临摹碑帖以打发空寂的时光。

他已经决意隐居了。然而到了第二年，被晾起来的李鸿章就有了新的使命。他奉派周游列国，从上海放洋，先后到俄国、德国、荷兰、比利时、法国、英国和美国转了一大圈儿，成为第一次出访这么多国家的中国政府最高级官员。大开眼界的他本以为可以再以最后的精力为中国做点什么，却不料刚去军机处上第一天班，就被最高领导扣罚了一年的工资。起因很简单，他从国外回来时，曾去凭吊已成废墟的圆明园，哪知此时里面正在修复，已经成为皇家禁地了。马上有人揭发他，以"李鸿章擅入圆明园游览"的罪名，交礼部评议。

不几日，交上来的动议是革去职位。西太后手下留情，"旨改为罚俸一年，不准抵销"。这样不客气地对待刚刚周游各国、搞定外交乱局的"洋务"功臣，目的是要杀杀他在洋人面前的威风，同时也平息北京对他的"卖国"指责。

李鸿章环球出访的一头兴致，就这样被莫名其妙地浇了一盆冷水。于是，他仍回到贤良寺，继续自己的赋闲生活。就这样上上下下，唯有贤良寺的青灯黄卷以不变的气息陪伴着他。

他并不气馁。应当说，他是中国五千年官场、权术、人际关系文化的集大成者，是一个成"精"的人物，所以能在当年的专制制度夹缝中生存下来，并且游刃有余。李鸿章对人情世故的把握，对官场进与退的规则的运用，以及那种专横与隐忍的双重心态，都可以说是达到了登峰造极的程度。但可惜的是，即使是这样一个运筹帷幄的人，人算也不如天算，人力的智慧哪里赶得上时运呢？尤其是不可捉摸的命运。

天不遂人愿，大清国又一次到了危难之时。李鸿章曾提出过"外修和好，内图富强"的治国方略，换来的只是一次次的粉身碎骨与深深的绝望。而他又被任命为"议和全权大臣"。这仿佛给人们一种错觉——李鸿章平生别无所长，只会议和这一桩。甲午战争后因为签订《中日马关条约》而遭到国人的普遍声讨，"李二先生是汉奸"的骂声至今还在耳边回响。

然而，在这样的形势面前，李鸿章"不下地狱"，谁又会"下地狱"呢？他当然知道签订这样的条约只会把自己钉在民族和国家的耻辱柱上，他太了解自己的民族以及自己的同胞了。

李鸿章与庆亲王奕劻一起，战战兢兢地踩在京城的瓦砾堆上，听凭外国人的叫嚣与侮辱，承受着联军时不时的恐吓，在谈判桌上"日与其使臣将帅争盟约，卒定和约十二款"。在对方的威势之下，他们一次次不情愿地屈从，被对方带着惯有的粗

北京：当历史成为地理

蛮暴力，模糊不清地看着事件的前方，踉跄地跟着对方，走向一个无法预料但必然是很黯淡的结局。

谈判前后进行了九个月。各国公使轮番讹诈欺辱，合约简直是虎狼血口。近八十的人了，他还亲自过问每一个细节。一条条地辩驳，一条条地力争。为了给大清国省下几两银子，保全几寸疆土，留住几分颜面，李鸿章吐血了。

也许是累的，毕竟一生的进退与沉浮；也许是苦的，毕竟一生的颠簸与荣辱。牵连在这样的国际大局里面，现在真是走得步步惊心。由于早年马关遇刺失血过多，李鸿章一累就有眩晕的顽疾，又因为奉命北上议和，路上中了暑气，罹患泄泻，元气大伤。不过洋人要价太高，他正好借着这病和联军打拖延战和消耗战。

在北京日日周旋联军左右，百计求全，遂致旧疾复发，终至沉疴难治。终于，他的病情已无可逆转。在生命的最后时间里，李鸿章已没有精力再与洋人唇枪舌剑了。他只是躺在病榻上，脑子仍在吃力地转动，指挥随员把中国的损失能降多少是多少——从一开始提出的十亿两白银降到四亿五千万两。临死之前，身边还站着逼他签字的公使。李鸿章死后，从此再没有人能在谈判桌上像李鸿章那样有分量了。

临终前，他在奏折中痛心地说："臣等伏查近数十年内，每有一次构衅，必多一次吃亏。上年事变之来尤为仓促，创深痛巨，薄海惊心。今议和已成，大局稍定，仍希朝廷坚持定见，外修和好，内图富强，或可渐有转机。"这份伤痛之感挥之不去，然而李鸿章表现得不失尊严。家国的衰败是一出现实版的惊梦，

贤良寺的孤城血泪

175

而贤良寺带给他的，不仅是此恨绵绵的彷徨，亦有沾满血泪的肺腑之语。

他是朝廷内部对于世界大势较有了解的少数领导人之一，从承认中国国力及技术装备不如外国出发，力主在外交战略上实行"以夷制夷"。他奉"自强"为宗旨，奉"守疆土、保和局"为圭臬，力主"忍小忿而图远略"，努力创造和平的外部环境，争取喘息和发展的时间，甚至不惜以重大妥协来避免与列强发生直接军事对抗。他是当时公认的外交家，有的外国人居然将他称作"东方俾斯麦"。

可惜从来弱国无外交，他的外交实践，往往是代表中国政府在屈辱的城下之盟上签字。对外求和、签订盟约，无论是谁，他都毫无悬念地成为辱国丧权的汉奸、卖国贼。1901 年 1 月 15 日，李鸿章和庆亲王代表大清国在"议和大纲"上签字。

签字后的一夜，李鸿章吐血不止，滴水不进。

这一夜，对他而言仿佛是一分钟。在他的一生里，从未有过这样短的夜、这样呆滞的凝固。这是他生命的最后一夜，他好像是醒着，但不知道他在想什么。如果他在梦中，也不知道他梦到了什么。面对东方晨曦，他心中的晦暗有如深不见底的渊薮。

贤良寺迎来晨曦的时候，一代名臣李鸿章在这里去世。临终前，他目犹瞠视不瞑。老部下周馥哭号着说："老夫子有何心思放不下，不忍去耶？公所经手未了事，我辈可以办了。请放心去吧！"李鸿章忽然睁大眼睛，嘴唇喃喃颤动，两滴清泪缓缓滚出眼窝。周馥一面痛哭流涕，一面用手抚其眼睑，李鸿章

北京：当历史成为地理

176

的双眼方才合上，须臾气绝，终年七十八岁。

历史把一个衰朽老者推到了前场，让他为所有的失败者充当替罪羊。他是在身心交瘁、举国上下的诅咒声中死去的，临死遗诗："秋风宝剑孤臣泪，落日旌旗大将坛。"

山中的烟雨会随着位置变化而变幻莫测，让历史记住一个人也可以有不同的理由。但是，任何辩解都苍白无力，中国人永远将他的名字和奇耻大辱联系在了一起。没有多少人在这线性的历史逻辑背后，勘察更深远的因缘，也没有什么人能够透过被历史简化的脸谱，玩味更复杂的人性。

乱成一锅粥的晚清政坛，真正能压得住场面的，李鸿章一人而已。他目睹时艰，看到西方国家先进的科学技术和军事装备对中国的直接威胁，于是号召改变士大夫"沉浸于章句小楷之积习"，鼓吹"天下事穷则变，变则通"，亲手创建了工厂、铁路和装备近代兵器的军队，努力地把中国引导上现代化的道路。在外交上，倘若没有李鸿章折冲樽俎，弥缝补罅，清王朝割弃的土地、赔掉的白银、丧失的主权必定要多出条约上的数倍。值此风雨飘摇的绝望时期，纵然诸葛亮转世，也无力收拾。火烧屁股四十年，李鸿章硬是苦苦地撑持着，直撑到"世人皆曰杀"的地步，他仍然不当逃兵，单是这份无人能出其右的勇气和倔劲，就令人刮目相看。

李鸿章生逢大清国最黑暗、最动荡的年代，他每一次"出场"都招来耻辱和责难，那种"人情所最难堪"之事对他的重压是别人难以想象的。就他晚年来说，命运召唤他，一直只允许承担重任，承担耻辱，而不是让他欣喜；而当他咽下苦果之时，等待着他的，没有感激，没有恩惠，只是毫不留情的放逐。

随着李鸿章的倏然离去，大清的一统江山上最强硬的一根铁箍崩断了。从此，庞大的帝国开始坍塌，堂皇神圣的庙宇上鬼魅横行，上层变得更加厚颜无耻、卑贱猥琐，到处充斥着道貌岸然的衣冠禽兽。这些人一方面惶惶不可终日，一方面肆无忌惮、及时行乐……中国的政局变得更加迷雾重重，前景深不可测，一场史无前例的暴风雨即将来到。

漫天浮动的薄云，依稀拼成一只麒麟的形象，在淡紫的暮色里怒目而视。呼啸的风越过金色的琉璃瓦，在空旷的皇城里缓缓地来回冲撞。随着暮色的逐渐下降，落日的最后余晖，弥漫在每一块砖石上的绚丽霞光，慢慢地被收回了。

几年前我曾去探访贤良寺，然而那一座闲院飞花，炉烟幽敞的京城名寺，已无处觅踪了。眼前的道路和整体格局，都有了明显的改变。城市在扩展，我走过这条记忆中的小径，看见上学的孩子们越跑越远，他们似乎是从苍老版图中延伸出的风景，一点点把这里变得生动起来。然而在一恍惚间，我还是看到了一个寻常衣冠的清癯老者，神情谦逊随和，看上去不是官场人物，翠森森的三眼花翎，盖住了他风霜满布的脸。

颐和园：无以名之的荣辱与魅惑

全盛时期的颐和园绚丽多彩，我们至今已无缘领略了，而那空荡荡的敞轩，画梁朱柱，格窗间依然可以望穿历史的惆怅。微风拂过碧漪荡漾的湖水和水面怡然游动的鸳鸯，颐和园仍在以一种昭然肃穆、容纳百川的气度，来迎接岁月的轮回。

在宫殿的夹缝之间三转两转之后，眼前忽地一亮，空间顿然开阔，你发现自己突然站在一片碧波荡漾、烟波淼淼的湖岸边。稍远处长堤横卧，堤柳依依，远远近近几个小岛浮在水面上，似有似无。万寿山昆明湖尽在眼底，而这百年皇家园林还屹立如斯，任由岁月的陶冶与梳理。

在辽金以前，北京西北郊还是一片荒凉，但是附近山峰上源源不断流泻而下的清泉，逐渐汇聚成水面辽阔的湖泊。从战乱中迁徙而来的乡民，在瓮山泊的周围开辟了大量的水田，广泛种植荷、蒲、菱、芡。闲暇时纵情郊野的王公贵人，被这些自然纯美的山水诱惑，常来此登山游湖，吟诗作赋，捕鱼射猎，甚至开始兴建行宫别院。以至于到了后来，这里"别墅庭院交织，纵横十里"，碧波映衬着飞阁廊檐，荡漾着温润的清丽。

"春湖落日水拖蓝，天影楼台上下涵。十里青山行画里，双飞白鸟似江南。"明代的一些诗文，常常把这里的景色和江南相比。因为瓮山泊在北京城的西面，于是人们借用杭州西湖的名称，称之为西湖。四月游西湖，成为当时北京的风尚。到了夏天，荷叶连天，西湖的游人更是摩肩接踵。"每至盛夏之月，芙蓉（荷花）十里如锦，香风芬馥，士女骈阗，临流泛觞，最为胜处矣。"

1750 年，乾隆皇帝将疏浚后的西湖命名为昆明湖，瓮山也改名为万寿山。以整修水利、操练水军为目的的瓮山西湖工程，让京师用水和运河漕运从此有了充足的水源。

大臣三和奉命疏浚水利。他万万没想到，自己最终会修建出一座绝世园林。而宫廷画师董邦达奉旨绘制西湖图，也没想到这幅画卷会成为设计清漪园的参考。从一步步推进的施工，到一次次的江南之行，清漪园的兴建，计划周密而且步骤严谨。

十五年后，集中华名山胜景和东方传统文化于一身的清漪园全部建成。这集几十万工匠的心血和汗水物化而成的一座园林，是一个前所未有、登峰造极的锦绣华园。

园区内所有的建筑，无论是宫殿楼宇还是亭台廊桥，无不依山傍水，自成天然。里面点缀着寺庙、宗祠、宅第、市肆、戏台、书院、山村，以及数不清的名花珍草等。其中还有不少从南方运回的巨石，从中可以窥视园林建设工程的浩瀚。据说当时运送这些巨石的时候，曾经有文人撰文惊呼，说大清有移天缩地之力。今天漫步在这些硕大的巨石当中，心里仍旧会惊叹，恐怕只有清代的鼎盛国力，才能支撑起如此庞大的园林梦想。

乾隆有着广为人知的江南情结，他一生曾六下江南，对杭州西湖更是魂梦相牵。到自己真正营造园林之时，他更会乐此不疲地努力再现烟雨江南的风味，将园林之魅与造化之功融为一体。忆二十四桥明月，吟萋萋六朝芳草，乾隆在清漪园里实现了一个江南式的化境。除了苏杭风光，各地著名的风景也在这里汇集。位于南湖岛上的望蟾阁，原型是湖北的黄鹤楼，后山的四大部洲是藏式风格建筑，连接东堤廓如亭和南湖岛的十七孔桥，仿照北京的卢沟桥修建而成，十七孔桥桥长一百五十米，宽八米，从中间向左右两侧数都是九个桥孔，九为最大，象征皇家的尊严。石桥两侧的栏杆上雕刻着形态各异的石狮子，石狮共有五百四十四只，比卢沟桥的还多。

清漪园的园林设计，隐含着中华传统文化的意韵。昆明湖中的三座小岛，来自于神话中东海上的蓬莱、瀛洲、方丈三座仙山，比喻园林如同人间仙境，也象征着天人合一的古老哲学。清漪园东堤之上有镇水的铜牛，代表风调雨顺。昆明湖西岸有耕织图，展示男耕女织，两者遥遥相对，象征着中华几千年的农耕文化。万寿山东面的城关文昌阁，供奉着文昌帝。万寿山西面的城关宿云檐，供奉着武帝关羽，一东一西，一文一武，象征着文治武功，文武双全。

二百年来，有很多人热衷于解读颐和园地貌的秘密。昆明湖的确酷似寿桃，颐和园西北角西宫门外的引水河道，几乎酷似寿桃的梗蒂。而万寿山下濒临昆明湖北岸的轮廓线，则恰似一只轮廓丰满的蝙蝠。还有人发现颐和园的山行水系颇有太极韵味，昆明湖和万寿山可以分别视作太极图中 S 形的阴阳两部分。如果说这种猜测可以姑妄听之的话，昆明湖上三座仙岛的设置才委实令人叫绝。模仿海上三山而形成的"一池三山"的形制，分别象征了神话中海上的三座仙山，显然是出自道家追求永恒的玄思。

谁道江南风景佳，移天缩地在君怀。以祝寿或治水等诸如此类的名义，乾隆一心要按自己的心思筑造清漪园，因为这里不像其他皇家园林那样已被翻来覆去地建设和改造过，如圆明、畅春、静宜、静明诸园，其建设历经数代，规划设计均遵循前朝皇帝的意志，不敢越雷池一步，滞碍拘谨之处甚多。而瓮山、西湖等处仍是沉寂的处女地，可以完全按自己的意趣随意发挥，营造一个展示自己艺术眼光、打上自我印记的皇家园林。

帝王的手笔、盛世的财富，以及能工巧匠的智慧，让一个人灵感的孕育和激发，演化成一场全国总动员的宏大创作。一个原本苍凉荒芜的郊野，先是从湖泊沼泽的莲蓬绿菱起步，成为自然生动的江南秀色，最终又变成了壮美可观的皇家园林。回溯园林诞生的过程，人们发现，完整详尽的建设方案只存在于乾隆一人胸中。以"高阁、长廊、大岛、长堤、长桥"为理念，通过不间断的施工所建成的园子，所反映的艺术个性无疑属于乾隆，因而清漪园也成为最能体现乾隆造园思想的园林。

"清漪园"这座梦幻园林，在目击了清王朝盛极而衰的深刻历史位移之后，改名为"颐和园"，与华夏古国一同进入中国

北京：当历史成为地理

近代历史上的一个西潮汹涌、沧海变异的时期。

叶赫家入关二百年，在京城这片繁华温柔之乡瘫软融化，向着程序化、贵族化靠拢，形成百年不变的生活秩序和套路，有着锦衣玉食的富贵荣华。然而所有可以预知的危机，都隐藏在了平静如水的表面下。此时西方列强驾驭工业化时代的风帆，纵横天下，古老的中华帝国的重门深锁，即将被另一种强大而异质的文明冲决。

查阅颐和园大事记，确有"海军衙门呈进火轮船"一项，让人以为是在添置"水师"训练的船只。可实际上，这造价极高的现代化轮船上连炮座都没有，仅仅是御用的豪华游艇。1862 年，恭亲王奕訢替神机营向德国购买枪械，订单里居然包括游船一项——这是他献给西太后的礼物。翔凤号及作为僚属的"他坦儿小汽船"，先是锚泊于中南海，后运往颐和园。1886 年，又从海关关税中拨款进口了以捧日、翔云、恒春命名的三艘洋船。1907 年，以一万吨再生盐作为交换，从日本获得最先进的永和号 (神户川崎造船厂制造)。这一切都是"以备太后巡幸之用"，"水师学堂"里的实习生，根本不敢指望登上它的甲板。他们顶多只能远远地观摩一番其外形轮廓以及太后戏水的风采。

按照清朝的制度，修建皇家园林，应由内务府奉宸苑负责。颐和园工程，却是由海军衙门"承修"。每一项工程，都是由海军衙门出面包给商人。完工后，由海军衙门派官员验收，然后移交颐和园管理大臣。修建经费，也由海军衙门"筹划"。从 1888 年至中日甲午海战，中国海军竟未添一舰；高额的海军军费，白花花的银子，像河流一样从海军衙门流出，流向官衙和后宫，然后就像将水泼洒向沙漠一样顷刻不见了踪影。

1892 年，因慈禧六十寿庆需款，海军正式停购舰艇二年。这一纸通令如同一张不祥的谶符，预示着故事的结局。就在期限截止那年，中国海军全军覆没。只有那座用海军经费修复的石船，依然静静地停泊在昆明湖上。仿佛是一个象征，这艘停泊在港湾里的海船，它的底腹船舷已经长满海苔晶藻，正在发霉腐烂。当时的中国，是一个弥天的暗夜，民族的命运是苦海中的航船。

与腰缠万贯的西太后不同，穷国日本原本无力购买"吉野"，日本的皇太后就将自己仅有的首饰捐了出来，以为表率。日本皇太后以其长远的眼光和胸怀，做成了一笔大买卖，1895年《马关条约》让日本从中国获得两亿六千万两白银，更自此步入强国之林。

海战惨败一个月后，海军衙门被裁撤，同年年底，颐和园修复工程仓促收尾。

1899 年整整一年，颐和园格外清静，因为国内局势动荡，慈禧太后被迫留在紫禁城理政，无暇游园，直到 1900 年的春天，慈禧太后又住进了颐和园。跟以前不同的是，她开始到仁寿殿上早朝了。被划作宫廷区的地方，是以仁寿殿为中心的，西边靠近湖东岸的是玉澜堂，再往西靠近湖北岸的是乐寿堂。仁寿殿的宝座上换成了慈禧太后，此时已被软禁的光绪皇帝坐在旁边临时摆设的座位上。金钟的余音久久环绕着一个孤寂的帝王，寒风吹动着龙袍，将帝国没落的气息留在皇宫的开阔地上。

1900 年的夏天，正是颐和园最好的季节，然而在这个夏天，颐和园却再次蒙难。八国联军全面进攻北京城，8 月 15 日，沙俄军队首先占领颐和园，慈禧太后和光绪皇帝匆忙离开紫禁城向西逃难，从此开始了长达一年的流亡生活，这也是继 1860 年之后清政府第二次流亡。大清子民好死歹活，也就只有各凭天命罢了。

英军和意大利军相继进驻颐和园。慈禧苦心经营的园子，成为洗劫的对象。万幸的是，这一次颐和园没有遭受火光之灾，仅各殿宇的陈设和家具被联军掠走。

1901 年之后，清政府总理各国事务衙门被改组为外务部。不再排外的慈禧太后身体力行，周旋于各色洋人之间，而一些留洋归来的贵族子弟也成为外交活动的参与者。

1903 年 8 月 7 日，美国画师卡尔来到了颐和园，这是慈禧太后指定的吉日。

在卡尔浅蓝色的瞳仁里，这个颓败却不失气派的帝国政治和文化的中枢，有着一碧如洗的蓝天和白云，有着崔嵬的红墙以及气象万千的皇家园林，精致的廊亭小屋，配着随处可见的铜饰鎏金，它们跟寝宫内部的碧纱橱窗、屏风间壁遥遥呼应着，勾勒出形形色色的起居空间。她近距离地打量着大清国至高无上的皇太后。这一天，她显然做了精心打扮，换上了一件周身绣有紫色牡丹的朝服，披一块寿字嵌珠的花巾，头上一边戴着玉蝴蝶，一边插上鲜花，手上戴着玉钏及玉制护指套。

时光匆匆而过。1905 年，慈禧太后下旨，派五位大臣出国考察君主立宪，但是革命党人却对这种不疼不痒的改良姿态不以为然。9 月 24 日，五位大臣乘坐的列车被革命党人炸毁，9

砖塔胡同

月 25 日，五位大臣中的三人赴颐和园向慈禧太后面奏事情经过，慈禧太后听后凄然泪下。她唯一能做的，就是把颐和园的围墙又加高了三尺。现在，人们还能看到加高的围墙上这道清晰的印记。颐和园上空的乌云压得更低了，几乎碰到了檐角。皇城昔日辉煌的光芒尽失，连红墙也似乎变得有些苍白。

1908 年，慈禧太后和光绪皇帝即将走到生命的尽头。颐和园风貌依旧，它还在承担着王朝最后的使命。7 月 24 日，是光绪皇帝的万寿庆典，他照例在颐和园接受祝贺，在德和园陪慈禧太后看戏。10 月 12 日，光绪皇帝和慈禧太后在仁寿殿接见了英国公使，这是清政府在颐和园举行的最后一次政务活动。一个星期后，慈禧和光绪像往年一样告别颐和园回到西苑，从此再也没能回来。

1908 年 11 月 14 日，38 岁的光绪皇帝驾崩，一天之后，74 岁的慈禧太后去世。三岁的溥仪成为大清国皇位最后的继承人。

1908 年 12 月 19 日，隆裕皇太后传下懿旨，皇帝尚在冲龄，一时未能临幸颐和园，至此清皇室明确宣布停止对颐和园的游幸。

颐和园继续保持着神秘，世人也仍然充满着对慈禧太后、对这座最后的皇家园林的好奇与想象。

砖塔胡同：寂静的声与色

> 到处是歌榭舞台，人人都能歌善舞；良宵苦短，应该让他们秉烛狂欢，而不要庸人自扰，过早地惊破他们的美梦。他们也真就疯狂地歌舞着，直要把天上的这轮明月也舞到人间来，唱到地上来，才算过足了瘾……

元大都的都城里，有一条砖塔胡同。

入夜，胡同内外仍是人声鼎沸，笑语喧哗，有卖元宵的，卖汤饼点心的，粘梅花的，生意也都非常火爆；还有人幽幽吟唱市井俚曲，别有情趣风味。又见街市上的蹴鞠少年，花样功架果然敏捷好看，勾踢拐打之间，赢得彩声如雷。

在胡同外的一片广场上，临时用彩缯色绢、芦席竹架围成的大剧场，容得几万观众，可算是演剧界的龙门。哪个节目被选上了，顿时声价十倍，甚至成为事实上的国定节目。脍炙人口的节目，都是每场必上，每次都会轰动一时，使人百看不厌。

艺员们有的搬演杂剧，有的玩百耍杂技，有的讲史，有的卖唱，有的相扑，等等。他们一个个来自天南海北，都是身怀绝技，名播江湖。好不容易挨到天子脚下，谁都想露一手儿，博得个名利双收——所谓"各擅一时胜场，共树千秋盛名"是也。

于是乎，到处都是一簇堆、一簇堆的露天的歌榭舞台，人人都是歌女舞儿，不然就是他们的伴奏者、助兴者。他们疯狂地歌舞着，直要把天上的这轮银蟾舞到人间来，唱到地下来，才算过足了瘾；真要使得住在广寒宫里淡雅的素娥也被勾动了凡思，她撇开身旁的浮云，满张着锦帆，沿着银河急遽地驶向人间，准备和欢乐的人们一起歌唱，一起起舞。

坐在沿街楼上的人们，仰看碧空中一轮皓月正在与满天繁星相互争辉，俯瞰地上一片融融泻泻的灯光，把整个胡同罩上一层银色的光彩，再看到远处百姓熙来攘往的太平景象，真有飘飘欲仙之感。

这条胡同至今犹存，位于西四南大街丁字街口西侧。算起来，至今已有七百多年历史了。

更特别的是，砖塔胡同是元大都的风月欢场。有元一代，都是当时最热闹的红灯区中心地带。

这里有着一家挨着一家的凤阁鸾楼、青楼楚馆。金粉楼台之上，雕栏画槛，丝幛绮窗，极为精巧华丽；每到夜晚，处处银灯高照，恍如白昼，进入阁中，室内温香彩丽，暗香盈盈。

据记载，元大都的娼妓竟有两万五千人之多，每一百个或每一千个妓女，各由一个官方特别指派的宦官来监督。这真是一个庞大的红粉军团。

北京：当历史成为地理

元大都的文化构成因素，称得上是斑驳陆离。元代妓女不能等同于暗娼之类的街头流莺，她们有相当大的一部分都是艺伎。当时一些著名的杂剧演员，就是歌妓与优伶出身，属于"演艺界人士"。

大都是元杂剧的兴盛之地。在通常所称的元曲四大家中，关汉卿、王实甫和马致远都是大都人。关汉卿的《窦娥冤》《救风尘》《单刀会》，王实甫的《西厢记》都曾名噪一时。而砖塔胡同一带的勾栏瓦舍，就是关汉卿们经常出入的地方——他们要为自己的戏剧寻找演出场所。元大都的戏曲商业演出空前繁盛，据《青楼集》记载："内而京师，外而郡邑，皆有所谓勾栏者，辟优萃而隶乐，观者挥金与之。"

据记载，元大都有一位艺名叫珠帘秀的伶人，在我国戏曲史上，算得上是年代最早、影响最大的演艺界名人。她歌喉婉转，声遏行云，色艺双绝，名噪一时，所以后世戏班子，便供奉她作"珠娘娘"。她是当时挂头牌的杂剧演员，月淡风清，俊雅出尘，艺术造诣很深。她的徒弟叫赛帘秀，不幸中年双目失明，但在舞台上仍能演戏，比明眼人还强。这也应归功于珠帘秀对她的严格训练。

还有梁园秀，"歌舞谈谑，为当代称"，尤其值得称奇的是，她的书法水平境界不俗，一手小楷颇为养眼，她创作的散曲《小梁州》《青歌儿》《红衫儿》等，流行一时，很是为时人称道，可以归入创作型女歌手的行列。才士雅人，名歌艳曲，论起烟花之盛，也不比六朝金粉熏染而就的秦淮风月差；流莺呢喃，香风习习，可谓是大都一景。

砖塔胡同：寂静的声与色

八卦这类事儿古今亦然。元朝有好事者曾写就一部《青楼集》，专门记述元代大都等几个重要大城市里一百三十余位女艺人的生活花絮，其中占多数的是戏曲演员，一时为人争相阅读。

这"秀"那"秀"的，搁现在也算是"演艺明星"，然而在表面的风光下，却是热泪暗注的苦况。元大都也是一个权贵们的乐园，权贵们有的是豪华的饮食起居，浮靡的笙歌弦乐，但谁知道赋税和债务对歌舞伶人们的重压？在当时这一行是贱业，人们通常只把她们叫作歌妓、优伶，再说得直白一点，就等同于秦楼楚馆、花街柳巷里的风尘女子。

在演艺活动之余，有时会遇到舍得花钱、而自己又看着顺眼的富家公子，可能会有一段时间稳定的感情生活。这种情形在元大都很是普遍。她们表面强颜欢笑，却大多只有一点可怜的空间可供呼吸，实在闷得透不过气来，巴不得要飞出樊笼。然而在元大都这个广大无边的城市里，即便她们飞出这只笼子，仍然要关到另一只笼子中去。她们天籁般的才艺，改变不了风尘的身份。她们的命运早被注定了，她们的存在，只是为了让那些上等人风雅一番，如此而已。

到明代设立了教坊司，用来管理戏曲音乐等事务。它设在东城的本司胡同和演乐胡同等处。朝代的更迭，使得砖塔胡同一带失去往日的喧嚣和热闹。

清代，砖塔胡同曾经一度成为神机营所辖右翼汉军排枪队的营地。但不久后，砖塔胡同又恢复了元代"歌吹之林"的面貌，成为曲家聚集的地方。据王书奴《中国娼妓史》研究，清代的"红灯区"，初期在"外城内之东西及外城之南"，乾嘉时，集中在东城灯市口一带，咸丰、同光年间多在城外，光绪初又移于西城内砖塔胡同。

《骨董琐记》引萍迹子《塔西随记》云："曲中里巷，在西大市街西。自丁字街迤西砖塔胡同，砖塔胡同南曰口袋底，曰城隍庵，曰钱串胡同。钱串胡同南曰大院胡同，大院胡同西曰三道栅栏，其南曰小院胡同。三道之南，曰玉带胡同。曲家栉比，约二十户。……大约始于光绪初叶，一时宗戚朝士，趋之若鹜。后为御史指参，乃尽数驱出城。及今三十余年，已尽改民居，话章台故事者，金粉模糊，尚一一能指点其处。"

这以后，便是宣南的"八大胡同"兴起了。那里不仅有演唱京剧的坤班，也有所谓"清吟小班"的乐户。最初只有寥寥几家，多是本地人，很快便"曲家栉比，约二十户"。天津人开始多了起来，有天喜、三喜、双顺等班。清人震钧在《天咫偶闻》中，描述当时的兴盛情况："闾阎扑地，歌吹沸天。金张少年，联骑结驷，挥金如土，殆不下汴京之瓦子勾阑也。"

1900 年，八国联军侵入北京，砖塔胡同的戏班乐户纷纷逃往他乡。从那年开始，砖塔胡同逐渐成为民居。在波诡云谲的交错中，在纵横捭阖的流转中，天地已是乾坤倒转，沧海变成桑田。

复归平淡的砖塔胡同，似与文人特别有缘。1923 年 8 月至 1924 年 5 月，胡同里常见一个神色清冷的中年男子，布衣简履，常独自往来。他就是鲁迅。自 1912 年 5 月开始在教育部做一个闲散的京官起，鲁迅在京搬了好几次家。开始时，是住南半截胡同的绍兴会馆，后与家人一同迁入八道湾。1923 年夏天，鲁迅与周作人兄弟反目，半个月后，鲁迅就从自己的家中搬走了，住进砖塔胡同。

在砖塔胡同 61 号这个很小的院子里，鲁迅和老母亲以及朱安住在一起，条件实在不太令人满意。他住的一间堂屋白天充当会客室和饭厅，晚上鲁迅就在这儿写作，睡觉的地方是靠墙的一张木板床，实在不能与八道湾的清雅闲适相比。

更差的是此时鲁迅的境况。

家事原本不足为外人道，也不好明确说出个谁对谁错，但与弟弟反目，使鲁迅原本沉郁孤寂的内心受到了一次重创。事发后的一个多月里，一向勤勉的鲁迅下笔枯涩，身体也出了问题，几个月缓不过神来。他时常吐血，严重时只能以稀饭为食，不能正常吃饭。

在孤灯冷月下，寒窗里的夫妇二人总是相对无言，只有胡同里偶尔会有一阵阵孩子的喧笑。在狭小黑暗的小书房里，鲁迅为自己取了一个笔名："宴之敖者"，又简称为"宴敖"。"宴"字里面有一个"宝盖头"即代表"家"字，又有一个"日"字，还有一个"女"字；"敖"字里有一个"出"字（按繁体字形），一个"放"字，合起来有着"被家里的日本女人驱逐出来"的隐晦含义。他从小看大、最疼的亲弟弟，对自己竟然如此无情，虽然鲁迅以后终生都不再谈及此事，但这件事对他的打击显然是很致命的。

但他的创作与研究工作也还在继续。在砖塔胡同居住不足一年，鲁迅校勘了《嵇康集》，编定了《中国小说史略》下卷，《祝福》《在酒楼上》《肥皂》等作品也是作于此时。

北京：当历史成为地理

惯于长夜过春时——生命的光，就那么在暗夜中闪烁着。在茫茫的夜幕下，鲁迅经常一个人独自伫立在胡同深处。昏暗总是那么深广，以至于吞没了一切。而唯有那颗不安于沉寂的心在沉沉地跳动着，且发出熠熠的光。

1924 年 5 月 25 日，鲁迅一家迁居阜成门内，作别砖塔胡同。

午后放晴，天气有些回暖，从汽车上走下的摩登仕女仅穿夹层棉旗袍，裹在玻璃丝袜里的修长小腿若隐若现，丝毫不畏寒冷。街头卖报小童顶着红扑扑的脸膛飞奔，追上缓慢驶出的轿车兜售报纸。

此时，大概是在 1922 年间，砖塔胡同迤南的缸瓦市基督教堂里，还住过一个年轻人，这个新受洗的基督教徒，多愁善感，先天有一种悲天悯人的特质。他就是老舍，一位"老北京"，曾在教会学校里任职，砖塔胡同是他日常行经之地。后来他在《离婚》等小说里，就多以西单、西四、砖塔胡同一带为背景，比如说《离婚》里的这一段描写："……房子是在砖塔胡同，离电车站近，离市场近，而胡同里又比兵马司和丰盛胡同清静一些，比大院胡同整齐一些，最宜于住家……三合房，老李住北房五间，东西屋另有人住。新房油饰得出色，就是天生来的房顶爱漏水。张大哥晓得自从女子剪发以后，北平的新房都有漏水的天性，所以一租房的时候，就先向这肉嫩的地方指了一刀，结果是减少了两块钱的房租……"

老舍笔下的地理环境都是真实的，大都有名有姓。从叙述中所显露的地理感，成了一种特殊的、有关北京市民生活图景的修辞，只此一家，别无分号。山水名胜古迹胡同店铺基本上用真名，大都经得起实地核对和验证。举例来说：

《老张的哲学》——德胜门外、护国寺街

《赵子曰》——旧鼓楼大街

《离婚》——砖塔胡同

《骆驼祥子》——西安门大街、南北长街、毛家湾、西山

《四世同堂》——护国寺小羊圈胡同、土城、西直门外护城河

《正红旗下》——护国寺小羊圈胡同、新街口、积水潭

老舍对北京有一种难以言说的爱，所以他对北京的观察也从容深入。他笔下北京的居室、花草、年节、民俗等，无不鲜活灵动。尤其那些真实的地理环境，与作品中人物命运的有机结合，形成一种互相依傍、更互相托举的关系，二者不可剥离。这使老舍笔下的北京成为读者心目中耳熟能详的地方，其中充满了醇厚悠远的古都之风，又似乎触手可及，就连卖酸梅汤、杏仁茶的吆喝声都声声在耳。

光阴似箭，转眼间，已是抗战胜利之后。这一天是十月望日，那晚的月亮更大更白，缓缓升上夜空，稀疏的星斗闪闪烁烁，有一些畏寒的样子。天色灰暗，曙光未开，砖塔胡同依然在沉睡中。一切都影影绰绰的。就在这时，砖塔胡同又迎来了一位新的住户，他就是张恨水。

也许，张恨水并不是个博大与深刻的作家，但是，他的单纯、诚实与旺盛的生命力，却让人叹为观止。说到20世纪30

年代最走红的通俗作者，非张恨水莫属。

光复后，张恨水从南京来到北平。按自己的理想，开始筹备《新民报》。出于一种打持久战的考虑，他买下了一所房间很多的大宅，门牌是北沟沿甲二十三号，后门即在砖塔胡同西口。

张恨水的家在江西，他是在"五四运动"爆发的那一年来到北京的。北京读者对这个南方人很是认可，他的《啼笑因缘》就是从北京开始风靡全国的。所以张恨水对北京有着一种故土般的情缘，他说："居北平越久的人，越不忍离开，更进一步言之，你所住久的那一所住宅，一条胡同，你非有更好的，或出于万不得已，你也不会离开。那为什么？就为着家里的一草一木，胡同里一家油盐杂货店，或一个按时走过门的叫卖小贩，都和你的生活打成一片。"

北京成就了张恨水，张恨水也更深地融入北京的浓浓情味之中。对他而言，北京早就不是一个政治和文化的符号，他的北京是触手可及的，许多场景里都有着老北京平静中带着点怆然的回味，回响着京韵大鼓的淳厚余音。更进一步说，由于《啼笑因缘》等作品的走红，陶然亭、西山、天桥、什刹海、北海、先农坛等成了全国读者心目中很有韵致的所在，那个时代的北平人文地理的品牌，张恨水可以说也有推动之功。

砖塔胡同里的张宅，院子不大，三间北房，东屋是张恨水的书房兼卧室。张恨水就在这里调养身体，与世推移，沉默而坚韧地写作，陆续完成了十几部中、长篇小说。

在张恨水晚年的眼光里，砖塔胡同的一切都是很有意味的。昔日的风景都包含在他回忆的目光里。有一度北京电力极度紧张。每到停电时，张恨水便出门散步，为此他还专门著有一篇《黑巷行》，写他于砖塔胡同里逡巡的感受。此时的他，已经半身不遂了，所以文章的口吻带着一点历史老人的苍凉，语气像是从时光的洞穴里流淌出来的。

帝京的景物，在士大夫眼里是一种样子，在他眼里又是一种样子。他厌恶皇宫里的什物，对贵族的存在也无恋意。他的描述带有身体的体味，是心里的烙印的集合，剔去了一切外在观念的暗示。北京的好处是平民能够自己找乐，在繁复的街巷里觅一块静地。街市是吵嚷的，他不喜欢吵嚷。市民里也有暗区，那对他是一个空白，并无什么记忆。张恨水是一个在文章里惦记好事情的人，坏的记忆不太愿讲。所以北京美丽的一面在他眼里，一直多于丑陋的一面。

人老了，什么都挡不住老，然而旧京的美丽风物，却在这个老去的作家的泪眼里无尽地漂浮。这位历尽沧桑的作家，已经悠悠走过了风起云涌的岁月。他追忆着自己在北京的过往，还有大街小巷里属于平民的那些蓝布棉帘和万字栏杆，老店铺的门槛、城墙下的小果摊以及鲜红的冰糖葫芦。那时他经常从白塔寺买来花籽，种在院子里的空隙处，然后又搭起藤架，为牵牛花、丝瓜等攀爬之用。他还种下了榆叶梅、石榴树和丁香、垂柳、黑枣，甚至毛竹。从春天开始，小院里的花相继开放，阵阵香气沁人肺腑。傍晚，他就坐在院里乘凉，沐浴在阵阵凉风当中。这时，全家人就围坐在他的身旁，听他海阔天空地闲聊，聊到兴奋处，他总会带头大笑起来。……那些不相连续的过往残片，穿行在张恨水的脑海里，直到晨光熹微的时候，一切都

北京：当历史成为地理

变得一片模糊。

1967 年 2 月 15 日，张恨水在这条胡同里走完了自己的人生。

现在的砖塔胡同，早已面目全非了。唯有那些错落叠加的故事，却总让人感到些欲言又止的味道。一些纷乱的往事，无来由地会从胡同残存的幽暗角落慢慢浮现，然后像河面上的花瓣一样，在心里流动、消失。

从元大都的歌舞繁华，到张恨水沉静的垂暮之年，隔着那么多遥远得叫人眩晕的岁月，人间无数的大戏小戏依旧在不间断地上演。我行走在不知何夕的砖塔胡同，感到所有的漂泊和离散、静谧和喧嚣、欣悦和哀愁，以及人世间的一切醉和醒、梦和幻，都在一瞬间升腾起来。

太太的客厅：京派知识群的情景剧

> 时间是一个最理想的北平的春天下午，温煦而光明。地点是我们太太的客厅。所谓太太的客厅，当然指着我们的先生也有他的客厅，不过客人们少在那里聚会，从略。
>
> ——冰心《我们太太的客厅》

像鲁迅先生写过的，"好的故事"似乎在世间都留不住。也许只能这样自我安慰吧：动人的记忆正得益于仅仅在最好的时光里相逢，如风过花丛般轻轻一触，便带着余香，永远地离去。

那么，关于民国那个时代一些知识分子的生命状态，我们还能追索、回忆到什么吗？我们还有能力去重现他们生活的某些侧面吗？

这一次，我们的视点，不妨随着冰心先生略带戏谑的描述展开。

灰蓝的墙裙，空气显得很静，高大的洋槐树立在小路边。

柳絮在天空中飞舞。胡同里的香椿树悄悄地绿了，洋槐花已开始绽放。而在北总布胡同三号梁家的四合院里，窗外正开着深紫色的一树丁香。

这是一座封闭但宽敞的庭院，里面有个美丽的垂花门，一株海棠，两株马缨花。正对着客厅的门，是一个半圆形的廊庑，上半截满嵌着玻璃，挂着淡黄色的软纱帘子。

进得门来，窗内挂着一只铜丝笼子，笼子里有鸟，窗下放着一个小小的书桌，桌前一张转椅，桌上有一大片厚玻璃，玻璃上放着一只大墨碗，白瓷笔筒插着几支笔。

客厅，可算是具有私密性质的家庭空间与具有开放性质的公共空间之间的过渡。"沙龙"一词则源于意大利语，指的是用美术品作为装点的屋子。17世纪传入法国，最初为卢浮宫画廊的名称。当时法国的文人、艺术家常常接受贵族妇女的招待，在客厅里谈论艺术、玩纸牌和高谈阔论，逐渐地"沙龙"这个词更多的是指这种聚会谈论的场所。在17、18世纪时的法国，作为社交场所的沙龙具有很大影响。当时图书不像现在这样普及，各种宣传工具也不发达，一些文人学士往往在沙龙里朗诵自己的新作，沙龙成了艺术家的排演厅、精英的练兵场和才俊的创作室。

沙龙的形式是舶来的，可这太太的客厅，却是真真切切的中国化，三五好友，聚集一处，坐在客厅温软的沙发里，喝茶谈天，更像是魏晋时期的清谈。就在这间"太太的客厅"里，从容地催生了一大批声名远播的知识分子，沉淀在文化古城历史深处的名士流韵，也尽在其中。

当年，还有一些"京派"作家和文人的文化沙龙都有它们不同的魅力。对于这些知识分子而言，他们和北京之间，有着一种亲切的情感上的关联。不论是在南池子缎库胡同还是钟鼓寺，胡适的住宅始终是自由主义知识分子重要的文化空间。周氏兄弟的八道湾和老虎尾巴、北大国文系（"北大同人"）、章氏同学会（"太炎门生"）、浙江同乡会（"某籍某系"）三位一体的知识分子，在这里臧否人物，"作竟日之乐"。同样，在东吉祥胡同和石虎胡同（即《新月》编辑部），分别聚集着《现代评论》派和新月社的盟友们。在这林林总总的沙龙里，"太太的客厅"是富有吸引力和影响力的定期性聚会。

　　梁家的后人以后长大了，慢慢回忆起来的都是些什么人？他们比较熟悉的有：张奚若、钱端升、金岳霖、周培源、陈岱孙、叶企孙、吴有训、邓以蛰、陶孟和、李济和沈从文等伯伯以及他们的夫人，包括张姨（张奚若夫人）杨景仁、钱姨（钱端升夫人）陈公蕙、周姨（周培源夫人）王蒂澂、陶姨（陶孟和夫人）沈性仁和陈姨陈意（陈植的姐姐，当时是燕京大学家政系主任）等。

　　客人中少激进之士，大多是和善之人，为人之道与为文之道都有诸多可赞之处。尤为难得的是，"客厅"前的"太太"二字，赋予了这客厅知性之光。一般而言，沙龙往往设立在私人场所，且由女主人主导。如果没有女主人，很难想象"沙龙"一词会拥有现在这般丰富的意义。女人在客厅中总起着一种奇妙的作用，不需更多点缀，一个面带微笑送来茶食的女主人，就能造就一份休闲慵懒的气氛。而我们的女主人优雅知性健谈，懂得

北京：当历史成为地理

人的心思，就更能收到点石成金的功效。

　　林徽因身上具有东方名门闺秀典雅高贵的气质，而且性格爽利，全无丝毫矫揉造作的成分，因此人缘好，人气旺，亲和力强，这正是她在北平知识分子群体里游刃有余的资本。早在26岁时，林徽因就罹患在当时视作绝症的肺结核，此后大半生其实苦受病痛折磨。但她作为人际磁场中心的吸引力，正因为她既不像还泪颦儿，也不是捧心西施，而是以其精神魅力折服来访者。晚年时代的费正清曾这样回忆林徽因："她是具有创造才华的作家、诗人，是一个具有丰富的审美能力和广博智力活动兴趣的妇女，而且她交际起来又洋溢着迷人的魅力。在这个家，或者她所在的任何场合，所有在场的人总是全都围绕着她转。"

　　一天林谈起苗族的服装艺术，从苗族的挑花图案，又谈到建筑的装饰花纹，她介绍我国古代盛行的卷草花纹的产生、流传，指出中国的卷草花纹来源于印度，而印度来源于亚历山大东征。她又指着沙发上的那几块挑花土布说，这是她用高价向一位苗族姑娘买来的。那原来是要做在嫁衣上的一对袖头和裤脚。她忽然眼睛一亮，指着靠在沙发上的梁思成说："你看思成，他正躺在苗族姑娘的裤脚上。"于是一室皆春矣。

　　第一次参加沙龙时，萧乾曾为梁宗岱与林徽因的争吵担心不已，而沈从文在旁微笑观看，劝他不要太紧张。多年后，萧乾回忆起当年情景，称太太的客厅对于他的意义，"就像在刚起步的马驹子后腿上，亲切地抽了那么一鞭"。林徽因就是这样一个女子，美丽、高雅、健谈，有学问有见识，满足了天下男人关于伴侣的一切幻想。

当年梁任公对刚过门的儿媳林徽因赞赏备至："新娘子非常大方，又非常亲热，不解作从前旧家庭虚伪的神容，又没有新时髦的讨厌习气，和我们家的孩子像同一个模型铸出来。"这样的评价出于梁任公笔下，那是非常难得的。

与诚惶诚恐的萧乾不同，具有名士派气质的林语堂惯爱在别人的客厅中把双腿搁上茶几，并自诩这能有效地缓解女主人的紧张情绪，又说女人是谈话时必不可少的点缀，她不必发言，只需把双腿蜷在沙发里，就非常可爱了。虽然林徽因一定不会同意他的说法，但无论如何，客厅是个展示个性同时也不乏互补的舞台，既需要男人的大度从容，也需要女人的精巧细致，客厅不需要黑咖啡，它总是要有点甜味的。

"太太的客厅"还有两个尊贵的座上宾，那就是费正清夫妇。这对极负声望的中国问题观察家，从 1929 年起，就把全部精力奉献给研究中国历史、文化、思想以及中西关系。碰巧的是，他们两家恰巧住在同一条胡同里。

另外，当梁林夫妇住总布胡同时，金岳霖就住在后院，但另有旁门出入，平时走动得很勤快，就像一家人。这座房子有前后两院。前院住的是梁思成先生和林徽因夫人一家。金先生住的是后院。因为爱恋林徽因，金岳霖一生"逐林而居"，梁家住在哪里，他也前院后院地住在哪里，并且终身不娶。

抗战爆发，这个北平沙龙的成员们，或西南联大，或山城重庆，或四川宜宾，颠沛流离，饱尝战乱之苦。文化古城宁静唯美的沙龙之梦不能继续，甚至一步步陷入了困顿，后来只能

北京：当历史成为地理

用挣扎来形容他们了。

一直到抗战胜利，林徽因始终抱病奔走在充满荆棘与炮火的征途上，1937 年 11 月，她在长沙时，就险些被日本人的炸弹炸成碎片。看她这时期的照片，可以明显感觉到她容貌的巨大变化：由清丽转清癯，但却坚忍乐观，那种宠辱不惊的淡泊依旧。战火连天，她始终不放弃自己的理想和事业。她走过的路，也就是那一代中国知识分子走过的路。

昆明遭到敌机轰炸，林徽因一家与中国营造学社人员迁到四川南溪县李庄。此时已是抗战的中后期，物价昂贵，物资匮乏。林徽因肺病复发，不但连药品都买不到，甚至还要靠朋友们的资助才能维持日常的家庭开支。她的健康严重地被损坏了，经常发烧、卧床不起，但林徽因并没有怠惰，她躺在病床上通读二十四史，积累了丰富的资料，帮助梁思成写成了《中国建筑史》，这是中国人第一次写成的自己国家的建筑史。

林徽因是林长民的女公子，是梁启超的儿媳妇，却能放弃小康安定的生活，甘于贫苦，为自己热爱的事业与梁思成四处颠连奔波。难怪他们的朋友、美国学者费正清教授亲眼见过他们在川西小镇李庄的苦况之后，曾深为感慨地说："倘若是美国人，我相信他们早已丢开书本，把精力放在改善生活境遇去了。然而这些受过高等教育的中国人却能完全安于过这种农民的原始生活，坚持从事他们的工作。"最难得的也许是他们此时还保持着"倔强的幽默感"，像一棵树在寒冬中固执着的最后那片绿叶。且看林徽因写给费正清夫妇的两封信中十分传神的片断，前一封写于 1940 年 11 月，里面讲到哲学教授金岳霖的战时生活，可怜又可笑：

> 可怜的老金每天早晨在城里有课，常常要在早上五点半从这个村子出发，而没来得及上课空袭又开始了，然后就得跟着一群人奔向另一个方向的另一座城门、另一座小山，直到下午五点半，再绕许多路走回这个村子，一整天没吃、没喝、没工作、没休息，什么都没有！这就是生活。

林徽因，这个富于美丽和才情的女人，创造了自己的沙龙，又决然地走出这个沙龙。此时回想起那篇《我们太太的客厅》，会让人有所感触，冰心也许有些过于刻薄了。

1957年，时任北京大学校长的马寅初，在《人民日报》上发表了著名的《新人口论》，给自己招来了始料不及的大批判。从1957年至1981年去世，他一直住在北总布胡同。他和自己的夫人是这条胡同里有名的长寿夫妇，去世时享年分别为一百岁和一百零五岁。

马老先生仙逝后，负载于北总布胡同这一地理空间中的旧时文化记忆，就此彻底远去了。川流不息的车辆，已经重新切分和组建了北京的城市空间，曾经作为北京文化象征的胡同相继隐没。一代风华，陨落尽净，连同那个制造传奇的场所，以及那股子从容和优雅，也都星散了。

我的思绪却经常长久地停留在那个时代。一个新型的知识阶层，在那个时代的中国破土而出，他们各走各的道路，拓展出了新的社会空间。而太太的客厅，以及那种温婉的氛围，更多折射着那个时代的文化风尚。它曾真实存在于 20 世纪前二三十年的北京，成为文化古城最美丽的取景框。然而近代以来，中国每陷内乱，怨声四起，偶也流露出的中正平和之声，却无奈"雨打风吹去"。在历史激烈演进的冲击之下，那别样的风情和韵致渐行渐远，已经成为漂浮的、无所附着的苍白幻象。

积聚在那一代知识分子身上的光芒，穿透历史的雾障，也在我心中投下永久美丽的幻影。不知道为什么，我们喜爱的事物大多数已被毁掉，或者正在被毁掉。现在我们只能从史书的边角料里，辨认出一丝半缕"文物"般的余晖，依稀地照耀着那个逝去的时代。

世事翻覆，现在有时痴想，那个时代里流溢着我们曾经拥有但终于逝去的光泽，在这个光泽里，我们终于知道，怎样的人生是值得过的。一对比，就知道了当下的生活缺少了什么。

我空茫的目光，掠过被大风吹散的拆迁通告，徒劳地寻找着北京形象曾经的另一种真实面貌。

那是另一个遥远、精致、令人低回和忆念的北京。

老北京南货店

什刹海边的柔软时光

历史使这片地处京城中心的水乡泽国，变成了一个人文荟萃之地。无论是月华如水、遍地清霜的夜晚，还是晴空如洗、鸽哨悠扬的午后，什刹海的柔美平和，沉寂在每个老北京人乡关万里的梦中；岁月在这片多四合院、多庙宇、多楼台的地方，投射下历史的影像，让年轻与沧桑同在，丽质与凝重并举……

在北京城里，哪里能觅得湖水与杨柳、晚风与荷香、亭榭与岛屿？哪里能觅得南方与北方、古典与现代相得益彰的景致？如此清悠而柔美、市井而随意的地方，大概也只有什刹海了。

选择从西海北岸的一条小路进去，沿着一路静谧，听着车轮压上落叶的沙沙声，听着头顶盘旋的信鸽哨音，就来到了后海。千百年的历史沉积于这里的每一寸天空，藏在醇亲王府寂静平和、摄政王府淡薄悠远，以及鸦儿胡同广化寺的梵音缭绕里。再向前走就是前海，一路绿荷高柳，又别有一番情致；加上遍布其周围的胡同与四合院，好一派古朴悠远之象。

走在后海湖畔，像是步入明清水墨的淡彩之中，柔美而平和。朝代的轮转与时代的更迭，一次次改变着这块水域的容貌。元朝的豪商大贾在岸边选址筑府造园，明、清两代的文人墨客纷纷迁居湖畔，历代的高僧们在这里修寺建庙，而贵戚勋爵、世家子弟的宅邸，更是数不胜数。他们出则禅客书童，入则佳肴美姬，或是对月弹琴，扫雪烹茶，或是名士分韵，佳人佐酒，享受着这方宝地无尽的闲情逸致，奢侈豪华。

如果是在夜晚，则会是另一种景象。沿着河岸散步，看月光如水，把对岸的灯火洗得模糊，把流水声洗得明净而清晰。湖水闪着月亮的波光，流向哗啦啦的黑暗。在波光熄灭的前面有一条隐约可见的游船，满载欢声和灯火，似乎也将滑向无边的寂静不再回来。

什刹海紧傍在北京中轴线的西侧，是滋润、造就北京文化的宗源。在几千年前，这里本是古高粱河上的一片天然湖泊，亦曾是永定河古河道的一部分。在辽金时期，统治者曾在这里大兴土木，将天然河道挖深展宽，取名为白莲潭、积水潭。金人还在此地修建了一座规模宏丽的离宫，命名为太宁宫。

在元代，世祖忽必烈舍弃金中都而另起炉灶，新建了一个伟大的都城，而什刹海则是元大都规划设计最基本的依据之一。从这个意义上可以说：先有什刹海，后有北京城。1291 年，郭守敬设计京城水系，大胆构思，引西山玉泉等诸山泉之水，经高粱河注入大都城，什刹海这一地区水量大增，遂成浩瀚之势。

北京：当历史成为地理

于是，南北大运河的终点什刹海，就成为重要的漕运码头。这个交通要津当其繁盛之时，北上南下的船队舳舻连转，兰舟催发；积货如山的码头人声鼎沸，一片忙碌。沿岸商贾云集、市肆连骈，钟鼓楼一带，米市、面市、绸缎市、珠宝市、鹅鸭市、果子市……相继成形；银锭桥两畔，南北大贾充斥于酒榭歌台；烟袋斜街上，西域阔商进出于茶肆间阁，文人墨客乘船游览，对酒当歌……

"燕山三月风和柔，海子酒船如画楼。"由此我们也可得知，北京原本不是缺水的城市。什刹海这片水域在历史上规模宏大，素有"西湖春、秦淮夏、洞庭秋"的美称。赵孟頫、关汉卿这些大都的文化人，也经常会在此流连，赏荷、饮酒、品茗、作诗、纳凉。一泓什刹海，同时为严肃凝重的大都调和出一丝柔媚和优美。

此后，由于漕运改卸于通州码头，什刹海水位开始降低，底部地势较高处便露出水面，水域隔成三海，即前海、后海和积水潭。那时的什刹海水岛相连，明代的诗人李东阳盛赞什刹海为"城中第一佳山水"，可见那时的景致该是如何迷人。开始有王侯将相竞相在湖畔修建亭园别墅，著名的有大将徐达的府邸太师圃，以及漫园、镜园、湜园、方园、杨园、王园、英国公园等等。

在明代，各路宗教势力也开始伸展进来，火神庙、护国寺、广化寺、净业寺、关岳庙等数十处寺庙宫观香火不绝。广化寺南临后海，北近鼓楼，东距银锭桥仅百余步。经过世事沧桑与岁月的悄然流逝，这座京城著名的佛教十方丛林，已经成为北

老北京果局子

品果鲜乾 记

京市佛教协会所在地。后海北岸的兴隆禅林，"修篁绿箨，丛木青柯，相望楚楚。后有平台，大可亩许，解带临风，开襟敌水，固不减在濠濮间也"（《顺天府志》）。

至于什刹海名称的来历，有说其为梵语，亦有说是因为有过九寺一庵的"十刹"盛况，故名"十刹海"，还有人单说当时有"什刹寺"，故云"什刹海"。

到了清朝，什刹海的风景区已渐渐地转移到了前海、后海。《燕都丛考》云："后海则较前海为幽僻，人迹罕至，水势亦宽。树木丛杂，坡陀蜿蜒，两岸多古寺，多名园，多骚人遗迹。诒晋斋居其北，诗龛在其西，虾菜亭、杨柳湾、李公桥、十刹海皆萃此地。湖上看山，亦此地最畅。"

在前海的西南部分，曾经分出一个"西小海"，一时又形成了"四海"的局面。"西小海"的岸边曾种植水稻，由于水势的消退，稻田逐渐向湖中延展，"西小海"变成了连成一片的稻田，于是京师九城里竟呈现出一派江南水乡的景色。关于这一点，什刹海的老住户张之洞有诗为证："虽然不是沧桑事，但惜西涯变稻田。"在这些南方精英的眼中，京城里这块稻田，让他们有了归乡的感觉，因此而倍感亲切。

什刹海四时皆有胜景。明代胡俨《越桥》："一川春水冰初泮，万古西山翠不消。"这是什刹海的春天；清初高珩《水关竹枝词》："酒家亭畔唤渔船，万顷玻璃万顷天。"这是什刹海的夏天；清代法式善《西涯秋晚》："来看月桥月，行到西涯西。"这是什刹海的秋天；明代吴惟英《冬日北湖冰船》："不是路从银汉转，也疑人自玉壶来。"这是什刹海的冬天。

什刹海边的柔软时光

一种经年历久的魅力，在古人与今人交错的眼角匆匆滑过，一瞬间模糊了古今。尤其春末夏初，浓绿的槐荫夹道，当晚霞映红瓦灰色的长墙，当深紫色的暮霭笼罩着一座座旧日王府的朱门时，我们会体验到一种与古人贴近的感觉，仿佛他们就浮荡在你周围的空气里，或者自己像一名穿越客，竟然真的闯入了他们的世界。

由于环境幽雅，景致怡人，什刹海建起了大量王府宅园，顺意一数，便有恭亲王府、醇亲王府、庆亲王府、阿拉善王府、涛贝勒府和德贝子府等。末代皇帝溥仪曾在醇亲王府内出生和居住。数不清的亭台、楼榭、名园，让什刹海在市井风情之余，又添加了雍容贵气。斗转星移，曾经的富贵已成云烟，昔日门前车马喧闹的盛景不再；然而仍有百年皇家园林屹立如斯，经过岁月的陶冶与梳理，越发呈现出一种沧桑之美。

《天咫偶闻》上记载了乾隆年间法式善等名人在什刹海畔宴饮时的热闹情形：

> 昔有好事者，于北岸开望苏楼酒肆，肴馔皆仿南烹，点心尤精。小楼二楹，面对湖水。新荷当户，高柳摇窗。二三知己，命酒呼菜，一任人便，大有西湖楼外楼风致。
>
> 昔翁覃溪先生曾集二十四诗人于湖上酒楼，每月有诗会。一时群羡为神仙中人。如法石帆、何兰士、顾南雅、王惕夫、张南山、宋芝山诸人皆与。

在明清两代，皇城内原本不住居民，只置衙署。于是紧临皇城又兼具自然野趣的什刹海，就成为百姓可以游观的绝好去处。由于什刹海附近顶戴云集，附近有许多王公贵族在此居住，这些人出手阔绰、品位不俗，自然会引领商业繁荣。烟袋斜街、鼓楼大街以及沿什刹海沿岸，商铺比邻接踵，终日欢歌笑语，好不销魂。

"六月三伏好热天，什刹海前正赏莲，男男女女人不断，听完大鼓书，再听十不闲。逛河沿，果子摊全，西瓜香瓜杠口甜，冰镇的酸梅汤打冰乍。买了把子莲蓬，回转家园。"一个"老北京"的民俗游乐场所就这样逐渐成形了。端午至中秋，后海岸边绿柳垂丝，红衣腻粉，人面桃花，掩映迷离；闲散的人们在水中搭起木台，上架席棚，竹椅、竹凳、藤椅和竹桌，构成了一片小小的茶座天堂；他们听书看戏、品茗赏荷；每日里游人如织，茶肆满座。旁边是各行商贩，摊档排列，叫卖声此起彼落，老北京的种种可口小吃品种齐全，应有尽有，可以随时品尝。

自打辽金完颜阿骨打那个时代以后，北京城就有了广栽荷花的传统，以什刹海、北海的历史最为悠久。在明清时代，什刹海水源充沛，更有遍植荷花的绝佳条件。按照传统，每年的农历六月二十四日流行举办"观莲节"，是清季百姓和文人名士把酒临风、选胜登临的大日子。清人沈太侔《春明采风志》记云："什刹海，地安门迤西，荷花最盛，六月间仕女云集，皆在前海之北岸，同治间忽设茶棚，添各种玩艺。"顾禄则在《清嘉录·荷花荡》中说："是日，又为荷花生日，旧俗，划船箫鼓，竞于蓟门外荷花荡，观荷纳凉。"其盛景足以令人神往。

"柳塘莲蒲路迢迢，小憩浑然溽暑消。十里藕花香不断，晚风吹过步粮桥。"（清代李静山《北京竹枝词》）至晚清后，什刹海这个消夏场所就以荷花市场为名了。清末的《天咫偶闻》记述其情境为："都人游踪，多集于什刹海，以其去市最近，故裙屐争趋。长夏夕阳，火伞初敛。柳荫水曲，团扇风前。几席纵横，茶瓜狼藉。玻璃十顷，卷浪溶溶。菡萏一枝，飘香冉冉。想唐代曲江，不过如是。"好一幅韵味浓郁又引人遐思的水墨画啊。

《桃花圣解庵日记》记载十刹海"南岸树荫夹峙，第宅相望，多临街为楼，或为水榭，绿窗映之。西岸稍荒寂，惟故协揆麟文瑞第最华整，朱楼重栏，极似江南，高柳带拂，尤为佳胜"。那时学子文人也最爱到什刹海，因为在这里可以"伴着阵阵荷香读书"。

进入民国以后，荷花市场仍兴旺不减。摘一段1935年出版的《北平旅行指南》中的文字来重温当年的盛况："什刹海东北望地安门和钟鼓二楼，西南望北海塔山。沿堤垂柳，满塘枝荷；熏风拂水，藕香扑衣，别有境天也。近年以来辟为临时市场，每届夏季，游人接踵，茶社林立，书棚戏场，颇为喧闹。昔年清朝贵妇，多来此赏荷。粉白黛绿，恰与湖光荷影相辉映，绝妙之仕女图也。"1933年出版的《旧都文物略》则简约地记述道："前海周约三里，荷花极盛。西北两面多为第宅。中有长堤，自北而东，沿堤植柳，高入云际。自夏而秋，堤上遍设茶肆，间陈百戏以供娱乐。"

作为一个季节性的市场，大约每年五月端午之后开市，到七月十五盂兰盆会过后，随着天气渐凉，就该收市了。在这一段时间里，这里百货云集，百戏杂陈。在长堤两侧，百业俱兴、人口稠密，众多商贩和杂耍曲艺艺人将这里的气氛搅得一团火热。

出售的商品有日常生活用品，也有古玩字画、手工艺品，还荟萃了所有的京味小吃，豌豆黄、芸豆卷、艾窝窝、驴打滚儿、蜜麻花、焦圈、卤煮，还有菱角、白藕、莲子、鸡头米、冰激凌、雪花酪、酸梅汤、杏仁豆腐……又解馋又解饱。再加上从湖中采摘的莲蓬、菱角、嫩藕等应市，都大受欢迎。独具什刹海特色的风味小吃"冰碗"，便是以湖中的鲜菱角、白藕、莲子、鸡头米等用冰糖、桂花腌渍而成的。

演艺场上，有新鲜的、老式儿的、好玩的、逗乐儿的卖艺表演，包括各种戏剧、曲艺、杂耍，有说书的、唱大鼓的、拉洋片的，杂货摊上有卖蝈蝈的、卖知了的，有用新鲜苇叶、蒲草叶编成的各式小工艺品……吃、喝、玩、乐齐活了，堪称雅俗共赏，老少咸宜。从仕宦官家文人雅士到布衣百姓，都乐此不疲、流连忘返，其情景几乎比正月里逛厂甸还要热闹些。在收市以后的日子里，北京人仍会优游湖畔，有下棋打牌的、有拉胡琴儿唱戏的、有拉家常遛弯的，还有捞虾钓鱼的，老北京的韵景儿也就齐了。

随着国民党政府迁都南京，荷花市场逐渐败落，终于变得萧条了。直至1990年，什刹海重新种植荷花，不几年已是荷满湖面，荷香艳丽，启功先生书写了"荷花市场"名匾，悬挂在前海西街口的牌坊上。明丽阳光下亦新亦古的街道，见证着什刹海的百年传说。它们就像一缕缕的残梦，飘散着前朝的遗韵，诉说着时光的沧桑。静静地凝视着那些已斑驳的陈迹，很容易让人的思绪飞回到民国时代，飞到《城南旧事》的老北京城中。

什刹海边的柔软时光

有许多名人雅士在什刹海留下足迹，让他们眷恋的，正是这个老北京的温柔乡。在什刹海，有宋庆龄、徐向前、郭沫若这些声名显赫的老住户，鲁迅、老舍、梁漱溟、张伯驹、单士元、萧军、杨沫、齐白石、傅心畬、张大千，以及侯宝林等学界和演艺名流，也曾长住于此。

城中第一佳山水，世上几多闲岁华：什刹海浓缩了北京几百年的历史，水文在变，地貌在变，大宅门里的恩怨情仇在变，唯独不变的是周而复始的时光。

现在的什刹海，仍是首都人民与外地游客消夏避暑、观赏自然野趣、欣赏北京韵味的胜地。除了什刹海宜人的自然景观外，什刹海周围的胡同、四合院也是值得一游的。

在前海北沿、后海前沿、前海西街之内的地区里，共有十八条蜿蜒曲折的胡同；胡同、四合院是北京的精髓，是北京人的根。走在其间，一种老北京的感受还是能扑面而来的。当然更让人心仪的，还是什刹海边的柔和时光。微风拂来，清新而略带湿润的空气沁人心肺，远处岸线蜿蜒，垂柳依依，让人流连沉醉。

原来饱含京味文化的荷花市场已迈向了后工业时代，这里充斥着阳伞、藤椅、烛光、薄纱、咖啡、酒精、蓝莲花等小情小调的现代元素。入夜后的什刹海，亦可用繁华来形容了。岸边灯火通明，人声喧沸，水中的游船与天上的星月遥相辉映，有身穿民族服装的女孩弹奏琵琶伴游。游人还可以将一只只载了红烛的小纸船放入湖中。古船、古曲伴着一轮亘古不变的明月，令人不知今昔是何年了。

北京：当历史成为地理

总的来说，市井的气息与迷幻的红酒还算相安无事，古老的院落与时尚的潮流各行其是，古老与时尚倒也并非不能并行；虽然那些拥挤在前海、后海、南沿、北沿新兴的现代时尚，终究是难以承载起什刹海从元代起便拥有的规模和历史。保持"银锭观山"这样"都市中之野景"的意趣空间，将商业气氛控制得再淡漠一些，应当是什刹海以后规划的重点。

"银锭桥是跨越什刹海后海与前海的咽喉部位的单拱石桥，晴天时站在桥上西望，可以望见一脉青黛色的远郊山影，那不仅是美丽的景色，其深刻的意蕴是把繁华的城市与恬静的山野通过视觉'望点'上的享受，在市民心灵里注进一种禅悟。"（刘心武《什刹海的情调空间不能失去》）这是一个典型中国文人理想和忆念中的什刹海，是一个"老北京"心里泛着清素香气的记忆之花。当银锭桥两岸被亦真亦幻的现代景观所取代，当西山已被淹没在林立的高楼后面，当银锭桥已不复"银锭观山水倒流"的景致，独立凭栏的人还有什么"旧"可怀？一丝怅惘的叹息和问询来自久远的地下河道，消散于后海迷蒙的水面和斜街的某个转角，也许只有一只凌空飞起的信鸽，在风中听到了答案。

什刹海边的柔软时光

琉璃厂：燕京书业的旧日胜景

> 掀起青缎棉帘，走进某间心爱的书屋，一股暖气便会扑面而来。书桌前面黄铜火盆里刚刚烧尽的木炭，正在现出一层轻轻拂动着的灰白色，乌木条案上的云纹青铜炉里，正袅袅地散出一丝爽心的檀香……

阅肆张罗雀掠门，海王村果静如林。空闲海估尊哥定，待价千年画宋元。

这首《故都竹枝词》，道的正是城南琉璃厂，那里端的不简单。几百年的书画风流，说不尽的传奇往事。厚重的历史渊源和现实的政治力量，都没有削弱这方天地的风雅。北京人从千年帝都的历史积淀中获得了无尽的灵性启迪，又将温文尔雅、闲适随缘的品性还给这座城市。从晚清的衰世到民国的乱世，北京从来都不乏悠然自得、逍遥闲在的爱书人。

大家无事，即以书店为公共图书馆，书店门面，虽然不宽，而内则曲折纵横，几层书架，及三五间明窗净几之屋，到处皆是，茾几湘帘，炉香茗碗，倦时可在暖炕床上小憩，吸烟谈心，恣无拘束。书店伙计和颜悦色，奉承恐后，决无慢客举动，买书固所欢迎，不买亦可，给现钱亦可，记账亦可。足是买卖中人，而其品格风度，确是高人一等，无形中便养成许多爱读书之人，无形中也养成北京之学术气氛，所谓民到于今受其赐者，琉璃厂之书肆是矣。

　　以上记载，是学者们在琉璃厂的聚会时令人愉快的情景（见《北游话录》）。琉璃厂书肆的环境，最适合清谈。而民国初年琉璃厂汲古山房主人李锡侯的后人唐鲁孙，也留下了当时书肆的可贵剪影：

　　旧书铺里，总有两间窗明几净的屋子，摆着几张书案长桌，凡是进来看书的人，有柜上的徒弟或伙友伺候着，想看什么书，告诉他们，一会儿就给您拿来；如果参考版本，他可以把这本书不同版本，凡是本铺有的，全都一函一函地拿出来，任您查对；有的资深伙友，告诉他要找什么资料，他们还可以一页一页地给您翻查，如果有些书客人想看，而本书铺恰巧没有，他们知道哪一家有，可以借来给您看。请想想，这种方便，不管是哪家图书馆，不论公私都办不到吧！

琉璃厂：燕京书业的旧日胜景

手捧一本难得的好书，或坐或站，伸手就可以从烟柜上取一支旱烟或一撮水烟，点上，在袅袅的轻烟中享受书中的闲情逸趣；您还可以喝茶，店家早就为您备好了小叶香片、祁门红茶；试试茶几上的紫砂壶吧——正还有些微微发烫，闭上眼睛轻轻地呷下一口。

　　肚子饿了，想吃什么点心，递上一张钞票，小徒弟可以跑腿代买；甚至由于您跟柜上有过这样那样的交情，柜上还会免费招待。如果您跟书店相熟，您还可以享受送书上门的优待。比方说您懒得出门，那就托人递张便条（那时候还不兴打电话），柜上很快就会派人给您送到府上，书钱也不紧催，欠上十天半个月的也没关系。您若买下固然高兴，不买无妨，下次再说。三节算账，有时甚至到年底统一结清，到时说不定还退还些。这就是琉璃厂书铺的可爱之处。

　　在那样一个经济匮乏的年代，公众图书馆同样匮乏，买书、卖书、读书和藏书直接同家族、家庭的经济基础和文化价值追求密切相关。与此同时，文人学士们求知治学的氛围却是浓厚的。对于贫苦学生来说，琉璃厂成了他们的免费图书馆。倚赖于琉璃厂的书籍和那些同样颇有文化情怀的书商们，那会儿，在这里的书店，时常能看见年轻学生们站着读书，一读就是大半天，在润物细无声之中，得以安学问之身、立学问之命。

　　应该说，是琉璃厂开了北京书店风气之先，并影响到北京书业京味商文化的形成与繁衍。这样一个惬意的所在，组成了北京学者生活方式的一部分。邓云乡先生在《文化古城旧事》中说："其他书店也是一样的，东安市场、西单商场那些书铺也

北京：当历史成为地理

都是如此，你尽管天天去，天天站在书架边抽出书来看，看上多半天，铺子里的伙计也还是和颜悦色接待你。你看三天书，偶然买一本，这就是熟主顾了。"

正因为如此，琉璃厂成了文人雅士们念念不忘的流连驻足之地，一时间熙来攘往，兴盛之极。民国时，北平是文人墨客感怀忆念的"文化故都"，这种文化氛围的形成，固然有着多方面的因素，不过以琉璃厂为代表的书肆，一定也起到了相当重要的作用。

琉璃厂，顾名思义就是烧制琉璃的工厂，它的历史几乎可以和北京城作为都城的历史同步。琉璃厂在辽代名曰"海王村"，元代定都北京后，在这里设置了官窑，专门烧制琉璃瓦。元、明、清三代，琉璃厂烧制的大量琉璃制品装点着这座都城的皇宫禁院，也装点着寺观庙宇、朱门豪宅的翘角飞檐。这些金碧辉煌的琉璃建筑，虽历经数百年的风雨侵蚀而光泽不减。清人劳之辨在《琉璃厂行》一诗中说："正阳门外闹元宵，金犊花聪意气骄。十里香尘迷锦幛，三更烟火走虹桥。繁华更数琉璃厂，五色云中黄赤镶。"琉璃厂的盛况由此可见一斑。

明朝嘉靖三十二年（1553）修建外城以后，这里变为城区，由于在城里烧窑多有不便，烧制琉璃瓦的工厂便迁至现在的门头沟区的琉璃渠村，但"琉璃厂"这个地名却保留至今。

繁华一时的琉璃厂沉寂下来，变得有些落寞。到了清初顺治年间，这里又开始热闹起来。由于清初实行的是"满汉分城居住"的政策，而琉璃厂位于外城的西部，这里便成了汉族官员的聚居地。如著名学者王渔洋，就住在琉璃厂的火神庙西夹

琉璃厂：燕京书业的旧日胜景

道；孙星衍住在万源夹道，四库全书的编修官纪晓岚、程晋芳也住在这一带。大批的官员聚集于此，对书籍和文化用品的需求，促成了书业及相关商业的兴盛，于是，原本设立于前门、灯市口和西城的城隍庙书市逐渐转移到了琉璃厂。各地的书商也纷纷在这里摆摊、设肆，出售大量藏书。繁华的市井，便利的条件，形成了"京都雅游之所"。北京官宦多、文人多、学校多，他们传承着中国正统文化，也保藏着最好的书籍，他们是书籍最好的买家；同时，这里又有奇珍书籍最恰当的转让者——宦海风波无常，常有朱门权贵一夜之间陷于没落，总有人通过各种渠道向市场输送货源。

琉璃厂书市的形成，还得益于各地"会馆"的兴建。清乾隆年间，各地在京争建会馆，以致外城的地产价格飞涨。宣武门外到前门一带的会馆，就占了北京会馆总数的三分之二。毗邻的会馆给这条街道提供了源源不断的人气，那些外省的官员和进京赶考的举子，三三两两地游走于这里的街巷书肆间，寻找自己所需的笔墨纸砚。

清乾隆三十八年（1773），发生了一件中国文化史上的盛事——开四库馆，修《四库全书》，而主持这个浩瀚工程的就是纪晓岚等人。为了修《四库全书》，乾隆还下令搜罗天下书籍，一时间天下典籍齐聚京城，整个琉璃厂变成了书山牍海。善于察言观色的书商们顺势而动，用古玩、金石、书画慢慢地释放诱惑，又借助文人们的儒雅之气，酿造出一条清风雅韵的书香街市。

当时的书法家、金石学家翁方纲在其所著《复初斋文集》

中写道："乾隆癸巳开四库馆……每日清晨诸臣入院……午后归寓，各以所校阅某书应考某典，详列书目，至琉璃厂书肆访查之。是时，江浙书贾，奔辏辇下，邮书海内，遍征善本。书坊以五柳居、文粹堂为最。"翰林院的四库编修们日复一日地在琉璃厂的大小书店里逡巡搜检，在当时是很寻常的街景。

此时，清朝进入了鼎盛时期，文人墨客们有着敏感的神经，他们似乎找到了太平盛世的感觉，于是乎，一向被视为雕虫小技的金石学，也开始变得时髦起来。金石热的兴起相应地带动了士大夫交往方式的改变。"都门为人物荟萃之地，官僚筵宴，无日无之。然酒肆如林，尘嚣殊甚，故士大夫中性耽风雅者，往往假精庐古刹，流连觞咏，畅叙终朝。"（清·朱彭寿:《安乐康平室随笔》）文人名士聚会，当然少不了要"临风寻佳句，凭月读碑帖"，于是，金石学成了士子们博得名士头衔的一块敲门砖。

追逐"风雅"产生了一股甚为广泛的效应，那就是旧书和金石古器的大行其道。

清自咸丰庚申以后，人家旧书多散出市上，人无买者，故值极贱。宋椠亦多。同治初元以后乃渐贵，然收者终少。至光绪初，承平已久，士大夫以风雅相尚，书乃大贵。

书商们闻风而动，不但网罗天下旧书，还在金石古器上下足了功夫，所以，琉璃厂的许多老板大多是货真价实的文物鉴定专家，就连他们的伙计，日久年深，一个个也成了这行当的权威和行家。

从明至清，琉璃厂在古玩字画、金石篆刻、书画装裱、文房四宝等行业获得了长足的发展。至光绪初年，琉璃厂的书肆多达二百二十余家，古玩字画、碑帖业商号五十多家，成了一条名噪一时并泽被后世的琉璃厂文化街。朱自清有一首诗，道尽琉璃厂胜景："故都存夏正，厂市有常期。宝藏火神庙，书城土地祠。纵观聊驻足，展玩已移时。回首明灯上，纷纷车马驰。"

在民国时期所谓的黄金十年里，琉璃厂也迎来书业繁荣的局面，这里新增书肆竟达七十一家，直到今天还在经营的"来薰阁""邃雅斋"等名店，就是那时出现的。

在这条不长的街巷子里，从 1773 年至今的二百四十余年间，无数的市井画册、古人手札、雅士信函、古籍善本、珍稀抄本在此辗转流传，纸香墨韵，经年不散。文人学子们来琉璃厂逛书摊进书店，兀自沿袭成风。自清乾隆以来至今，诸多名臣大吏、硕彦鸿儒乃至艺苑俊彦，从纪晓岚、林则徐到康有为、谭嗣同，从朱自清、鲁迅到陈师曾、林琴南，再到老舍、邓拓、吴晗、廖沫沙……他们都曾经穿过琉璃厂狭小而幽深的街道，游览古玩市场、购买碑帖拓本和古钱币，进行一趟趟乐此不疲的探宝之旅。

郑振铎曾在自己的一篇文章中回忆道："由清秘阁向西走，路北第一家是淳菁阁。在那里很惊奇地发现了许多清隽绝伦的诗笺，特别是陈师曾氏所作的，虽仅寥寥数笔，而笔触却是那样的潇洒不俗，转以十竹斋、萝轩诸笺为烦琐，为做作。像这

北京：当历史成为地理

样的一片园地，前人尚未之涉及呢。我舍不得放弃了一幅。吴待秋、金拱北诸氏所作和姚茫父氏的唐画壁砖笺、西域古迹笺等，也都使我喜欢。"琉璃厂之所以能吸引众多的文人墨客，其原因就在于它聚集了太多的著名老店，如槐荫山房、古艺斋、瑞成斋、萃文阁、一得阁、李福寿笔庄等，还有中国最大的古旧书店中国书店，而三大书局——商务印书馆、中华书局、世界书局也坐落在这里。琉璃厂最著名的老店应该算是荣宝斋了，有人说，荣宝斋是琉璃厂的招牌，这种说法并不为过。荣宝斋的前身是"松竹斋"，光绪年间取"以文会友，荣名为宝"之意，更名为"荣宝斋"。店名"荣宝斋"三个大字是由著名书法家陆润庠题写的。这条长街仿若一部舒展的卷轴，记载着一个个文化商家的兴衰，每个额匾上都有不能磨灭的墨迹，每个门轴都转动着百年的悲欢。

琉璃厂的胜景是迷人的，在林语堂的笔下，"迷人的北平"之所以迷人，就因为这里是"商人的天堂"，因为满街都是书籍和古玩。文人一生，一直都和书的纠缠相始终。读书、借书、买书、编书、写书、收藏书，只要有闲暇、有余钱，大概总不能不和书发生纠葛。新文化运动的名人钱玄同、刘半农等人，也将琉璃厂的书摊奉为"安身立命"之所。

1912 年 5 月 5 日，鲁迅应蔡元培之邀赴京，在教育部工作。他开始在社会教育司任佥事。刚到部里，鲁迅就多次作美术讲演。据他自己在日记里所记，反响并不是很热烈。知音廖廖对鲁迅多少是一个打击，就转而把逛琉璃厂看古董当作是一个乐趣。他平日里得空便去那一带徜徉，成为南纸店（清秘阁）和

琉璃厂：燕京书业的旧日胜景

信远斋的常客。

到了1914年，陈师曾也受聘到北京，任教育部编审员，从此他们在一起共事了十年。他们二人意趣相合，交往甚密，时常一起逛琉璃厂，看画帖，互赠碑拓，一个月总要聚首那么几次。他们很是投入地研讨字画，这是相近的文化意趣使然。在很长的一段时期里，"陈师曾"大概是鲁迅日记中出现最频繁的名字之一。在他们最初交往的四五年间，鲁迅在北平文化圈完全默默无闻，据同在教育部共事的老朋友许寿裳说，除去在部里上班之外，鲁迅一是抄古碑，二是辑故书，三是读佛经。至于在《新青年》上发表小说《狂人日记》，引起社会轰动，那已经是以后的事了。与鲁迅相比，这时候陈师曾名声鹊起，俨然已有画坛领袖的风范了。

除了他俩，还有钱稻孙、许寿裳、齐寿山等几位，性格都好，都有学问，为人也热忱，在各自的专业上也都有建树。他们有一个共同的特点，就是通文史，精于版本，嗜书如命。市井画册、古人手札、雅士信函、古籍善本、珍稀抄本，在他俩和另外几个人构成的狭小朋友圈里辗转流传，纸香墨韵，经年不散。

旧书在读书人敏感的想象中是一种温暖的存在，它没有沁人心脾的新鲜墨香，却承载了书的新主对故主的感知。对于时常耽于遐想的人来说，旧书上每一处文字的批注或痕迹，都将引得读书人或深思或微笑。在那一瞬间他们跨越了时空，感受到了彼时彼处彼人投往书页的深思目光和笔端游移纸面的簌簌声。

新的时代开启了，时过境迁，人们仅仅把琉璃厂看作是传

北京：当历史成为地理

统文化一道残留的风景，只是远远地观望着，很少与之亲近。生于斯长于斯，却终老于台北，一部《城南旧事》写尽老北京沧桑的林海音先生回忆说：

> 我有幸在北平成长的二十五年间，倒有将近二十年是住在这条全国闻名的文化街附近，我对这条街虽然非常非常的熟识，可惜不学如我，连一点古文化的气息都没熏陶出来！……我是一个接受新式小学完全教育的小孩，在这条古文化街过来过去二十多年，文人学者所写旧书铺的那种情调气氛及认识，我几乎一点儿也没沾过。

作家韦君宜对于琉璃厂的态度，也表明了"五四"一代的精神倾向，她年轻时喜爱古典文学，经常跑琉璃厂，"书店的伙计用惊异的眼光看着这个跑来翻古书的少女"。不过，自从上了清华大学以后，中国社会八方风雨，河山鼎沸，那也是校园中热火朝天的年代。年轻人感受着新中国如朝阳般升起的清新，意识到生活就要发生巨大变化，也都充满了乌托邦般的浪漫想象。韦君宜投身革命，"再没有心肠（思）去念线装书"，与琉璃厂也就绝缘了。

也许，琉璃厂代表的是过去，就像橱窗里陈列的古董，需要带着"余资闲情"去瞻仰，而不是朝来暮往的现实生活。如此说来，老舍先生的描述更容易引起许多人的共鸣：

> 不大爱西单牌楼，书少……东安市场较比好一些，虽

琉璃厂：燕京书业的旧日胜景

然也乱，可是有不少的书……琉璃厂更好，可是我不常去；我不敢动那些比钞票还贵的老书页，怕给扯碎。老书使人的手不敢使劲；使人脸上的血往下降，因为书纸是那么惨白或焦黄；使人的眼睛懒惰——字那么大，用不着打起精神去看。还有呢，老书使我觉得惆怅，徘徊，忘了前进；老时代的智慧仿佛阻止住我自己的思想。琉璃厂像个巨大的古墓，有些鬼气；晚间就更不敢由那儿走了。

尽管老舍先生晚间都不敢打琉璃厂那儿走，但琉璃厂却由过去稳稳当当地走了过来。尽管那条街上很少能见到阳光，路旁的行道树伸出光秃秃的枝丫，偶尔还有几只黑黑的鸟儿凌空飞过，阴郁得使人怅惘，但是琉璃厂没有徘徊，也没有忘了前进。20世纪60年代，文物保护者曾经在这里发现了晋人陆机的《平复帖》、顾恺之的《洛神赋图》、隋代展子虔的《游春图》，并且征集收购了西周铜班簋、玉版十三行、《潇湘竹石图》这些堪称国宝的文物。琉璃厂是这个古老国度璀璨文化的承载者和发掘者，是连接过去和现在乃至未来的一座桥梁。

每个国家都有自己独特的文化街区：英国有伦敦的弗业街，法国有巴黎的塞纳河畔，日本则有"书海"之街神保町，在中国，那就是北京城"九市精华萃一衢"的琉璃厂了。那些远在异域他乡的游子，常常把淘旧书店，钻在故纸堆中消磨时光，作为一种怀念故土的精神寄托。朱自清先生在巴黎塞纳河边淘书时就曾深情地写道："沿着塞纳河南的墙角，一带旧书摊，六七里长，也是左岸特有的风光……这些情形也活像东安市场。"

北京：当历史成为地理

朱自清先生联想到的是东安市场内的书铺书摊，从对旧日生活的眷恋中品出几分忧伤。然而，有多少让人念念不忘的城南旧事和琉璃厂剪不断、掰不开呢？那里的好处是显而易见的，给人的感受是内在的。对于他们而言，故国故土最生动的记忆，不是来自形象而是来自温度。那里温度合宜、气息亲切且富有人情味，让人特别愿意亲近。

天涯倦旅，游子思乡；物换星移，怀恋青春，旧书常常成为好书人追忆历史、怀念故土的最终落脚点。因为他们的人生旨趣，他们的精神故园，他们人生中最重要的成长阶段始终弥漫在浓浓的旧书香之中，那是一个人成长的轨迹，充斥着时光的味道。斑驳的河岸，氤氲的水汽，散发着霉味的几本旧书，却让人不由自主地联想到了故土的泥香，这种奇妙的故土情结是世间最厚重的情感。

世移俗易，以前人们在东安市场旧书摊前缓步流连，在琉璃厂旧书肆和书店老板品茶聊书，为得到某书竭尽全力的情形已经不可再现了。1980年，有七百多年历史的琉璃厂街南北两侧的多数老房在拆旧建新的号角声中轰然倒塌，一条参照清乾、嘉年间北方店铺风格仿制的古街，在原来的位置上矗立起来。如今的琉璃厂已经几经变迁，当年的书肆已是"水随天去秋无迹"。很多真正的珍本善本从此干净地消逝在历史的进程当中，空留怅惘的文化怀想。

在我的记忆中，琉璃厂是一条温暖的街，在这里买到过一些书，也认识了一些书友，享受过不少随意谈笑的乐趣。踏进一间书店，即见十几个男女局促于其间，或捧书倚柜细读，或

琉璃厂：燕京书业的旧日胜景

拎着一册小书，目光炯炯，到处搜寻，殆各怡然自乐，不以拥挤为苦。看前人的书话里的淘书记，总觉得如前尘梦影，遥不可及，若干年后再回头去看琉璃厂，大概就如同天宝遗事一样使人怅惘了。

北京：当历史成为地理

景山前街

红楼下的历史旋风

> 在历史的宏大画卷里，"五四"是一条汹涌长河，支
> 流众多，各有来源，它们每以不同的力度与气势，冲突融
> 合，构成洪波涌起的时代潮流，浪卷千堆雪，湮没英雄豪
> 杰，荡涤浩浩河山……

　　1919 年春天的北京城，在急管繁弦的节奏中，上演了一出
时间错置、历史位移的大戏；许多事都在这个春天里酝酿、发
酵、爆发，然后深远地影响着中国的历史进程。一股突如其来
的力量，将历史变成了令人眼花缭乱的旋风。这场历史的大风，
总让我想起董桥先生的妙语，他在北京胡同里走，碰到大风说：
"沿着高高的红墙听风中沙沙的秋声，感觉'五四'得很。"

　　1919 年 5 月 4 日上午 10 时，北京大学、北京高等师范学校、
中国大学等十几所学校的学生领袖齐聚红楼，对当天下午的集
会游行进行了最后的磋商。

北京：当历史成为地理

后世读史的人，总是忍不住设身处地把自己放置到历史场景之中，替古人担忧，替后人惋惜。历史现场早已被破坏，流失的岁月永不再来；然而隔着空蒙的岁月，我们总是试图看清历史的表情——首先跃入我们眼中的是沙滩的红楼，以及蔡元培那儒雅而思虑重重的面容。

隐藏在车水马龙的五四大街后面的这座古老的红砖大楼，是北京大学旧址的一部分。这栋地上四层、地下一层的长条建筑，具有西洋式的建筑风格，如今旧貌依然。在建成后的几十年间，它一直都是老北京最有西洋味道的建筑之一，矗立在北京很少的以历史事件命名的街道上，会在第一瞬间把你带回历史事件。

清王朝结束没有几年，北京西式楼房还不多见，北大红楼这座红砖建筑颇为扎眼，很有鹤立鸡群之势。它的第一层是图书馆，校部办公室和教室在楼上。1919 年 5 月 3 日晚，蔡元培就伫立在距红楼不远的东堂子胡同 75 号自己的家中，默然不语，眺望着日头西沉的方向。他刚送走了北大部分学生，而他们是带着巴黎和约即将签署的消息，满怀愤怒离开的。

夜空中能够闻到一种不安的气息，它不仅从空中扑来，弥漫了北京城的天空，而且也已经在内部生成。静无人声的死寂令人隐隐不安，而大地正笼罩在黑暗之中。是夜，蔡元培彻夜未眠，他在脑海里一遍一遍地演映着一场已无法避免的风暴。他知道这场风暴的去向。作为校长，那一夜他一定要做出一个艰难的抉择。

1916 年冬，蔡元培从欧洲归国，1917 年 1 月出任北京大学校长。对于办学宗旨，蔡元培有过一番后世皆知的自述："孑民以大学为囊括大典、包罗众家之学府，无论何种学派，苟其持之有故、言之成理者，兼容并包，听其自由发展。"

1918年夏，沙滩的红楼建成。自从蔡元培执掌北大以后，北京渐渐成为全国新文化的中心。在蔡元培的倡导下，五花八门的学会也从平静的校园内纷纷冒出，一派万紫千红的景象。在他的教导感化之下，京师大学堂的封建官僚腐败习气一扫而空，北大脱胎换骨，风貌一新。"五四运动"前后，北京大学成为"民主与科学"的堡垒，新文化运动的摇篮。在乌云压城的时代，北大的青年怀着如火的热情，进行着坚毅卓绝的努力。一个个工读互助团成立了，一个个大众启蒙计划实施了，学生们忙着散发各种材料和普及文化的杂志，全国上下都涌动起社会改良的热潮。

北大所以成为"五四运动"的发祥地，与蔡元培开明的"兼容并包"的办学宗旨密不可分。正是在蔡元培时代，北大有了第一位大学女生。蔡元培采用西方教育的制度方针，创造了宽容、平等、自由的氛围，从当时的课程表上可以看到，北大风气自由，思想多元，各种不同的思想和观点各行其是，一派百家争鸣的盛景。在北大的教授中，立场激进的李大钊、陈独秀，与英美派系的章士钊、胡适和谐共事，还有拖着长辫的辜鸿铭，支持袁世凯复辟的经学家刘师培，"以骂人名海内"的音韵训诂学家黄侃，著名的新文化运动发起者鲁迅、钱玄同、刘半农……

形形色色的各路人马汇集红楼，他们都是蔡元培请回来（或挽留下来）的名重一时的学术大师。蔡元培看人，只看你出色与否，就算是守旧，也要守得称职、出色或别具一格，不能守得马马虎虎。

《新青年》《新潮》等杂志，将思想自由的种子带到刚推翻帝制的中国；启蒙主义、无政府主义和马克思主义开始在中国传播。中国共产党的主要创始人陈独秀、李大钊和当时的北大学生傅斯年，这些开风气之先的时代精英，都曾频繁地出入红楼；蔡元培、陈独秀、胡适等人的办公室及鲁迅讲授"中国小说史"的教室，现在也还都保持着原有的样子。

李大钊是1918年底来到红楼的，他是前来担任图书馆主任一职。红楼一层就是北大的图书馆，李大钊的主任室就设在红楼东南角上的两间房子里。1918年11月，他发表《庶民的胜利》，成为即将到来的"五四运动"的先声；次年5月，又为《新青年》主编了《马克思主义研究专号》。在这间办公室里，李大钊主持成立了北方第一个共产主义小组，还在这里召集过少年中国学会的会员开会，红楼成为北京早期马克思主义者活动的重要场所。

很难说是那些创造时代的人物促使红楼成为非凡的建筑，还是红楼文化中心的地位塑造了他们。也许，"五四"一代优秀的知识分子在北京创造了他们不朽的业绩，这在某种意义上说，是北京这座城特有的精神气韵渗透到他们意识深处的结果。抚摸着红楼整齐的红砖和紧闭的大门，感觉曾经的怒号、欢笑、喧闹都在此刻凝结了。然而，北京城的包容力量却永在绵延，处于不同文化世代的青年，总会有各自的启迪与收获。

口号声如海涛般轰响，游行队伍已经临近大门了。放眼望去，队伍花花白白一片，如同涌动的海浪。许多旗帜都是撕破了白床单做成的，取意为卖国贼曹汝霖、章宗祥、陆宗舆出丧，这也是那天在蔡元培家里那些学生的倡议之一。

蔡元培站在校门口，一切都已想好，心里无比安定。等学生归来的时候，他一定要亲率全体北大师生员工在红楼前迎接，自己还要发表讲话，表示自己要坚决支持学生；哪怕要因此辞去北大校长职务，挂印归去。

游行队伍已近，蔡元培平静地踱进传达室，面壁而立。北大校门由是大开，游行队伍一涌而出，如洪流出闸，奔腾浩荡。

还有陈独秀——我不知道1919年5月3日那个非同寻常的黄昏，是怎样进入他的视野的；那个黄昏与蔡元培所在的那个黄昏有什么不同？在那个非同寻常的夜晚，所有的景象都有点模糊不清——陈独秀正在发烧。从门隙中透出的灯光打在陈独秀挺拔的鼻梁上，他充满血丝的眼睛里正滚动着黑色的光芒。

那个夜晚，空气中似乎也有着不祥的热度。学生们黑压压地聚集于北池子大街箭杆胡同。就在这看似普通的小四合院里，青年们仰望着这位他们极度依赖的导师。陈独秀有着狂飙般不羁的性格和雷霆般的处事作风，他破坏偶像扫荡"国粹"，处处显现着一种无畏的力量。在这个时刻，他的声音无疑是非常重要的。

那是在1917年初，陈独秀北上募款，被蔡元培闻知，于是邀请这位没有正规大学文凭的社会活动家留校任文科学长。为了请到陈独秀，蔡元培不惜为他造假履历一张，称陈独秀"日本东京日本大学毕业，曾任芜湖安徽公学教务长、安徽高等学校校长"——后人也许会质疑蔡元培的这种作为，殊不知这个文质彬彬的大学校长曾组织过暗杀团、御侮会，杀人放火的手段样样来得。不说别的，在他的校长办公室里，不仅有文房四宝，而且还有自制炸弹，区区造个假履历算得了什么。

当初陈独秀不担心自己的能力，倒是他在上海的《新青年》让他放心不下。《新青年》率先喊出"打倒孔家店"的口号，陈独秀在创刊号发表《敬告青年》，尖锐地指出："忠孝节义，奴隶之道德也；轻刑薄赋，奴隶之幸福也；称颂功德，奴隶之文章也；拜爵赐第，奴隶之光荣也；丰碑高墓，奴隶之纪念物也。"他意欲唤起国人，打破可悲的奴隶状态。而陈对中国传统社会提出的四点指控"一曰损坏个人独立自尊之人格；一曰窒碍个人意志之自由；一曰剥夺个人法律上平等之权利（如尊长幼同罪异罚之类）；一曰养成依赖性，戕贼个人之生产力"，更是令人有石破天惊之感。在接受蔡元培委以北大文科学长的邀请后，陈独秀不久就离开上海，带着他赖以成名的《新青年》杂志编辑部，一同来到北京，搬入箭杆胡同二十号。"五四"前的一两年，《新青年》已然成为有志青年的时尚读物，影响深远，之后白话文运动狂飙突起，一场切入文化本质的文学革命甚至社会革命都在推向纵深。

箭杆胡同就在北大红楼的正南方，直线距离也就二里地。"五四"时期，这里曾是鲁迅、周作人、胡适、钱玄同、刘半农、沈尹默等人经常往来的地方。《新青年》编辑部迅速形成了一个以北大学人为骨干力量的编辑阵营，集中火力批判中国文化传统中最核心又流布最为久远的专制皇权制度与思想。胡适在《新青年》发表《文学改良刍议》，鲁迅在《新青年》发表的第一篇白话小说《狂人日记》，背后都有陈独秀的辛劳付出。1918年，他和李大钊等在骡马市大街米市胡同共同创办了另一个著名杂志《每周评论》，一场具有广泛社会影响力而后世又不无争议的文化运动，如地火般在沉默的中国社会里四下蔓延着。

在这个有着特殊意义的春天里，陈独秀几乎每天都在箭杆胡同家中或是在米市胡同里会见学生。越来越多的学生像朝圣一样前来聆听陈独秀的教诲。从5月4日到6月8日，陈独秀在《每周评论》上发表了三十三篇《随感录》。他的铮铮名言至今听来仍令人动容：

世界文明发源地有二：一是科学研究室，一是监狱。我们青年要立志出了研究室就入监狱，出了监狱就入研究室，这才是人生最高尚优美的生活。从这两处发生的文明，才是真文明，才是有生命有价值的文明。

启蒙，需要持续的努力、开明社会人士的作为；而知识分子责无旁贷。因亲自散发与李大钊共同起草的《北京市民宣言》，陈独秀遭军警逮捕，正所谓"出了校门就入监狱"。在狱中，陈独秀慷慨激昂，毫无惧意。因为《新青年》传播思想的威力，陈独秀名声远扬，北洋军警投鼠忌器，最终还是释放了陈独秀。

岁月已逝，慷慨不再。我们悠然怀想着前辈们古风卓然的风采，怀想着那个狂飙突进的革命的时代。在那样一种精神氛围中，几乎每一个人都是有担当的大写的人。他们突破了传统的文化模式，思想文化领域里的很多旧有事物，都被连根拔起。

那样一个时期，一定也是"五四"作家们最富有青春感受的时光吧。

"五四运动"爆发时，鲁迅先生并没有在北大任教，他当时在教育部担任一个小官员，然而，他那些惊世文章已经在学生中间慢慢传播开来。而对于他自己，政治上的抗议逐渐上升到社会文化层面的批判。在1919年5月4日以前，鲁迅在《新青年》上发表的文章一共有三十一篇，其中包括《狂人日记》《孔乙己》《药》《我之节烈观》等。他终日奋笔疾书，抨击封建礼教、传播先进思想和提倡个性解放，这些文字几乎都是在他南半截胡同7号的寓所里完成的。他指出了中国的问题不仅是国家积弱而招致列强欺凌，更在于几千年的"人肉筵宴""好监狱"和"好屠宰场"。他的着眼点也不再从国家和民族从发，他关心的是人，他敏感的词汇是"吃人的礼教""奴隶的国度""非人的道德"；他一心创造的新文学，也是一种"人的文学"。

南半截胡同7号过去是绍兴会馆，鲁迅1912年5月到北京后就搬到这里居住，他在这里住了将近八年。会馆基本保存完好，当年鲁迅就住在这里面的"藤花馆"里，后来又搬到南院的"朴树书屋"。在"朴树书屋"北屋，"鲁迅"这个名字第一次出现在世人面前。5月4日当晚，鲁迅和孙伏园在这里会面，亲身参加了游行的孙伏园把运动情况告之鲁迅，鲁迅也时刻关注着这场运动的发展。"还是站在沙漠上，看看飞沙走石，乐则大笑，悲则大叫，愤则大骂，即使被沙砾打得遍身粗糙，头破血流，而时时抚摩身上的凝血，觉得若有花纹，也未必不及跟着中国的文士们去陪莎士比亚吃黄油面包之有趣。"站在鲁迅故居门口，回想着这黑色箴言般的文字，我们会与风雷激荡的"五四"魂魄猛然相遇。

在历史的宏大画卷里，"五四"是一条大河，支流众多。由于来自不同的源头并流经不同的地域，它们便各以不同的流向与流速，互相融汇，互相冲突，合成一个洪波涌起的时代。

"五四运动"不仅是一种理论、几场骚乱、若干激动人心的口号，不仅是慷慨激昂的报纸杂志和漫天飞舞的传单。在现代意识的烛照之下，晚清至"五四"一代的启蒙先贤们如严复、梁启超、陈独秀、鲁迅、胡适等，这些中国知识分子分别历经洋务时期的自强运动、甲午战败后的戊戌变法以及民国新成立后的共和实验，有了越来越明确的文明的自觉。

让我们回到本文开头提到的红楼，目送学生们出发吧。

5月4日下午1时半左右，北京大学的学生们冲破北洋政府军警设置的重重阻隔，终于抵达天安门前的广场。

斯时斯地，口号如风、旗帜如海……

北京：当历史成为地理

湖广会馆之朝歌暮弦

　　湖广会馆的故事，就像是晚近中国的一个缩影，人们在历史的戏剧性跌宕中苦苦挣扎，不断幻灭，却总会在铿锵鼓点或低吟浅唱中，重新拉起人生的大幕，从不放弃最后的希望。

　　正是初冬时节，午后的阳光暖暖的，照在湖广会馆的飞檐上，泛出一种恍若隔世的淡然。穿过幽深的过厅，两边各有一个门洞，分别通往不同的方向，往右便是会馆的中院。院子里有两棵不大却古意拙然的槐树，透出一股穿越时光的沧桑。庭院里一片空寂，阳光把花木的剪影贴在地面上，异常清晰。往里走，却看见两只孔雀和一群鸽子悠闲地散着步，养鸽子的工人说："老宅子，养着它们添些活气儿。"

　　站在文昌阁对面的廊下四处打量，只见楼栏内侧并排竖立着一排梨园舞台使用的刀枪剑戟，似有金戈铁马之声锵锵而来。

西边的廊檐下悬挂着一串鲜艳的宫灯，打破了这里宁静的氛围，喧闹之声隐约传来，仔细一看，这里开了一家品位不俗的饭店。由于有了现代商业的介入，院落已经略显局促。唯有东边那道幽深高敞的长廊引人遐想，它曲曲弯弯地通向文昌阁背后的院落，仿佛远离了人间烟火。

湖广会馆的好，是一种不可言传的好，一种只有用心体会才品得出味道的好，一种有缘才感受得到的好。已经淡去的往事，忽然间都涌上心头来，我站在长廊的拐角处，半天没有挪动脚步，生怕我不小心弄出一丝声响，会惊醒在后院歇息的风雨故人。

湖广会馆，难道它真的不复当年气象了吗？

然而，到了夜晚，这里却是另外一番景象。每晚的7时30分，或者是双休日的白天，会馆的戏楼子里总是人头攒动。掀开写着"出将""入相"二字的门帘，舞台上鼓点一阵紧似一阵，"力拔山兮气盖世"的英雄正与心爱的美人生离死别，虞姬舞动几米长的水袖，本应是柔情万种，却将整个舞台舞得刀光剑影。

北京的南城被认为是京剧的发源地，其中会馆在里面起的作用可以说是举足轻重。明清时期北京的会馆中就有十七个建有大小不等的戏楼，其中正乙祠、湖广会馆、安徽会馆、平阳会馆的戏楼并称为"四大戏楼"。会馆成了各地方剧种的展示场所，"长安会馆知多少，处处歌筵占绍兴"，各种戏剧的交流和融合，促成了京剧的诞生。程长庚、谭鑫培、王瑶卿、杨小楼、余叔岩、姜妙香、梅兰芳等京剧大师行走于各大会馆的戏楼里，成为北京南城的文化盛事。现在北京的会馆保留下戏楼的只有三处了，它们是湖广会馆、安徽会馆、平阳会馆。

而现在，戏台上锣鼓铿锵，演员们服饰华丽，唱念俱佳，令人赏心悦目。台上如泣如诉，台下掌声雷动。在高悬着"霓裳同咏"匾额的戏台子上，一出《霸王别姬》正在上演，铿锵的鼓点和峭拔的唱腔声震屋瓦。

在这样一个车水马龙、高楼林立的现代化国际大都市里，这似乎已经是陈年旧事了，然而，这一幕真真实实地上演着，那些老北京的风情旧物，那些行云流水的梨园曲话，让人恍惚回到了"气象万千，宛在洞庭云梦；宫商一片，依旧白雪阳春"的那个年代。

湖广会馆是一个屡屡被人提及的名字。这是一个足以令人产生诸多联想的地方，当然不是因为那些曾经来来去去的大人物，而是因为它曾经产生过的文化影响。它从诞生以来，就与许多历史文化名人和相关事件联系在了一起，虽然它最初的功能，只是为进京赶考的举人和士子们提供一个栖身之处。

北京会馆的出现与科举制度相关，最初的目的无非是给家乡进京的举子提供一些必要的方便，因为各省进京赶考的士子们不管是金榜题名，还是名落孙山，都要面临一个很现实的问题：吃和住。许多人囊中羞涩，只好四处寻找最便宜的旅店，在应试的巨大压力之外，受尽了世人的冷遇和白眼。有些落榜者由于身无分文，根本无法回乡，又心有不甘，只好流落京城，以待来年再考。由于生活无着，有些人甚至沦为了乞丐。而那些一朝高中的人，深知士子们的艰辛，于是便想出建会馆这样一个办法来帮助他们。他们或出资捐办，或捐出住宅，很多时

湖广会馆之朝歌暮弦

候还要靠商人资助。通过多方努力，以接待举子考试为主的馆舍建成了。这样的会馆是以省、地区来划分的，尽的是同乡之谊。渐渐地，会馆还兼有了省或地区驻京联络处的功能。后来，人们逐渐开发出会馆的其他隐性功能——联络京官、培养官员和商界的感情、栽培本地举人当官，等等。到了清朝，北京会馆更是遍地开花，基本上全国各府县都有。

不过，由于清廷实行"旗汉分治"的政策，会馆大多只能建在外城。湖广会馆就位于北京城南宣武区的虎坊桥。当年的两湖举人经涿州，过卢沟桥，进广安门，风尘仆仆地赶赴这里，希望实现他们一朝登科、仕途无量的梦想。

湖广会馆是在原全楚会馆的基础上建立起来的。算起来，那应该是清朝嘉庆十二年（1807）的事情。那一年的冬天，湖南长沙人刘权之偕同湖北黄冈人李均简，一起推开了这扇朱漆大门。为了光耀桑梓，联络南北乡谊，他们将全楚会馆翻修扩建，并更名为"湖广会馆"，以接纳湘鄂两省来京赶考的举子。相传文昌君是主管人间禄籍考试命运的神，所以，湖广会馆里建有一座文昌阁，而文昌君的牌位也一直保留至今。

不论你是功成名就的高官，还是第一次出门在外求取功名的书生，如果你不是生于斯长于斯的北京人，你就是一个外乡人，心中永远有对故乡挥之不去的思念和眷恋。所以，会馆就是这些外乡人最好的精神安慰。在会馆里，听的是乡音，念的是乡情，游子飘零的心似乎有了归依。

有的会馆还成为游子们最后的安息之地。当有人客死北京的时候，会馆里的同乡会替他收拾尸骨，将他葬在会馆设立的义园里，并有专人为其守墓祭扫。有的人会被家乡的亲人接回故乡安葬，有的则长眠于此，虽不能魂归故里，却也不至于成为孤魂野鬼。

由于实力各不相同，会馆也有大有小。有的富丽堂皇，有的简陋寒酸；有的经久不衰，有的自生自灭。而湖广会馆则是其中的佼佼者。首先，它有着古朴典雅的外观，结构宏大，楼阁高敞。内则雕梁画栋，磨砖对缝青水墙，颇具王府之风。再者，这是一块不可多得的风水宝地，有多少状元、进士在这里进进出出，有多少雅士名流为它增光添彩，并将这种光芒一直延续到了今天。

湖广会馆的建筑格局较一般的会馆复杂。建筑样式延续了清代以来的古典之风，主楼甚为宏大，楼阁高敞，偏院曲折，戏楼为主，厅堂隐蔽，其布局之典雅别致，在北京的各类会馆中堪称翘楚。中有文昌阁，前有大戏楼，后有宝善堂供会议之用，有楚畹堂可供宴饮，还有一处供会客用的风雨怀人馆。下一进便是竹木成荫、笼雀啁啾的花廊。

乡贤祠是院中最显眼的所在，这里原本陈列了众多湘籍要人的匾额，光是状元、榜眼、探花匾就有三十一块之多，还有熊赐履、叶名琛、曾国藩、左宗棠的大学士匾，曾国荃的封爵士匾，等等。可以想见，当年的湖广会馆里真的是"谈笑有鸿儒，往来无白丁"。如今，乡贤祠已被辟为北京戏曲博物馆，收集了一些梨园旧物供游客参观。

在会馆初成之时，旅居北京的两湖地区的大员商贾，喜欢把这里当作固定的正月团拜和聚会之所。遥想当年，这里名伶大腕云集，日日笙歌，觥筹交错。最早让湖广会馆名震天下的是曾国藩。1871年，湘人曾国藩在这里庆祝了他的六十大寿。由于他在清廷中举足轻重的地位，祝寿的场面可谓盛况空前。这个脾气古怪的老头子大概觉得，只有在这里才会"宛在洞庭云梦"，才能一解难以言说的思乡之愁。这也是以曾国藩为代表的湘派政治势力的一次大检阅，足以让朝廷上下汗颜。

在会馆的戏楼里，曾国藩沉吟良久，终于写下这副气势恢宏的戏楼楹联：

魏阙共朝宗气象万千宛在洞庭云梦
康衢偕舞蹈宫商一片依旧白雪阳春

曾国藩第二年便去世了，湖广会馆却因了他的名声而进入了鼎盛时期。一时间会议和宴请活动不断，除了曾国藩那场声势浩大的六十寿宴以外，1908年的留学生考试和团拜宴会也在这里举行。

另外，湖广会馆也见证了中国近代史上几个重要的历史时刻，那些叱咤风云的历史人物都在这里粉墨登场。1900年八国联军入侵北京时，美军曾以此为司令部；1912年8月，孙中山在此召开了国民党成立大会，期间还发生了宋教仁被打事件；民国五年（1916），梁启超曾在此演讲宪法纲领。

下面详述国民党成立大会的情况。1912年8月25日上午，孙中山先生来到湖广会馆，出席了各界群众为他举行的欢迎会。那天的情形被十九岁的《民国报》记者梁漱溟如实记录下来："男女各界皆欢欣鼓舞，争以一瞻伟人颜色为快，故到会者三千人，为从来未有。"孙中山操着浓重的广东口音发表了演讲："……今专制业已推翻，破坏之局已终，建设之局伊始。然以二者相较，破坏易，建设难。易者既赖全国同胞相助，则难者更当欲全国同胞相助，庶可巩固此中华民国也。"同一天下午，孙中山再度造访湖广会馆，参加同盟会和统一共和党等多党派合并成立国民党的大会。

大会期间，还发生了一件让人哭笑不得的事情。宋教仁宣读国民党党纲时，由于党纲中没有"男女平权"这一条，在场的几员女将——同盟会会员唐群英、沈佩贞等人怒气冲冲，围着宋教仁严词诘问，其中一人更是出其不意，一把抓住宋教仁的头发，左右开弓，打了他几个嘴巴，整个会场一片大乱。宋教仁捂着脸匆匆退场，孙中山走上舞台（会场设在戏楼里），作《解决民生问题》的报告。为了稳定会场秩序，保证国民党理事会的选举不出差错，主持人在孙中山每次准备结束演讲时，都揪揪他的衣服暗示他继续讲下去，以便有足够的计票时间。这一切都被初出茅庐的梁漱溟看在眼里。

在梁漱溟的笔下，这种历史性的时刻生动有趣，且令人难忘。湖广会馆的故事，也像是晚近中国的一个缩影。

当那些壮怀激烈的名士大家的身影渐行渐远，当历史的潮水一波一波地涌起又退却，栉风沐雨的湖广会馆依然挺立着，身姿依旧巍峨挺拔，并在后人陆续的修葺和完善中，承载起新的职能，成为北京戏曲博物馆。而那个饱经沧桑的戏楼，也翻开了京剧史上崭新的一页，成了京剧票友们听戏、品戏、交流的好地方。

　　湖广会馆的戏楼上演了一出出人间喜剧，而作为一家戏楼，这里的舞台也曾是好戏连台。作为当年的四大会馆戏楼之一，只有这里至今保存完好，并且长年有京剧演出。湖广会馆的戏楼为方形开放式，有围栏相护，三面两层，可容纳千人。在戏楼内部，除了看池外，还设置了两层包厢，从两侧铺着猩红丝绒地毯的楼梯上去，共有十二个包厢，拱卫着戏台的东、西、北三个方向。戏台四角的廊柱挺直高拔，支撑着上面的流苏雕饰，倾泻出逼人的气势。在"霓裳同咏"的匾额之下，由金色丝缎绣制的五彩龙凤戏珠，以及象征如意吉祥的牡丹和蝙蝠图案，精美绝伦又意趣横生。看池中的仿古硬木家具古色古香，其间错落有致地摆放着茶几，在幽暗的灯光下反射着猩红的光泽。那些为看客使用的椅子，都是呈品字形摆放的，为的是不至于相互阻挡视线。

　　从清末到民国，是京剧艺术的诞生期和成长期。当年，谭鑫培、王瑶卿、杨小楼、梅兰芳等京剧大师常在这座戏楼里演出，台下常常是座无虚席，叫好声不断。这个名伶聚集的戏楼，如今在白天通常是闲着的，到了夜幕降临时，锣声响，鼓点起，出将入相的戏剧人生重又开演。一样是你方唱罢我登场，一样是台上行云流水台下低吟浅唱，不一样的，却是滚滚流逝的红尘岁月。

北京：当历史成为地理

菜市口：刑场背后的历史

寒风从北方燕山山口呼啸而来，掠过庞大的紫禁城，在午门上空盘旋片刻，忽地直扑下来。风声中似乎夹杂着看客们的人声鼓噪，乱云慢慢撕裂，渗出一丝血色的黄昏……

铜号声一响，缄默的北京城仿佛在瞬间有了知觉。手执长枪的兵丁，将菜市口刑场密密匝匝地围住，几辆囚车辚辚地推过来了。不用士兵吆喝，摊贩们纷纷闪避，让出城门下那一块空空荡荡的地坪，任蝴蝶在那里翻飞嬉舞。因为人们已有经验，有些死囚性子烈，死到临头还要发点脾气，一路上把货摊哗啦啦踢个遍。

刽子手是个好把式，动刀前不用喝酒壮胆，下刀时也不大声念咒，自己身上干干净净，从不曾沾一滴血。他不用板刀，只用拐子刀，每次刀口朝外，刀刃阴冷灼亮如同一道阴鸷的眼神。听到行刑官下令，便从死囚身后抄上去，横肘一抹，刀光闪烁处人头落地，动作轻捷利落，旁人还来不及看清刀下奥秘，他的差事就已经完成。要是他事先得了死者亲属的银钱，自然会在刀下做点手脚，横肘一抹时看似威猛，刀却极有分寸地暗暗带住，大致能让死者的头颅和身躯连在一起，这叫留一个全尸。

天空突然下起了大雨，雨水顷刻之间就将这片血腥之地搅得更加凄迷。然而那些看客们，依旧忠实地围观着，带着一饱眼福的急切，带着一点难以言说的幸灾乐祸或者说莫名的亢奋情绪，还是一直等到人头被挂上一二十米高的木桩上。人头像一架粗大而残破的风筝拍打着厚实冰冷的城墙，发出断断续续的沉闷的声响。在寂然无声仰面观望的人群头顶，这一下下漫无目的的撞击显得摧心摄魄。拖罪犯的囚车吱吱呀呀地消失在胡同尽头，看客们才意犹未尽地渐渐散去。被杀者恐惧的眼神、绝望的哀号、痛苦的抽搐，足以使他们乏味的生活获得短暂的满足和快感。

这就是菜市口——它是监狱的延伸，是一个有着特殊历史记忆的地方。"刑人于市，与众弃之"；它在阴冷的沉默中昭示世人：不合法度，便是这个下场。这个浸透鲜血的路口，曾有过冷酷环境中人的生存状态：即使在文明曙光初现的社会里，还闪现出茹毛饮血的蛮风。菜市口处死犯人的影像，让我们产生了彻骨的冰冷感，仿佛回到了 11 世纪的包龙图时代。

古时的北京，有三个砍头行刑的地方：元朝的柴市口（今东城区交道口），明朝的西市（今西城区西四）和清朝的菜市口。

每年过了秋分，朝廷就对犯了死罪的囚犯开刀问斩。杀头是对犯罪者的惩罚，是对尚无事可犯的人的震慑，更是统治者精心设计的比祭祀还要庄重的一种仪式。

尽管菜市口以"秋决"闻名于世，但把菜市口说成是刑场的代名词，却未免有些言之不公。这一带在明代甚至上溯到金朝，在北京城里也是一个繁华兴旺之地，附近还有法源寺、报国寺等古寺名刹，香火一度非常旺盛。菜市口周边分布着许许多多的名人故居。吴梅村、龚自珍、林则徐、张之洞、康有为、谭嗣同、邵飘萍等都在菜市口附近留下了生活的轨迹。旧民主主义革命的领袖孙中山先生和新民主主义革命的元老李大钊先生，也曾在这里生活和工作过。20世纪30年代，这里常有鸿生大儒出没其间，许钦文先生就曾写下《菜市口》一文，他说，他每每同孙伏园在月下从公用库走到菜市口，互相道一声："明天见！"孙先生进丞相胡同看校样，他则回绍兴会馆写稿。虽然他们出入的是穷街陋巷，但他们的馨德却是可以烛照后世的。

中国人对菜市口最初的了解，大多来自历史书上对于"辛酉事变"中"戊戌六君子"行刑的描述，菜市口的知名度随着这段历史而水涨船高，地名借着人名而传播四方。

人间总有悲剧，悲剧的意义不同。有的冤沉大海，有的变成了"人血馒头"，有的能"一石激起千层浪"，有的甚至直接成为历史的新起点、危机的导火索……

要预测历史趋势，可以看一场悲剧过后的社会反应——如果看客如云、人心似冰，则那些习以为常的悲剧，很可能只是一场浩劫的先兆；如果世论如刀，密如雨点般扎向那悲剧的制造者，则那些猝不及防的悲剧，或许也就是悲剧的谢幕。

在高度集权的黑暗时代，即使只是删枝疏叶的改革，也是权术和力量的殊死较量，它的艰难性使得历史上几乎所有的改革家都头破血流、身败名裂。当守旧的清朝统治者向维新志士们举起屠刀的时候，谭嗣同戴着枷锁，在槛车里向围观者大声呼吁："有心杀贼，无力回天、死得其所，快哉快哉！"他有过畏惧，最终却没有和专制同流合污、助纣为虐，也没有消沉或屈服，死亡的路口最终磨炼了他的坚强与伟岸。菜市口的雷鸣电闪撕破了黑暗王国的铁幕，成为报道破晓的一声惊世春雷。

六君子在菜市口的遇难曾被时人记录下来，有一位名叫唐照青的刑部官员目睹了六君子在菜市口的行刑场面，唐虽为清廷做事，言辞之中却有讴歌六君子之意，他在诗中把六君子临刑前的动作神情描摹得格外真切："林君最年少，含笑口微哝。谭子气为降，余怒冲冠发。二杨默无言，俯仰但蹙额。刘子木讷人，忽发大声诘……"

这一幕发生在 1898 年 9 月 28 日下午 4 点左右。这场悲天撼地的戏剧结束在日暮时分。在那最最激动人心的演出之后，所有的场景都变得平淡无奇。

血色残阳已经远去，然而，菜市口却永远地留在了历史和中国人的记忆中。不过，菜市口作为刑场的历史很快就终结了，六君子的死也为腐朽衰颓的清朝敲响了丧钟。1911 年，辛亥革命成功以后，随着清朝的彻底覆亡，菜市口不再作为法场使用，成了北京南城一处热闹繁华的街市。

菜市口位于宣武门正南，是一个矗立着广告牌、红绿灯、交通岗亭的十字路口，同北京城的众多十字路口一样，根本看不出任何异样。作为大清王朝斩首示众的刑场遗址，它并没有留下任何可供查考的踪迹。据说城门的吊桥西侧曾立一石碣，上刻"后悔迟"三字。今天的人们对于当年"我自横刀向天笑"的谭嗣同抛洒热血的地点何在早就没有兴趣，没有任何标志，也就谈不上纪念了。唯有那家百年老店"西鹤年堂"还在，这家中药店的店名由明代权臣严嵩题写，金碧辉煌的四个大字倒可算是菜市口的标志了。

"西鹤年堂"位于菜市口街北，在清代，每当处决犯人时，这家老药铺因其特殊的地理位置，便有了特殊的功用。药铺的门口一侧是监斩官的席位，死囚要在此"验明正身"，由监斩官朱笔一挥，刽子手便开刀问斩。每次执行公务的时候，监斩官照例都要在"西鹤年堂"坐一坐，稍事休息，再升座行刑。监斩官的座位很高，上面搭着席棚，监斩官所用的笔通常称为"朱笔"，用的是红墨。朱笔除了在即将被处决的犯人的名字上面打勾之外，犯人被砍头之后，监斩官还要按例在犯人头上点上一点，所以，一个犯人单用一支朱笔。传说这种笔可以压邪驱魔，于是，总有许多人纷纷出大价钱买下一支朱笔。这样一来，无形中为刽子手和差役们开辟了一条生财之道。

菜市口究竟杀过多少人，没有人说得清。但可以想象，那些有名的、无名的死者，他们的鲜血无声地流淌，早已把菜市口的黄土浸透了。据老一辈的北京人讲，只要是连着阴天，一下阴过十天半个月，阴曹地府的冤魂就会从挨刀断首的地方冒出来喊冤叫屈。而且还有"走单不走双"的说法，也就是说，

菜市口：刑场背后的历史

鬼魂们会拣个单日子出来走动。所以，每逢阴天，路过菜市口的时候，大家的心里就瘆得慌，头皮直发麻。天刚一擦黑，人们就远远地绕道而行，以免被菜市口的冤鬼缠身。

"适过菜市口，值秋决，刑人于市，阻不得进。"（清和邦额《夜谭随录》）每逢秋决，死刑犯被跌跌撞撞地押解出来，一般是走宣武门，戴枷上镣地押送着走向刑场，一路上被人围观，过闹市时常常会造成交通堵塞——看杀人比看杂耍要过瘾多了。

在清朝，京城的老百姓把秋决称为"出红差"，对于提刀行刑者如此，而对于围观看热闹者也是如此。之所以称为"红差"，盖因砍头时必然血染黄土，可谓"红"字当头，监斩官对死刑犯当场验明正身，便红笔一勾，把罪犯的名字从人世间抹去，这又是一"红"。这"出红差"一说，中国人的智能尽在其中了。

刽子手"出红差"是他的职业，他也讲究职业技能。讲究的是落刀的劲道和落刀的点，要落在颈椎关节的衔接处，分毫不差。而在头落之时，鲜血必将喷涌而出，就在这个当口，刽子手要顺势一脚将尸身轻轻踢倒，血向别的方向喷溅，刽子手身上则不落下一星半点。这功夫不是一朝一夕所能练就的。再说那些围观者，按说杀人见血是最不吉利的事，中国人凡事都得图个吉利，但百姓们却乐此不疲，还美其名曰"出红差"，似乎看杀人也是个不错的差使，图的就是个乐子。菜市口每每"出红差"，每次都是观者如云，挤得水泄不通，就像20世纪六七十年代看露天电影，还得早早地占好座位，晚去了就看不真切。

菜市口之所以出名，也和那些"名人"有关。名人之死所引起的轰动是空前的，除了前面说过的"六君子"之外，还有此前的清廷重臣肃顺。肃顺被朝廷查办，最终被判菜市口斩首，这在当时轰动了全国，京城的老百姓更是奔走相告。肃顺下马的原因有些复杂，而对于京城的老百姓来说，由于遭受了英法联军的掳掠，他们对朝廷早已是满腹怨怒了。于是，他们把所有的账都记到了肃顺头上。朝廷要杀大官，百姓们恨不能食其肉，寝其皮。在肃顺被处死的当天，从宣武门到菜市口的街道两旁挤满了狂暴的民众，就连街道两侧的茶楼酒肆也都人满为患，但人们早就坐不住了，纷纷踩着桌子、椅子翘首张望，那样热闹的场面真可算得上是盛况空前了。

在菜市口，还发生过一件更为奇绝的事情。那件事发生在雍正三年冬天，事件的主人公是一位名叫汪景祺的文人，而事件的总导演正是那位阴森可怖的雍正皇帝。

菜市口那时候还是叫"弃市"，汪景祺马上就要被弃市了，他本来没有什么大罪，只是一个有些名气的文人而已，千不该万不该去给年羹尧当什么幕僚。这年羹尧可是雍正皇帝的眼中钉肉中刺，这样一来，汪景祺在雍正眼里可是罪大恶极了。

对于京城的官员百姓来说，杀个汪景祺算不了什么，无非让大家感慨一番生死有命，庆幸自己苟活于世罢了。却不料雍正玩出了新花样。正要开刀问斩，雍正派人送来了手谕，上面批有"立斩枭示"字样。"示"就是示众的意思，不是游街示众，而是把砍下来的头颅挂在菜市口示众。

汪景祺的脑袋就这样一直挂到了雍正驾崩。经受了十年的日晒雨淋，这颗头颅早已不成样子。但不知雍正忘了，还是压根不想让它入土为安，也没有人再敢提起这件事。直到雍正去世，实在看不下去的御史孙国玺才向乾隆上书陈情："京师为首善之区，菜市口又京师之达道，枯骨中途，髑髅上悬，不惟有碍观瞻，且不便牵车服贾之辐辏，亦有碍商旅行贩之交通……"至此，这颗腐烂朽毁、形质不存的头颅才得以择地掩埋，归于黄土。

既然有着这么久远的历史，又专事这么残酷的营生，还有许多名人为它扬名，菜市口也称得上是古都一绝了。所以，这个毫不起眼的丁字街口，借着处决犯人的血腥场面而闻名全国，逐渐成为世人对政治风浪戒惧心理的一个象征，就像英国伦敦塔桥旁的那座恶名昭著的监狱一样。

如今这一切已经离我们远去，取而代之的是拔地而起的高楼，车水马龙的街市和熙来攘往的人群。菜市口，被一座以出售黄金而著称的百货大楼赋予了新的名声，宣武门的城楼也不存在了，但我们仿佛还能时常看到那有着相同面目的麻木看客，也时常听见那一声中气十足的喊杀声：杀人喽！冥冥之中又传来众人的齐声喝彩：好咧——

北京：当历史成为地理

沧海月明珠有泪：解读法源寺

即使今天，在外地的春天里，偶然的触景生情会想起法源寺，我依然无法忘记它那悲怆的气息。记忆，常常是以气息的形式存在的，它甚至比其他任何感觉都更加顽固和准确……

在我的想象里，法源寺有一种挥之不去的忧郁气息。这种气息仿佛是从秋日里生长起来的，即使是在晴朗的天空下，我还是能够感到阳光变得不再温暖，还有随之而来风声中携带的肃杀和萧疏。从菜市口附近的七井胡同往北走，看见胡同内两旁的国槐树黄叶飘落，前方道路一转，小巷矮房中突然现出一座朱红色的山门，将你从玄想中唤醒，告诉你：法源寺到了。

和大多数人一样，我常把它当成公园来玩。北京的很多胜地都太喧哗，嘈杂，烟火气重，地方再好，也就没多大意思了，不宜游玩和痴坐。而法源寺则不同。法源寺除了空旷之外，就是那让人有些不安的——静。

我喜欢法源寺里的空气，清新里含着一丝不易察觉的冷峻。我喜欢它门前的轩豁，也惊讶它里面的幽静，一种沉沉的气场，仿佛正静静地凝结在空气之中，虽离菜市口只有一步之遥，这里却恍若隔世一般，有种超尘拔俗之气，那一瞬间的诧异感受，从此在记忆里沉积下来，演变成了日久年深的想象。

北京寺庙的名字，柏林寺、普济寺、广化寺、宝禅寺、妙应寺、广济寺、崇效寺、龙树寺、龙泉寺，等等，大都没有悲怆的意味，嵩祝寺、瑞应寺、大庆寿寺、延寿寺，等等，甚至还洋溢着一片喜气。只有悯忠寺，也就是这个法源寺，它一开始，就表露了阴郁与苍茫。曾阅史书，历史重重迷雾间，依稀还可见一个悲怆沉重的法源寺，观今鉴古，昭告方来。

贞观十九年（645），唐朝正处在如日中天的辉煌时期，太宗挟开国之盛势，击突厥、收西域，兵锋所向，众夷无不宾服。在少数民族领袖们一片"天可汗"的颂扬声中，一个空前广大的大唐帝国的版图在他的脑海中渐渐浮现。但是就在此时，朝鲜半岛与唐交好的新罗遣使入朝，称百济与高丽联合进军新罗，欲断绝新罗与唐的交流通道。唐太宗发书命高丽、百济立即停止进攻，否则大唐将发兵攻打，但当时高丽弑主专权的渊盖苏文并不理会警告，为了树立威信，为子孙免除后患，唐太宗不顾群臣劝阻，亲率大军出征朝鲜半岛。

这一年4月，当各路大军集结于幽州蓟城，也就是今天的北京时，唐太宗下令大飨六军，召开誓师大会。这时的唐太宗可谓踌躇满志，大唐军队所向无敌，麾下众将骁勇善战，小小一个朝鲜半岛算得了什么？肯定会一鼓而荡平之。

谁想事态的发展并不像唐太宗李世民想的那么顺利，高丽举国动员，聚集了十五万人，双方展开了恶战。最后高丽决定死守不战，同时坚壁清野，将几百里内断绝人烟，使唐朝军队无法就地取得补给。就这样，双方进入了僵持期。

太宗一生建功立业，从未遭遇过如此困境。但面对现实，他仍然做出了一个明智的决定：撤军。

9月，大军开始撤退。经过三个月的长途跋涉，11月，军队撤回到了幽州（今北京）。此时所余的人马，只有出发时的五分之一了。天降大雪，将士们衣衫褴褛，饥寒交迫。

对这一场充满了凄风苦雨的战事，李世民心里充满了厌弃与哀伤。这一年里，征高丽几乎是他全部生活的中心，他的一切抱负都寄托在这座辉煌的楼阁之中；但当他最终发现，那只不过是一座空中楼阁而且正在无情地坍塌时，他的双肩又无力把它撑住。

回想出师之时青山绿水之间，大军气势如虹的盛况，唐太宗不由百感交集，他"深悯忠义之士殁于戎事"，为了让阵亡将士的亡魂早日超升，安抚他们的亲人，唐太宗下令收集阵亡将士的遗骸，将他们安葬在誓师旧地，名曰"哀忠墓"；并在这个誓师旧地建造一座庙宇，以超度这些客死他乡的为国尽忠的亡魂。

佛寺还没建好，唐太宗就在抑郁中撒手人寰，以后的皇帝秉承他的遗愿，历经五十一年，中间经高宗朝，直至武后万岁通天元年（696）方始建成。

寺已建成，何以命名呢？武则天是个颇有才情的女皇帝，她大笔一挥，赐下"悯忠"二字。于是悯忠寺，也就是后来的法源寺，从建成的那天起，与生俱来带有悲怆气息。

悯忠寺建成五十多年后，就被范阳节度使安禄山改名为顺天寺，之后不久安禄山就发动了叛乱。

"渔阳鞞鼓动地来，惊破霓裳羽衣曲。"公元755年11月，胡人安禄山叛唐，在此称燕帝，以蓟为燕京。他乘着铁甲战车，率领步骑精锐大举进军，烟尘千里，鼓声震地。二十万叛军势如破竹，河北州县望风而降，大唐国土遍燃战火。这一年不仅是天宝盛世的转折点，也是大唐历史由强盛走向衰落的分界线。

两年之后，刚攻陷长安的安禄山就死在自己儿子安庆绪的手上。当时安禄山的部将史思明正在顺天寺的西南隅建造一座"天垢净光宝塔"，为安禄山称帝和定都幽州祈福。塔前立碑，由功曹参军张不矜撰文，名《无垢净光宝塔颂》，名书法家苏灵芝书写。不料安禄山突然被杀，史思明只好降唐，赶紧把刻好的碑文磨平后重刻，声称此塔是为唐肃宗李亨继位建造的。苏灵芝的书法太好了，后人不忍弃之，遂保留了下来，成为一件难得的见证过安史之乱的文物。现在碑文上还能看到"范阳郡""史思明""大唐"之类的字样，和旁边的字体深浅不一，是当年被磨过的痕迹。

安史之乱后，寺庙又恢复了它原来的名字——悯忠寺。无垢净光宝塔今天已经不复存在了，只留下这块历史上独一无二的石碑。这块法源寺最古老的石碑，已经有一千二百多年的历史了。

北京：当历史成为地理

又过了近百年，唐武宗李炎发动"会昌法难"。有四万多座寺庙被拆毁，二十六万僧人被强迫还俗，唯有悯忠寺躲过了这场灾难。应该是唐武宗考虑到太宗缅怀忠烈的建寺初衷吧！它以忠义之名得以延续长存。

在灭佛运动中躲过一劫，悯忠寺却在三十七年后的一场大火中烟消云散。忠也好，奸也好，如同前朝的一个遗梦，被这场大火烧得了无痕迹，落了个"好一片白茫茫大地真干净"。

悯忠寺被夷为平地，原寺烧黑了的残砖断瓦默默地承受着大自然的风霜雨雪。十年之后，即唐昭宗景福初年（892年正月至893年十二月），幽州卢龙军节度使李匡威捐出俸禄，在悯忠寺的遗址上重加修建，并在大殿后面盖起一座宽七间、高三层的观音阁，内中供奉着一尊白衣观音像。这尊观音像如此高大，以至于人们得爬到第三层阁的时候，才能看到她的面部表情。

元熊梦祥的《析津志》因此感叹说，"此佛此阁，自古无匹"，可以想见当时佛像与阁之瑰伟。从二塔之废基里，还挖出了佛舍利子，李匡威命人将其一并埋藏在观音像前。

此次重修，借观音阁之壮伟，抹去了悯忠寺初建时的悲怆气氛，它转而成为一个正宗的、辉煌壮丽的佛教大伽蓝，威严中透着一股人情味。

公元897年，节度使刘仁恭又发心捐建了悯忠寺内之高塔。远远望去，崇楼高阁，夕阳塔影，悯忠寺依稀又呈现出盛唐时的风貌。

辽代大约是悯忠寺最兴盛煊赫的时期。辽王朝将幽州升为陪都，称析津府，又称燕京。辽王朝在燕京大兴土木，修建了一座新城。悯忠寺被围在新城内，位于新城的东侧。历代辽国帝后都崇信佛教，热衷于拜佛敬僧之事。悯忠寺因为历史悠久和地位崇高而成为辽代帝后常去的道场之一。他们在寺中听经礼佛，斋僧布道，并常常捐资对悯忠寺进行修葺或局部改建。当时的北宋使臣到燕京，往往会安排他们参观悯忠寺，有时甚至在寺内设行馆下榻，可以想见当时寺内的建筑是多么壮观精洁。

公元12世纪，金灭辽。金朝政府在辽代的燕京城外，加盖了一个四倍大的外城，将旧燕京城套在里面。这个时候的悯忠寺在金朝的新城里，位置偏向东南。金朝对悯忠寺的布局和建筑没有做什么大的变动，基本上维持着辽大安年间重修时的样子。

女真人的异军突起，使得曾欲将"大悯忠寺"与"大相国寺"一比高低的辽宋两国皇帝，从南面尊而变成了阶下囚，双双被囚禁在了悯忠寺，从对立的敌人变成了同病相怜的狱友。

这两位皇帝就是宋钦宗赵桓和辽天祚帝耶律延禧。金主完颜亮出于一种胜利者的恶作剧心理，将被自己俘虏的辽宋两位皇帝关在一起，作为羞辱取乐的对象。

这天，完颜亮心血来潮，命部将举行马球比赛，让两位废帝也来参加。宋朝出于面子上的考虑，对于靖康之耻有个厚脸皮的说法叫"徽钦北狩"，可惜这位文弱的钦宗皇帝连狩猎的基本要求——骑马都不熟练，开赛不久便从马背上摔了下来，被乱马践踏至死。辽天祚帝虽然已经八十一岁，但契丹的骑射传统使他的身体依然健康，瞅准空隙策马狂奔，企图突出重围，却被众将乱箭射死（一说是病死）。这两位亡国之君，就这样走到了人生的尽头。

钦宗死后一百多年，一位宋臣步先王后尘，也作为囚徒来到了悯忠寺，他就是著名的忠臣、《千家诗》的编选者谢枋得。谢枋得在抗元失败后隐居民间，面对元政府高官厚禄诱惑不为所动，被拘捕押往燕京。

腥膻遍地的现实，报国无门的块垒，都被他强纳于心底。纵然有清风明月，也难解他的愤懑不平。厚厚的冰雪覆盖了肮脏的世道，人间再没有什么事物能驱散他心中对家国透骨的凉意。在从嘉兴北上的二十多天里，他一直以绝食相抗争，直到采石后才开始进食少量蔬菜水果，为的是见被关在燕京的谢太后和恭帝一面。到达燕京以后，他已经奄奄一息，衰弱不堪，元政府为了让他身体康复后为自己做官，就将他关在悯忠寺养。

在悯忠寺壁间，他读到了纪念东汉时孝女曹娥的石碑。谢枋得触景生情，他哭着说："曹娥一个小小的女子尚能如此，我岂能不如她！"从此，他对于法源寺寂静阳光中所蕴含的宿命，就有了足够的准备。

寺外非常安静，能听见鸟在天空清脆的啁啾。谢枋得又开始绝食，拒绝看病吃药，五天后终于去世，终年六十四岁。

与岳飞相似，谢枋得效忠的也是一个软弱的皇帝，宋恭帝先是被元军押着去劝降文天祥，后来又被打发往西藏出家，最后终于被赐死。与文天祥一样，谢枋得也是中国史上一座凝聚着民族气节的浮雕，他以一死铸成血与火的华章，成为在屈辱

265

岁月里的大器宏声。

明崇祯二年，皇太极率清朝大军入侵，兵锋直抵北京城下，名将袁崇焕率九千骑兵星夜驰援，在北京城外与清军大战数场，局面稍为安定，而就在这时，崇祯皇帝却中了皇太极的反间计，将袁崇焕拿下大狱。后来清军在袁崇焕所部为首的各路勤王军的打击下，撤出了长城一线，固执的崇祯皇帝却不愿承认自己的错误，诏告天下说清朝入寇纯系袁崇焕勾结所致，以里通外国、意图谋反等莫须有的罪名寸磔处死了袁崇焕。"寸磔"就是常说的"千刀万剐"，而袁崇焕死时承受的痛苦更胜于此，因为他还要承受人们的仇恨。《明季北略》中记载，愤怒的北京居民竟然在他被凌迟之际，蜂拥而上，抢食他的血肉！

袁崇焕被千刀万剐后，只剩一个人头是他身上唯一成形的东西——明王朝要留下他的人头传首九边示众。袁崇焕部下一位姓佘的义士冒着灭九族的危险盗出人头，运往悯忠寺。悯忠寺僧人深悯袁将军之忠义和命运之惨烈，冒死为袁将军作了超度法事，后来佘义士将袁崇焕遗体掩埋在自家后院，自此佘家世代为袁崇焕守墓，这一守就是三百多年。

至雍正皇帝时，悯忠寺迎来了中兴的日子。1735年，雍正帝命发国库之帑，重修悯忠寺。寺成雍正帝亲自临幸瞻礼，并赐名"法源寺"。

1780年，乾隆帝亲临法源寺降香，赐大雄宝殿"法海真源"匾额一块，并为大雄宝殿撰联云："慧雨曇云，清净契无为之旨；金乘珠藏，通明开不二之门。"在圣祖康熙题有"存诚"匾额的今悯忠台殿内，乾隆皇帝亦赐一额，曰"善灯普照"，此外还撰了一联，云："花雨静飘空色外，心珠长印摩尼中。"在这次临幸中，乾隆皇帝的兴致很好，赋诗一首，略述了法源寺的历史、最近两次的修葺、当时朝礼的情形：

> 最古燕京寺，由来称悯忠。
> 沧桑已阅久，因革率难穷。
> 名允"法源"称，实看象教崇。
> 甲寅刱雍正，戊戌葺乾隆。
> 是日落成庆，初春瞻礼躬。
> 所期资福力，寰宇屡绥丰。

清朝入关定都北京后，汉人只能住在南城，因此来科举的南方才子多在前门一带落脚，来法源寺聚会是方便又风雅的事。正是因为这个原因，法源寺在清朝末年成为"维新派"的重要活动场所，康有为、谭嗣同等人经常在这里聚会，是"公车上书"运动和著名的"戊戌变法"的起源地。

米市胡同的康有为故居、北半截胡同的谭嗣同故居均离法源寺不远。

1896 年，三十一岁的谭嗣同方才接触佛学。他学佛时间虽晚，但其以发宏愿，以精进心而后来居上，遍览三藏，尤其于法相、华严二宗最有心得。他以自己的学说和舍生取义的行为告诉世人，佛教不是围簇于一堵红墙之内，不是一片让心灵逃亡的净土。谭嗣同为现代人开拓了"应用佛学"的领域，将佛法精神贯注于现实社会，使大乘佛教走出深深锁居的围墙，重现其对生命无限的悲悯与爱，重现其刚健勇猛的精神。

> 且各国变法，无不从流血而成，今中国未闻有因变法
> 而流血者，此国之所以不昌也。有之，请自嗣同始……

谭嗣同不愧是一位千秋垂范的英雄人物，百代罕见的铁血男儿，于百年后，仍可令懦夫立志而壮士起舞。他的致康有为的狱中绝笔，至今仍广为人知，读来同样使人热血如沸：

> 受衣带诏者六人，我四人必受戮，彼首鼠两端不足
> 与语；千钧一发，惟先生一人而已。天若未绝中国，先生
> 必不死。呜呼，其无使死者徒死而生者徒生也。嗣同为其
> 易，先生为其难。魂当为厉，以助杀贼！裂襟啮血，言尽
> 于斯……

明明是佛家清净院落，偏又承载了尘世间的大起大落、大悲大苦。远望近仰，都让人生出一股莫名的感叹和忧伤来。也许，是那些承受着太多人间悲苦的众生，卸不下时刻袭上心头的诸种烦恼？

但从另一个意义上说，法源寺也可算得上是中国寺庙中数一数二的风雅之所。使法源寺声名远播的，除了悲恸的历史，还有丁香。

法源寺素有"香刹"美称，花木繁多，春来丁香花开，满寺馥香，名动京城；丁香诗会也是渊源已久，尤以清代为盛。

北京：当历史成为地理

纪晓岚、龚自珍以及宣南诗社，当时几乎每年 4 月都到寺中赏丁香。当年泰戈尔从佛教的故乡印度来中国访问，徐志摩陪同这位诗哲来到法源寺观赏丁香。徐雅兴大发，在海棠树下作了一夜的诗，传为一时佳话。徐的老师梁启超特集宋词作联纪念此事：

> 临流可奈清癯，第四桥边，呼棹过环碧；
> 此意平生飞动，海棠影下，吹笛到天明。

丁香，僧侣，诗篇，好一派飘然出世的情怀。

而丁香年年如雪，来赏花的人，几人能想起这些？

走得累了，我一个人坐在树下一张石凳上，想休息一下。旁边是一排苍劲而扭曲的古树，枝干秃秃地伸向天空，像在捕捉点什么，又像在企求点什么。淡淡的阳光从树叶的缝里穿过来，洒在身上，却还是觉得凉。看书，包里倒是带了一本，翻了几页，却没一点看的兴致。干脆不看，合上书，闭上眼，静静地听到寺外有人在吊嗓子，声音很是淡远。

过了第三个大殿，从一小门进入后院，后面有两个套院，完全是中国传统四合院的样式。一个院内有四棵苍虬的白皮松，院中间养着一盆盛开的菊花，另一个院里，有一株树已经枯死，但躯干上爬满了绿绿的藤萝，好像树把生命已轮回到藤萝的身上。

天空清亮，雨后洗干净了的天空更加适合传递这么抒情的气味。我忽然觉得自己像生活在这株老树上旁逸斜出的一枝，

沧海月明珠有泪：解读法源寺

不太协调地横亘在它们中央。我们在三百年前的花香里穿行而过，心情早已与从前的历史了然无关。

法源寺上空的乌鸦叫得也很有些趣味和诗意，呱呱几声，很有些穿透力，心会随着它们的叫声而悸动一下。当然并不因此而生出点凄凉的心境，反倒感到异乎寻常的安静和平和。我站立在法源寺的中心，它就像是一件温暖的僧袍，裹在我的身上，让我觉得无比安详、静穆。那是一种幻觉。法源寺是培养幻觉的地方，但在它内部的经验世界里，一切都是真实的，一瞬间会觉得我们所谓的现实，只是一场拙劣乏味的虚构。

陈迹飘零读燕园

> 苍茫西山悠然在望，斜阳草树依稀可寻；那些舞榭歌台，终将布满苔痕，遗落在人们的记忆中；而从燕大到北大，燕园已经看过了好几个时代的场景，国势盛衰，生死歌哭，都已浸透到燕园的一草一木……

中国恐怕再也找不到第二所像北大那样，包含如此众多的历史文物，具有如此深厚历史底蕴的高等学府了。在塔影婆娑、柳丝摇曳的燕园里，具有民族特色和历史感的建筑比比皆是：圆明园劫后余生的翻尾石鱼，和珅僭越逾制的石舫，安佑宫前的华表，巧绘校景的翼然亭，遗迹尚存的娄兜桥、御诗碑，等等，每一处都有一段意趣横生的历史故事，历史的回声余韵悠长。

燕园是由九大园林构成的：勺园（弘雅园、集贤院）、畅春园、淑春园（墨尔根园）、镜春园、鸣鹤园、朗润园、蔚秀园、承泽园、农园（治贝子园）。在明清两代，这些园子都是著名的皇家园林，曾经在政治史上发挥过重要作用，是很多著名人物登场的舞台，与近代史上的一些重大事件都有着密切的联系。经历了数百年的风雨历练，其基本格局和神韵却依然存在。燕园既有皇家园林的宏伟气度，又有江南山水的妩媚秀丽。亭台楼阁，碧波掩映，垂柳依依，湖光水色，堤岛穿插，一步一景。

燕园最初的历史是从明代开始的。位于北京西郊的这片风水宝地，打从辽、金以来，就因为颇具江南神韵，而被皇家所看好。明清时期，这里就被划在了皇家园林"三山五园"的范围之内。万历时期，才子米万钟修建了勺园，取"淀之水滥觞一勺"之意，故名"勺园"，并亲手绘制了《勺园修禊图》。海淀，从此与园林的历史结下了不解之缘。到了清朝，康熙长期在畅春园"避喧听政"，清廷在海淀大规模地构筑皇家园林由此发端。康熙时画家叶洮为权相纳兰明珠设计了自怡园，并且开凿了未名湖，此为淑春园的前身，而乾隆又将淑春园赐给了和珅。和珅这个一代权臣对淑春园的贡献是：他刻意模仿圆明园，使得淑春园尽显皇家风范。然而，这恰恰也是他的一大死状："昨将和珅家产查抄……其园寓点缀竟与圆明园蓬岛、瑶台无异，不知是何肺肠？"

在乾隆一朝一手遮天的和珅一定想象不到，他的僭越之作竟让年轻的嘉庆皇帝如此愤怒，而皇帝所说的"点缀"其实就是那座"石舫"，模仿颐和园的"清宴舫"而建。园中的其他建筑则大多以圆明园为摹本。

在和珅身后，这座园子被瓜分得七零八落，并且几易其主。道光年间，朗润园被赐给恭亲王奕䜣，他死后，朗润园作为军

北京：当历史成为地理

机处议政的地方，成为清末一些重要决策的议定地点，英法联军和八国联军先后用大火两次"光顾"了这所园子。作为光绪生父和宣统祖父的醇亲王奕譞，获赐蔚秀园，留下了不少咏怀风景的诗篇。民国初年，总统徐世昌租下鸣鹤、镜春二园，将园内最好的建筑物拆毁，运回老家改建。清室宗亲、"民国四公子"之一的溥侗将农园抵押给了银行，而睿亲王的后代德七则把自己继承的淑春园拆的拆，卖的卖，甚至租给农户耕种……

在那样一个国运多舛、风雨飘摇的时代，燕园经历了种种磨难和波折，变成了一片废墟、一畦稻田。仲秋时节，满湖芦苇开出白色的小花，湖里还有一种很罕见的铁鱼。湖旁有假山、白果树、小银杏；林子里到处能撞见松鼠、刺猬、黄鼠狼。秋天，林间小道上铺满了枯黄的落叶。20 世纪 20 年代初的一天，这片土地被燕京大学的负责人看中，于是成为新校园的所在地。

此时这块地界归陕西督军陈树藩所有。陈树藩于 1920 年 11 月 8 日与燕大签订了契约，以四万银圆的象征性价格把这块地方永久地租给了燕京大学。美国建筑师亨利·墨菲被聘来主持燕大新校园的建设工作。

亨利·墨菲不负众望，拿出了一个中西合璧、融汇古今的园林式的设计方案。他对燕园的设计充分地借鉴了故宫，以宫殿式的建筑群落为主，他发誓要使燕园"成为仅次于北京紫禁城的建筑杰作"。他确定了一条指向玉泉山的"中轴线"，将建筑在轴线南北对称排列，宛如一座扭转了九十度的紫禁城。由于"中轴线"是东西向的，校园的主体建筑也是坐东朝西。这种设计深深地打上了西方人的文化烙印，西方的教堂都是"从西面进入，面向东部的圣坛"。

所以，燕园的建筑是中西合璧的，糅合了中国的宫殿建筑与西方的教堂理念。在造园手法上，它是中国古典式的：因地制宜，借景西山；多轴线穿插，散点地布置建筑院落，以多组三合院式的品字形建筑为主体；山水相依，错落有致，围绕着未名湖，营造山峦起伏的意境。建筑采用的也是中国的传统风格，亭、台、楼、阁兼有，就连储水用的水塔也设计成了古典的密檐砖塔样式，矗立在未名湖东南角。

1926 年，燕京大学男女两校同时迁入新校园。而此时，燕园的建设工程还在继续进行。1929 年，一座山水环绕、亭台楼阁、古色古香的中国园林式校园终于落成了，并被冠以"燕园"的美称。而圆明园的华表、翻尾石鱼等遗物在校园里也得到保存使用，为新校园增色不少。

今日之北大校园，基本上就保持着当年燕大的风貌。北大的一湖一塔、一亭一树，无不与人相关。北大的园林由于有了人的加入，才有了精神的载体，以至于一丛灌木、一处亭台都有了内在的韵致，成了一个承载着北大人文化记忆和精神寄托的灵魂花园。

作为今日北大的前身，燕京大学曾经有过辉煌的历史，它是当时中国第一流的综合性大学。1919 年"五四运动"期间，老北大的陈独秀、李大钊、胡适等先贤首先提出"民主""科学"的口号。同年燕京大学创立时的校训是"因真理，得自由，以服务"，这和蔡元培先生主政北京大学时提出的"兼容并蓄，学术自由"的八字方针，在精神和内涵上都是相通的。在民国初年军阀的刺刀，乃至蒋介石的一党专制下，文化思想的多元化进程竟然从来没有停止过。

抗战前的十年（1928—1937），是燕京大学的黄金时期。由于当时的政治局势相对稳定，文化底蕴丰厚的北平为当时的知识分子提供了一个安定的生活环境。燕京大学是有名的"高薪养师"的学校，具有很强的包容性，因而培养出了一大批学界巨擘。身处东西方冲突与积极反应的最前沿，燕大有一种难得的世界主义氛围，与世界许多大学有交换教师、学生的制度，尊重不同的文化，形成了令人惊羡的"燕大精神"。

当一个人毫不迟疑地宣称自己知识分子的身份时，他也应当明确自己的任务。他必须深入人类文明最精要的思想文化之中，探取它们的秘密；他必须与那些人类历史上最杰出的大脑与最动人的灵魂相伴，争取那半点的光辉……然后，他渴望把这些秘密和光辉，与周围的人群共同分享。而大学，它不是一个普通的社会机构，这里的人也不需要为一个统一的目标而努力。燕京大学一开始就摆脱了教会大学狭隘的范畴，具有很强的包容性，请的教授只要有真才实学，不问政治倾向、宗教信仰、学术流派。燕京大学汇集了陆志韦、雷洁琼、吴文藻、容庚、张东荪、顾颉刚、钱穆、萧公权、周作人、朱自清等一批顶尖学者，他们在校园里的生活也较为宽裕，学术空气自然更加浓厚。

燕大的教育是一种和风细雨式的教育，它是空气、阳光，润物细无声，潜移默化，而不是雷霆，不是暴风骤雨，不具有任何外在的束缚。"人本来不是要受人的服侍而是要服侍人"，"你们必晓得真理，真理必叫你们得以自由"，燕大将《圣经》

中的这两句话熔铸在一起，确立为燕京大学校训："因真理，得自由，以服务。"这一校训影响极深远，现代教育崭新的生长机制和发展空间也呼之欲出。在相隔多少年后，燕大学子唱起燕京的校歌"良师益友如琢如磨，情志每相同；踊跃奋进，探求真理，自由生活丰……"仍然禁不住令人悠然神往。

一个人一生的事业，往往决定于他早年的某一段际遇。那时候沉睡的命运被突然唤醒，以后所有的暗夜与白天，他都能感到那诱使他一步步走向新生的神秘炽热的目光。这种穿越时空的情节，使那些老式建筑、扶风弱柳泛动着古老的温情，仿佛那上面沉淀着久远的记忆，闪动着岁月的光泽。在记忆的群像里，燕园也成了他们悠长的求学岁月里的一种寄托和象征，没有人会轻易忘却它美丽的面容。

记忆中应该还有这样的场景：在宁静的夏日午后，踏着铺设地毯的木地板拾级而上，穿过楼上的起居室来到阳台，一阵书声和着微风飘过。一位精神矍铄的教授拿起一本书，沉浸在或远或近的世界里，偶尔抬头看一眼树上的一只云雀，端起一杯浓香的咖啡，就着曼妙的时光一起饮入口中……还有，在湖畔的石舫边，两个眉目清秀的男生为一个问题争得面红耳赤；一对恋人在钟亭前第一次携手；在灯火通明的图书馆里，总是有人抢不到座位；学生宿舍里时不时地响起不着边际的高谈阔论；湖边小路上一位长相清奇的老头一圈一圈地跑步，步态滑稽，引人发笑。这一幕一幕，构成了燕园的灵魂与脉搏，它是温情的，动人的，仿佛那些曾经叱咤风云的历史人物并没有远去，他们的身影依然映在窗前，不经意间，楼下的人就能从敞

北京：当历史成为地理

开的窗棂间，感受到他们温柔的注视。记忆中的影像隐隐现现，画内画外的月光下，形成了一片迷茫惆怅的氛围。

南归的雁群在一碧如洗的天空悄然飞过，一会儿就看不见影，偶然送来一声失群孤雁的哀鸣。校园里的风比较凉了。当1937年日寇大举入境，华北全境沦陷，燕大几乎成了硕果仅存的"孤岛"。凭借张东荪、陆志韦、夏仁德、林迈可这些教授的坚苦支撑，燕园这个堡垒勉力支撑四年，还为大后方输送了不少人才和物资。

燕大的灵魂在燕南园。燕南园因位于燕园的南部而得名，这里有冯友兰先生的三松堂、王力先生的龙虫并雕斋，有汤用彤、马寅初、周培源等校长的旧宅。这里的建筑是西洋式的，多为两层小楼，附带一个小花园。室内装饰也是典型的西洋风格：铺设木地板，楼梯设在屋内，屋里有供冬天采暖用的壁炉，上下两层楼各有独立的卫生间。大师们的住宅编号从五十一号到六十六号。20世纪50年代初，由于扩大校园，燕南园西墙的北端向外延伸，于是又有了一个新的宅院，编号为五十号。

今天，在某些宅院的门口，还能看到黑底白字的木制门牌，默默地注视着眼前的车来人往。老房子在冷风里透着沧桑的温润，闲闲淡淡一派消沉的智慧。和北大校园里其他地方的车水马龙相比，这里显得寂寥了许多，让人有一种恍若隔世的感觉。然而当初，这里曾是那样不同寻常。

洪煨莲先生曾在这里切磋学问；谢婉莹先生曾在这里写下了《南归》；汤用彤先生曾在这里进行过抽象的玄学探索；马寅初曾在这里应对《新人口论》招来的种种责难；翦伯赞先生

曾在这里徘徊；冯友兰先生曾在这里修订《中国哲学史新编》；朱光潜先生曾在这里进行美学思考……这里留下了丝丝缕缕的历史记忆，这里的每一株草木、每一片屋瓦，都饱蘸着求索的墨水，浸透了奋斗的清泉。而这，正是北大的魅力所在，是燕大校园里永恒的风景。

与此同时，北大也渐渐开始成熟起来。从 1919 年起，新文化运动通过一本期刊和一所大学——陈独秀的《新青年》和蔡元培的北京大学，在全国迅速形成一个山鸣谷应、风起云涌的局面。"中国的文艺复兴"，西方学者喜欢这样评价那场由归国留学生发起的文化改造运动。16 世纪那场由人文主义者们开创的盛世，当然不仅局限于艺术领域，它刷新了西方世界的思维模式，一种热情洋溢的、充满好奇的、尊重个人价值的思想取代了中世纪的晦暗与压抑。"中国的文艺复兴"则使西方的价值观念第一次如此集中而全面地展现在中国面前。二十七岁便享有盛名的北京大学教授胡适，成了 20 世纪 20 年代中国青年一闻其名就"激动得浑身发抖的人物"。他被笼罩在奇异的美国文明的光环之中，他从提倡白话文，鼓励新文学到赞赏自由恋爱，几乎无所不能。胡适与留日归来的周氏兄弟和更为极端的科学主义崇拜者陈独秀等一道，改变了一代中国青年的心灵。

北大为学问而学问的风气蓬勃一时：文科学长陈独秀沿袭他主编《新青年》以来的思路，亮出"德先生""赛先生"这两把在他看来帮助中国走上现代化的利器；"我的朋友胡适之"正像一个炼金术士一样做着文学革命的实验，梦想着用白话文取代文言文，做表情达意的工具；辜鸿铭则拖着他稀疏的辫子，抑扬顿挫地给学生们讲弥尔顿和济慈；而蔡元培本人也正在推进以美学代替宗教的计划。在这个人间乐土，保守派、维新派和激进派同样有机会争一日之短长，背后拖着长辫、心里眷恋着帝制的老先生与思想激进的新派人士并坐讨论、同席笑谑，这情形很像中国的先秦时代，或者古希腊苏格拉底和亚里士多德的时代。

为纪念北大成立二十七周年，鲁迅曾写下《我观北大》一文，热情赞扬道："北大是常为新的，改进的运动的先锋，要使中国向着好的，往上的道路走。……北大是常与黑暗势力抗战的，即使只有自己……"鲁迅此言不虚。在那个充满混乱和绝望的时代里，北京大学，无论他们的哲学、行动，还是他们的出类拔萃和崭新风格，都在那一代青年迷茫的心中投下一束瑰丽光芒，呈现为一个凝聚的象征。这个学院式"象牙塔"不巧建立在"十字街头"，不可避免地带上了政治文化特征，经常处于时代和政治的浪潮里而无法抽身。一个世纪以来，我们见多了广场悲歌，长街呐喊，以及其中随处可见的北大人的身影。他们在权力格局之外对青年、时局、世道人心会产生某种深刻而持久的内在影响，哪怕不能左右时局的变迁、朝代的更迭。

1952 年全国院系调整，燕京大学的文科、理科等并入北大，工科并入清华，原北大从沙滩迁入燕园，成为今天的"北京大学"。燕大已成绝响；而燕园却永久地留存了下来。燕大和北大，它们并不处于一条直线上，但是它们所代表的曲折历史，却从来没有中断过。

今天北大一边是参天古木，曲径通幽；另一边则是现代化

清华大学

的教学与生活区，每天都有数万人在这个巨大的园子里往来穿梭。有人为学业而奔忙，也有人为即将面临的工作而发愁，大多数人或许已经无暇探寻和缅怀燕园的前世今生。然而在湖之东隅，塔之西侧，翻尾石鱼依然伴着水浪，吞吐着日月精华，积蓄着智慧和灵气；饱经沧桑的石舫永远承载着历史的沉重，默默地注视着一代代学子的成长。

苍茫西山悠然在望，而名园胜景依稀可寻；那些舞榭歌台、斜阳草树，终将布满青苔，遗落在人们的记忆中；而从燕大到北大，燕园已经看过了好几个时代的场景，国势盛衰，生死歌哭，都已浸透到燕园的一草一木，永不褪色，折射着一些异质的光，从校园里走出来一代又一代的年轻人，无论他们最后选择了怎样不同的道路，在他们身上，我们都能看到那光芒的折射。一旦照射到他们的心中，汇入到他们的梦中，这光也就同时属于了我们。

北京：当历史成为地理

但使弦歌无绝响　水木清华自千年

　　千人之诺诺，不如一士之谔谔。遥想清华园里那些远去的背影，会别有一番感受到心头。他们身上体现出的独立精神、自由思想、士子古风，昭示了清华传统的弦歌不辍。

　　被越来越繁华的高楼和街区淹没的清华园，跟北京大学一样，在人们惯常的印象里充满了神秘。对于清华，我们的确是需要静下心来好好地想一想；我们只有在一种最沉静的状态下，才能摸索到一条通向它的幽秘小径。

　　但凡建筑，都是有生命的，都是活的，每一座中国古代建筑，都有一个藏匿灵魂的所在。在漫长的岁月里，它们承袭着过多的时代色彩，被人当成历史人物的陪衬；然而其内在的灵气，才是建筑的生命。

　　遥想当年，初入中国的美国建筑设计师墨菲，在规划清华园的时候，携带着一身的西洋风味、别样的建筑视野。他覃思巧构，简洁的西方园林布局和流畅的楼宇设计，不料刚好吻合了清华大学严谨细致的科学精神，并在此后的演变中，得以保持和传承。

清华园建筑中轴线的起点，应该是从那座白色的三拱牌坊开始，它矗立在横贯东西的校道北侧、被西式的立柱拱卫。然而墨菲对中国的传统文化是尊重的，他在修建清华园的时候，将清华园著名的"工字厅"避了开去，使它完整地保留了下来。而在它的周围营建的大礼堂、图书馆等西味十足的建筑，却沿着轴线一路排开，红砖砌筑的楼宇中间，穿插着大片的草坪绿地，勾勒出跳跃而鲜明的洋派基调。

工字厅有两百多年历史，是清华园的标志性建筑，得名原因主要是前后两个大殿中间以短廊相接，俯视恰似一个"工"字。院内曲廊回合，奇花异石，蔚然深秀，路两旁是修理整齐的树丛。雕栏玉砌的小走廊红绿相间，廊壁上精雕细琢，呈现着各种图案。工字厅后即是"水木清华"，正门所悬匾额笔致清逸，据说是康熙帝所书。工字厅后的荷花池，当年梁实秋在此求学时就曾说这里是清华园最幽绝的地方，如今，荷花池水依旧清波涟漪。

一条浩荡的长河，有它最早的源头；一株苍郁的大树，有它最深的根系。万泉河水的主流沿着绮春园和长春园的园墙，静静向东流去，它的一个分支在绮春园东南处分成两股，向东的一支就流入了现在清华大学校园内。我们向着历史的深处回溯，1822 年清华园划出圆明园后，变成了王府和太子的书斋，庭院中还曾悬挂过咸丰帝御赐的匾额。而在 1911 年 4 月 26 日，这里成了清华大学的校舍。当王国维、梁启超、陈寅恪、赵元任、朱自清、闻一多等先生默念着"独立精神""学术自由"进出工字厅时，清华园里还没有四层楼以上的建筑。

1911年12月25日，清华学堂落成后第八个月，隆裕太后宣布溥仪皇帝退位。这个消息传入校园，已是夕阳西下。让学生们感到奇怪的是，美国教授竟把这一天称作"圣诞节"。在悠扬的圣诞音乐中，帝制时代宣告终结。清华学堂改称"清华学校"。

早先，清华教职员工宿舍分四个住宅区：第一区称"三所"，由外交部派来的校长、教务长等校领导居住；第二区北院，清一色的洋房，由外籍教员居住；第三区南院，房子为中西混合，住着中外教员；第四区西院，全部是中式的平房。作为留美预备学校，清华的早期建筑如大礼堂、图书馆、清华学堂、体育馆等，都与美国大学的建筑风格并无二致，这些西洋风格的建筑与中式的皇家建筑倒是能和谐无间，体现着清华先进而不趋时、沉稳而不保守的学校精神。

越过宽阔的草坪一路向北，可以看到红墙白柱的清华大礼堂，以一种标志性的形态存在着。在没有演出的日子里，它总是被当作景点，接纳着怀着虔诚而来的游人。正午时分慵懒的阳光加深了人们那种似曾相识的感觉，用它始终如一的敦厚，讲述从它记忆里走出的一个又一个精彩的故事。

门前的草坪黄了又绿，绿了又黄，年年岁岁生生不息，那种承载着清华精神的气质，也慢慢融入草木中，长久地传承了下来。位于草坪南端的日晷，正好是这种"行胜于言"的见证，这个古代普遍使用的计时仪器，从20世纪20年代清华毕业生的手中辗转流传下来，落脚在这个被学堂和科学馆围绕的草坪之间，就再也没有离开过。今天，尽管没有人能够说清它真正的来历，但是在它熟悉的身影背后，基本上已经演化成一种象征，提示着进出这座校园的人们，时间正在遵循着一道鲜为人知的轨道悄然流转。草坪东侧那座青砖红瓦、坡顶陡立的德式建筑，仿佛遮挡了浮华的时光剪影，在幽静的午后携带着扑面而来的古典气息。更记得阳光穿过静谧清亮的大草坪，周围满是休息嬉戏的学子，这真是一个展示校园青春岁月的好画面。

自 20 世纪 20 年代初起，清华加强了中文教育，甚至在 1925 年成立了清华国学研究院。清华国学研究院有四大教授——王国维、梁启超、赵元任、陈寅恪，还有一位大讲师——李济之。国学院一时间声名鹊起，号召力极强，首届研究班即招收到三十八名新生。

据蓝孟博《清华国学研究院始末》一文介绍："研究院的特点，是治学与做人并重，各位先生传业态度的庄严恳挚，诸同学问道心志的诚敬殷切，穆然有鹅湖、鹿洞遗风。每当春秋佳日，随侍诸师，徜徉湖山，俯仰吟啸，无限春风舞雩之乐。院中都以学问道义相期，故师弟之间，恩若骨肉，同门之谊，亲如手足，常引起许多人的羡慕。"这样的记述真是让人神往，那一代中国的知识分子，视道义和真理为生命，那样的人生经历和心路历程，真的是和我们大不相同。何炳棣在《读史阅世六十年》一书中，这样描述 20 世纪 30 年代的清华大学："如果我今生曾进过'天堂'，那'天堂'只可能是 1934 年至 1937 年间的清华园。天堂不但必须具有优美的自然环境和充裕的物质资源，而且还须能供给一个精神环境，使寄居者能持续地提升他的自律意志和对前程的信心。几度政治风暴也不能抹杀这个事实：我最好的年华是在清华这人间'伊甸园'里度过的。"

清华国学院其实仅持续了五六年，其盛期更短，却在中国现代文化史上留下了深远的影响。影响深远的原因绝不只是精湛的学识，更重要的是其中有一种燃烧精神的火焰，构成了一种文化的精魂。时下人们大概不太想得起清华老校长梅贻琦先生"所谓大学者，非谓有大楼之谓也，有大师之谓也"这一经典名言了，大学校园里一座座高楼拔地而起，而我们瞩望中的大师却似乎消失了。

无论是从南门进入，还是西门开始，校园主道两侧夹道而立的法国梧桐，总是以遒劲的姿态张扬出自己的沉稳气场。当你深入其中慢慢品味的时候，会清晰地发现，在这个容纳了西方古典、中方古典和苏式建筑类型的巨大校园里，无论哪个区域，都一律保持着幽深的场景，尽管身边不时有校内的交通车突突驶过，骑着自行车的学子一路响铃，却不会留下恼人的喧器。漫步散游在曾是诸多先师居住的照澜院小区，那些依然留守的青灰色平房小院，与高大的现代建筑反差甚远，更是会令人生出如缕的思古之幽情。

在渐渐落向山后去的夕阳光辉里，沿着这些树木掩映的甬道，静静地走着，看着那些楼门小院里种满了各种花木藤草。有的还种了些家常瓜果，一派豆棚瓜架雨如丝的乡土情调。你的目光轻轻地掠过这些古香古色的建筑，仿佛那些乘鹤仙去的大师泰斗们依然在那里翻卷挥毫，这里，王国维还在写他的《人间词话》，梁思成还在规划着北京城的蓝图，朱自清正沉浸在《荷塘月色》的意境中难以自拔……

是啦，那个让无数人感觉到美好的荷塘，就在清华园大礼堂的西侧。它在一些人口中被称作荒岛，其实反倒树木葱茏，四面环水，岛上还设有亭榭廊台，其间点缀竹影花枝，以"水木清华"的名义传递着清华特有的韵致。

池塘的大小和形状并没有变，只是在冬季到来的时候，冰封了夏季的残荷。当和煦的清风艳阳扰乱满池的碧波后，青荷的嫩芽开始钻出水面。每年七、八月间，满池荷花倾吐的芬芳，总能吸引大批的游人和学子在这里徘徊不去。

偶尔，幽静的岛心之上还会泛起悠悠的舞曲和琴音，在月朗星稀的夜里，听起来绵长而抒情。琴音如华美丝绸，铺开在夜色里，闪耀瑰丽光泽。蕴在琴声里的情愫无关悲喜，每一个跳跃的音符最后都归于静谧，令人们陶然忘机，让人感慨在清华园里的岁月，才是最美好与最留恋的时光。

走过早期写诗并埋首于故纸堆，而后期则以激烈著称、与政治发生关涉却遭暗杀的闻一多的纪念碑亭；走过境遇相似、由学而仕、后来自杀的吴晗纪念碑亭；心中遥想着那些逝去的风景和人事，会别有一番心境到心头。他们身上体现出的独立精神、自由思想，昭示了清华传统弦歌不辍。千人之诺诺，不如一士之谔谔。他们为来者所景仰，主要不在其立于学术山峰之巅，而在于其道德、职责践履，脚跟不随流俗转。

忆起当年事，历历如在眼前，历史深处褪色的一幕幕竟又鲜活过来。1927 年仲夏，清华园平静如初，但中国社会却又因

北京：当历史成为地理

国共分裂而血雨腥风。朱自清愁肠百结，当他徘徊到工字厅后厦荷塘，瞥见月光下婀娜的荷花，写下《荷塘月色》。也是那一年，梁启超因病离开清华，王国维投昆明湖自尽。国学院元气大伤，两年后宣告关闭，把一大部分教授转入中文系。

上中学时读朱自清的《荷塘月色》，当时还不知道平淡的好处，而对此文略感失望；如今在初春的校园里独坐池岸，一边纵览水中云影，一边享受柳岸清风，心中终于有了一种带着沧桑感的领悟。坐得久了，阳光早已西沉。在晚风中有一道光环在前方乍现，光芒飘忽浮动，带着宜人的清凉洒在脸上。我仿佛看到有一抹影子，清清浅浅如淡墨勾成，仿佛从《荷塘月色》里慢慢走出来。琴声幽远地响起，忽近忽远，被空中的流云映衬着，穿过了层层的记忆，从时光的河底，慢慢浮现。

往前走看到满楼的灯光，教室里有一种被什么东西包裹得严严实实的氛围。我感到教学大楼那扇定时亮灯的窗户显得朦胧而神秘，在夜色中远远地泛现一团恒定的光亮，这光亮足以证明一个人的青年时代，是何等饱满而温暖。这光亮里流动着的，仿佛全是少男少女们轻盈的血液……电灯的光晕里，教室窗户像夜色中一块块新绿的草坪。

清华大学相对于北大，似乎显得有些疏离于时代风潮。在那些个让人"白发搔更短"的岁月里，学生仍要以追求知识为第一要务，而教师也仍要以知识的准确与可靠的传授，来验证学生是否具有毕业资格的标准。然而民国初年的乱局，国民革命的狂飙，日本侵华的狼烟……清华师生们处于时代的风口浪尖上，无法超然地躲入一个学院式"象牙塔"，欲求平静而不可得，只有更多的忧患。

在 1935 年"一二·九运动"中清华大学的宣言中，最为振聋发聩的一句便是："华北之大，已经安放不得一张平静的书桌了！"即将毕业的学生，心灵中也常怀着苦闷和压抑、惶恐和迷惘，让他们长久地无所适从。中国的情势使清华学人不能不常常去关注灾难深重的国家。现今留存的清华学生的论文似乎在提醒着我们，那个年代里的内忧与外患；深深的国仇家恨在暗暗滋长，任何人都已无法置身事外。

抗战爆发后，包括清华在内的北方名校被迫南迁，临时组成联合大学，在西南一隅的昆明勉力支撑，维系国家文教"元气不散，弦歌不辍"。而西南联大，则是另一个让人在半个多世纪后依旧感慨不已的故事了。

如今的清华园，已经是大楼林立，不复旧日"水木清华"的疏朗风光；这也许是规模扩大、人员增多的必然结果，时代风潮如此，倒也无可厚非。但是大学多少还是需要有一些与世俗利益、与流行风尚相隔绝的气氛的，也应该把追求学问的人们与世俗社会适当隔开，在围墙中为人类精神安置一片平静的栖息之地。

梅贻琦时代的先贤已矣，我们也唯有在怀想中寄托一点敬意。但在这份追思和怀想中，多少带着些我们自己的偏好和时代的局限。也许，我们对时代也应抱有一份宽容的态度。我们不应当要求所有的人在心灵中留下一块存放无功利精神的领地。当然，大学不是孤悬在社会之外的荒岛，但更不仅仅是就业前的预科，充满实用主义的意味，而应是培育独立精神的重镇。说到这一点，清华大学栉风沐雨的变迁，也许已经说明了一切。

北京：当历史成为地理

迷失烟雨：南锣鼓巷写意

南锣鼓巷在北京人的生活中，具有不可替代的位置，它的文化汁液的浸润，使一座城市的生活不再枯燥；它的独特在于其清悠而柔美、随意而新潮。那是深邃、厚重文化底蕴下不经意中流露出的随意，一种雅俗共赏的格调。因为南锣鼓巷，会让人们对一座城市也产生了完全不同的感情……

幽深绵长的胡同，碧绿的爬墙虎，仿古的飞檐吊角，镂花雕刻的墙壁，屋檐下成串的灯笼，温馨精致的街灯……谁会不喜欢这样温婉闲适的去处？这条古老的四合院街道，就是南锣鼓巷，北京城市规划中二十五片旧城保护区之一。

如今，那些隐藏在主巷道上一间间民居里的特色店铺，星罗棋布，将南锣鼓巷装点成一条与什刹海、三里屯齐名的酒吧街，游人如织。只不过，三里屯是彩色的，后海是深红色的，而南锣鼓巷则是带着一点锈绿的色调。

　　现在站在斜阳下的巷口，不见了灯火阑珊、勾栏瓦舍，已经很难再回望八百年前的时光了，但南锣鼓巷的确是与元大都同期建成的。整个街区位于元大都中轴线东侧，是大都"左祖右社，面朝后市"城市格局中"后市"的组成部分。其南是皇城；其北是大都路总管府、警巡院、万宁寺、中心阁，均为大都重要的城市标志；其西的什刹海是京杭大运河的北端，为大都漕运码头；其西南是通惠河。

　　南锣鼓巷南北走向，东西各有八条胡同整齐排列着，其东部自北向南依次是菊儿、后圆恩寺、前圆恩寺、秦老、北兵马司、东棉花、板厂、炒豆胡同；西部相对应的是前鼓楼苑、黑芝麻、沙井、景阳、帽儿、雨儿、蓑衣、福祥胡同，十六条胡同呈"鱼骨状"，基本上保留了元大都胡同肌理的本真面貌。有人发现其整个儿就像是一条蜈蚣，所以这里又有了"蜈蚣街"的别称。据说以前在南锣鼓巷的最北处有两眼古井，恰好就成了这条蜈蚣的两只眼睛。

　　经过数百年变迁，这里依然保持着这种"鱼骨式"的格局，以左右对称的形式，回放着从元至今遗留的格局和风貌。这种形态严谨、骨肉分明的胡同形态，正是自元代以降北京城建筑格局的典范式样。加上整个街区地势中间高、南北低，登高望之如一驼背老者，故得名罗锅巷。到了清朝，乾隆十五年（1750）绘制的《京城全图》中可以看到，这里已改名为"南锣鼓巷"。

　　如今，元大都的里坊构造自然已是面目全非，但南锣鼓巷地区却较为完整地保持着历史遗留的肤色，依然如旧的乌瓦青墙，能让人悠然想起久远年代里的城市生活片段，算得上是北京古都风貌中一块保存完整的"璧玉"。恍惚之中光阴回转，深秋的一个黄昏暮色沉沉，徜徉在昔日的元大都中心街区，老树夕阳、寻常巷陌，飘落的黄叶在脚下发出细碎的声响，你会看到一位面容沉静的布衣书生，正一袭长衫、一包书卷，踏着旧日的王谢门庭，从历史深处向我们悄然走来。

密布在胡同深处的建筑，改造成或餐馆或酒吧的场所，几乎全部是四合院构成的。高低错落的四合院大大小小连缀在一起，成为极有意趣的区域。这些门面并不宽大、构筑又相对简单的建筑，尽管无法跟那些赫赫威仪的皇家宫廷建筑群相比，但是因地制宜，呈现出另一种独特的民间色彩，凸显了十分别致的一面。这里有"朱门一入深似海"的深宅大院，也有"明朝深巷卖杏花"的胡同人家。时光在青砖灰瓦的院落里慢慢流淌，仿佛在诉说历史，令人恍然有一种时空错位的感慨。

胡同口被浓密的行道树遮挡着，让人感觉整条胡同都散发出安静的生活气息。沿着胡同一路走去，犹如进入北京民居建筑博物馆，各式各样的四合院建筑形式，还有拱门砖雕、照壁、影壁、精美门墩等合成的历史光影，对于有心寻访的人而言，都有着无穷趣味的变幻。古老的南锣鼓巷，在漫长的岁月中拥有了属于自己的呼吸与生命。

如果你想感受原汁原味的北京，一定要在城中心，找个像南锣鼓巷一般有历史味道的胡同。你会庆幸北京在轰轰烈烈的改造和变迁后，仍旧难能可贵地保存了类似街区，将文化故都的气质多少保留了那么一点。这些涉及北京城的价值和情感，它们都是这一历尽沧桑的城市的生命印记。这些年拆迁的烟尘遍布京城，但南锣鼓巷却相对平静，很多人原本以为南锣鼓巷就像北京大多数胡同一样，没落得只剩下散乱的躯壳、一片杂乱而愤懑的抗议和沉重的叹息，没想到这里如今竟如此漂亮，如此魅力四射。它以一种沧桑的方向延伸至现代，在无情的历史烟云中散发着若隐若现的魅力，多少算得上是北京城改造历史中的一个奇迹。

南锣鼓巷街区是人文荟萃之地，历来达官贵人和文人雅士，都喜好在这片街区上居住和活动。炒豆胡同七十七号原是清代僧格林沁的王府。蒙古科尔沁旗猛将僧格林沁，少小骁勇，在1859年大沽海战中，更是浴血奋战，与英法联军以性命相搏。1865年5月，僧格林沁率部在山东曹州与捻军激战中阵亡。他死后，其子伯彦讷谟祜承袭亲王爵，旧日府址便称为"伯王府"。原僧王府占地很宽广，前门在炒豆胡同，后门已在板厂胡同。炒豆胡同西口，是僧格林沁家的祠堂。祠堂和王府建在一条胡同，这倒是一个很少见的现象。轻轻拂去历史的尘封，京城几百年的点滴过往，都在此氤氲得余味深长。

东棉花胡同三十九号是中央戏剧学院，这里原是靳云鹏旧宅。靳云鹏早年毕业于北洋武备学堂，晚清时官至云南清军十九镇总参议。袁氏当国后，靳云鹏一度出任山东都督。1919年后任段祺瑞政府陆军总长、代理国务总理。靳云鹏年轻时就是一个心向西潮的洋学生，他到北京买下这里的住宅后，就大拆大建，最后这里一度出现好几座视觉效果奇特的西式楼房。如今这些建筑自然早就了无踪影，靳云鹏一生事功也不再有人说

北京：当历史成为地理

起。风流聚散的大宅门里，有着无尽悲欢的前世今生，一切都在灰色建筑里慢慢消失，像雨水渗进石头里，只剩下往事和传说。

帽儿胡同七号至十五号院，原是清末大学士文煜的住宅和花园。文煜是根正苗红的旗人贵族，曾历任四川按察使、山东巡抚、直隶总督等要职，光绪十年拜武英殿大学士。他和红顶商人胡雪岩是至交，居官数十年财富累积无算。他的花园落成于1861年，始建时仿苏州拙政园和狮子林。全园占地约四亩，南北长不过一百米，东西宽不过三十米，风景清幽，建筑物各具特色，是晚清以降北京私家园林中最有个性和品位的园林。这座宅院也是历经沧桑，袁世凯死后，冯国璋代理大总统，由南京来北京就任时临时买下了这座宅院。吹进巷口的风忽左忽右地飘荡着，仿佛将近一个世纪前政坛走马灯般混乱的梦境，呈现在后人交错的眼鬓中。

秦老胡同三十五号更具山水林泉之胜，曾是晚清时内务府总管大臣索家宅院的花园，亭台阁榭，曲径通幽，还有一座模仿江南建筑的船形敞轩，是为绮园。帽儿胡同三十五号、三十七号院，也大有来历，曾是清朝末代皇后婉容娘家的住宅。到小皇帝宣统大婚时，已是民国十一年（1922），按照民国初年所颁布的优待清皇室条件，这所"后邸"也得到部分资金，得以修缮。婉容的父亲荣源，由于女儿"册后"，按礼制被封为"三等承恩公"，这所府邸又大加改建以合乎府第规格。

后圆恩寺胡同十三号就是大文豪茅盾的故居。这里还残留着作家云淡风轻的温润气质，后院的卧室、起居室、书房等，似仍在等待主人归来，室内的沙发、案头的花瓶、壁上的对联都是旧有之物，能让人切实感到老辈作家学人的日常状态。茅盾于1974年搬到后圆恩寺，直到1981年病逝，在这个小院中度过了他人生最后七年的岁月。

现在，它们似乎被时间和记忆搁置在这儿了。我们只能看到几百年间充满故事的街区，依然风雨不改，无声地诉说着往昔的变迁，或是在时代变迁的风雨之外独自静默。每次走在南锣鼓巷，经常会有一种迷失的感觉，漫长的岁月总会沉淀下一些回忆，当过去的某个片断与眼前的时空无法再重合时，我总觉得，在那些沉默的院落背后，似乎有一个暗藏的声音，携带历史的古风遗韵，也飘散着传统的气息阴霾，在隐约地向我叙说着什么。

南锣鼓巷附近的胡同，除了茅盾故居外，大量的文化资源都没有开放。一路走来会看到很多"非开放单位，谢绝参观"的字样，如菊儿胡同的清末直隶总督兵部尚书荣禄府邸，再有像索家府邸、文煜的府邸和婉容的娘家以及僧王府等，对普通游客来说，这些依然掩藏在历史的尘雾中，大多数人注定无法窥见个中的隐秘历史。我也只能站在门外，漫无边际地想象这些个园子里的事物。行色匆匆的游客、忙碌的人群，在这些昔日的深宅大院前一拨拨走过，他们走过一条条黯淡过又辉煌过的小巷，没人意识到历史和现实中这些难以言说的意味。

不过，如果晚上再来到南锣鼓巷，你可能又会为自己的历史和怀旧感而感到矫情了。早春寒意未消，夜色下的南锣鼓巷，已是更为撩人。小巷两边是鳞次栉比的酒吧及特色店铺，每当

北京：当历史成为地理

夜幕降临，暖暖的灯光辉映着古老的墙体，一种舒展和沉醉的气质，就开始在每个街头巷角弥漫，如果你洞察黑暗中的事物，会感到真正有魅力的生活正是在夜晚深处。门外是古老北京胡同的旧日风貌，门里却成了一部外来语辞典沙龙，似有似无间，你仿佛在古今交错的时间里徜徉。

这里的酒吧、咖啡厅格局不大，却安静、雅致而古朴。没有三里屯、后海的喧哗和嘈杂，按照南锣鼓巷街区经营业态的要求，环境噪声的最高限相当于普通居民小区的噪声标准。可以说，这里走的是一条不同于其他类型酒吧的发展之路，它是"静吧"。

南锣鼓巷的小店有数十家，都张扬着自己鲜明而又生动的个性，不断更换着各色商品。时尚引领的高位模仿是一种被文明裹挟的力量，全球化浪潮和经济一体化走向，正向着南锣鼓巷街区走来。2005 年南锣鼓巷全面翻修，酒吧、咖啡厅、特色餐饮、个性服饰、工艺品、客栈等各色店铺大量涌入，这里成为著名的酒吧和旅游一条街。

即使离开南锣鼓巷，我的衣角也还残留着它的情绪和气息。有唱戏的声音在黑暗中随风传到耳边。我循声随意地走着，一边看着这个浸在夜影里的古老街巷，感觉我已是一个完全的陌生者。

前面，一个穿着寻常衣裳的老者，此时正挺直腰杆站在街角。地上放着一架旧收音机，老人在唱着我说不出名字的京戏。他的唱腔时而高昂时而低回，老人对这个段子如此熟悉，他的唱腔、戏文与情感处理，跟收音机里播放的几乎不爽毫厘。我对这个老人是完全陌生的，然而在他唱京戏的一刻，我确信，他的幸福与沉醉是任何外人都无从体验的。他在瞬间投入的歌唱中，已然全然飞离了凡俗的人世。

也许，正是这样一个个美妙的邂逅，让我们记住了这个巷子。然而，时间的旅途上，无论是谁，都是匆匆过客。很少有人会去关心八百年前的南锣鼓巷是什么样，历史正在以其吞噬性的惯性将一切慢慢褪去。前些年一向自认高端大气上档次的美国《时代》周刊，挑选出了亚洲二十五处不得不去的好玩儿的地方，中国有六处被选中，南锣鼓巷这个规模实在些小的街区，竟然意外地榜上有名。不过这条信息并不会给见惯了世事变迁的南锣鼓巷多大触动。不论外在的力量给它做何种定位，不管它被时代迷离的光彩如何笼罩，它永远只是北京城历史天空下一片云淡风轻的记忆。虽然在这个巨大城市的变迁中，仿佛有一个不为人注意的加速度，它最初是缓慢的，但眼下越来越急促；然而在这里，时间仍在悠长的街巷中慢慢流逝，就像那个老人在黄昏的路灯下独自歌唱。

老北京大酒缸

陶然亭的烟霞余影

陶然亭的芦花是北京有名的秋景，龚自珍笔下就曾出现过那种萧瑟的景象，堪与西山的虫唱、钓鱼台的柳影并称。然而永远抹不去的是那份寥廓和凄清，芦花的轻微的素色，开在风雨如晦、鸡鸣不已的年代，徒增哀愁与伤感……

山色林光一碧收，小车穿苇宛行舟，退朝裙屐此淹留。衰柳有情还系马，夕阳如林独登楼，题墙残字藓花秋。

这首《浣溪纱·重过陶然亭》，是俞平伯父亲俞陛云的作品，写于1920年。当时的陶然亭地势低洼，积水成湖，是平民百姓踏青出游的理想胜地。故宫、北海、景山、颐和园、天坛、先农坛等现在人们常去的游玩景点，在帝制时代并非一般人所能涉足，所以客游京华者在为数不多的景点前，十有八九会想到陶然亭。

远眺西山，一派芦苇青葱、草木丰茂的野景，尤其"重阳节后，苇花摇白，一望弥漫，可称秋雪"的景色，更有空旷清悠之意趣。"这里周围是芦苇，杂树，境界甚为荒凉。但登高极目，可以远眺西山；习静养心，亦为胜地"——此言出自刘叶秋先生，他是俞平伯的入室弟子，曾写过不少京华掌故。在闹市外能找到这样一个僻静所在，做倦鸟归林、羁鱼还泽之想，这样的趣味对于一个旧时文人来说，自然是非常难得的。

所以明清以来，陶然亭一带慢慢成了文人雅集的场所，甚至被誉为"周侯藉卉之所，右军修禊之地"，是名副其实的京都一胜。近人有"穿获小车凝泛艇，山林高阁当登山"一联，写陶然亭景物观感，车行芦苇丛中，远望有如乘船。还有翁叔平的"窗前绿树分禅榻，城外青山到酒杯"，再比如"长戈满地，一亭独幽，客子河梁携手去；把酒问天，陶然共醉，西山秋色上衣来"，都算得上是游览登临的不俗之作。把酒吟诗、流连山水，仿佛在这里人人都可以寻找到纵逸山林、啸鸣湖山的魏晋风流。

陶然亭西北有龙树寺，寺内有蒹葭簃、天倪阁、看山楼、抱冰堂等建筑，东南边有黑龙潭、龙王亭、哪吒庙、刺梅园、祖园，西南有风氏园，正北有窑台，这些历史胜迹产生年代多早于陶然亭，大都有文人墨客觞咏的历史。东北还有香冢、鹦鹉冢，以及近代的醉郭墓、赛金花墓等。坟墓是人的最后归宿，即使是"纵荒坟、横断碑，不辨龙蛇"，也令人低回，引起无限的参悟和叹喟。从有清一代，直到20世纪三四十年代，有关陶然亭

陶然亭的烟霞余影

的诗、书、画、文字等艺术品数不胜数；有赖几代骚客笔墨点染，陶然亭胜名流传。

最早这里是上京求名的举子们的麇集之所。

应试举子，三年一次，进京赶考都住本乡会馆，如果考试不利，就需要再等三年。农业社会交通不便，边远地区要走数月，车尘汗马，往返不够车钱，许多人就选择留在京城"复读"。客乡游子，郁闷难排；皇家园林，官禁森严；陶然亭自然就成了首选的公共园林。慈悲庵内品茗饮酒，窑台顶上登高临远，饮酒赋诗，但见溪流纵横，芦苇丰茂，花木葱郁，颇有江南水乡风光。在亭间石桌椅上小憩，怀古畅悠，是十分适合的，于是陶然亭就成了某种象征性的精神支柱，落寞失意、愁肠百结，都有了宣泄之所。以至于到后来，十八省的举子进京赶考，若不慕名到陶然亭一游，在墙上涂几句诗，便似未曾到过北京一样。

早期陶然亭其实无亭。清康熙三十四年（1695），工部郎中江藻来慈悲庵游览，颇喜此地清幽，于是在古刹慈悲庵西面修建三间敞厅，供游客临时休息之用，也作为与朋友聚会的场所。当时的他，也一定憧憬着亭子建成时的景象：秋风、菊花、愁肠、薄酒，"面西有陂池，多水草，极望清幽，无一点尘埃气"。

悬挂在庙门前的那块大匾上，据说是江藻亲书，不过只有"陶然"二字。江藻自己也认为，虽然大家都将他盖的这几间房子称为陶然亭，其实它并不是一个标准的亭子建筑，只不过是三间比较敞亮的高轩而已。习惯上依建亭人之姓，故名曰"江亭"。

江亭面阔三间，进深一间半，面积仅九十平方米。亭上有苏式彩绘，屋内梁栋饰有山水花鸟彩画。因取白居易诗"更待菊黄家酿熟，共君一醉一陶然"之意，命名"陶然亭"。这里的"亭"，用古代"道路设舍，所以停集行人"的原义，"亭"与"停"同义，是供行人歇息的房舍，并非作为园林景观的"亭"。故有"江亭无亭"之说。

　　陶然亭的正门匾额为齐白石所篆，还有一块是郭沫若题"陶然亭公园"门额中字，东向门柱上悬"似闻陶令开三径，来与弥陀共一龛"，此联是林则徐书写。旧联无存，现在的楹联是由当代书法家黄苗子重书。老爷子也深知此处乃文人诣京必览之地，落款便有些诚惶诚恐，称自己胡乱涂鸦。亭间分别悬挂"慧眼光中，开半亩红莲碧沼，烟花象外，坐一堂白月清风"；道尽当年文人雅士会集于此舞文弄墨、谈禅论道的野趣。

　　在亭的南北墙上有四方石刻，一是江藻撰写的《陶然吟》引并跋，二是江皋撰写的《陶然亭记》，三是谭嗣同著《城南思旧铭》并序，四是《陶然亭小集》，这是王昶写的《邀同竹君编修陶然亭小集》，诗中的竹君即朱筠。

　　这里曾经是窑台与坟场，荒凉而沉寂。前辈作家诗文里浮现出的陶然亭，大都是一派萧然的景致。那种"黯淡的寒姿"，足以让失意驻足的人心戚然。不过酒至半醺，在长凳上合上双眼，做一个萧散的人，还是足以慰藉这黯淡的人生。

　　陶然亭的芦花是北京有名的秋景，龚自珍笔下就曾出现过那种萧瑟的景象，堪与西山的虫唱、钓鱼台的柳影并称。以至于对郁达夫来说，一到秋天，无论他身在何处，就会想起陶然

陶然亭的烟霞余影

亭的芦花来。郁达夫曾在这里的墙壁上题过诗，也是那样的幽清凄怆。

芦花是秋天最有韵味的植物。它的生命在枯萎后才显出萧散甚至壮观的意味，每年的9、10月份，塘边的芦苇就转黄了，风一过，惊起大片的花絮，路人的发梢上、衣襟上满是，内心里不觉会受到大自然四季流转的撞击。

陶然亭北门正对的是窑台茶馆，在一个小木牌上，写着这样的句子："重阳后，苇花摇白，一望弥漫，可称秋雪。"即便是在盛夏，也能让人骤起清凉之意，以及对人生的玄思。

坟墓使死者安息，生者慰藉。陶然亭的墓冢一直是广为流传的佳话，香冢、鹦鹉冢碑上的诗文许多书中有记载，传说故事有很多版本。醉郭、赛金花、高君宇和石评梅，都有故事流传，以赛金花为最多。

当然，真正将生命融入陶然亭的，要数石评梅了。

对于一位重情重义的少女来说，一次被欺骗被伤害的经历足够她半辈子消受。石评梅一生辗转因人，陷身于密织的尘网中心神俱疲。无药可医之下，她决定从此抱定独身主义，却用悲伤和悔恨，用痛苦和悲鸣，慢慢虐杀了自己和自己所爱之人。

走过玉虹桥，循着湖边曲折的小径，自南湖沿儿一路向东湖而行。恍惚间，仿佛见到一个戴着圆边眼镜、一袭白衫黑裙、一弯齐耳短发、一枚象牙戒指的女子踏雪过了小桥，良久地对着一座孤坟咽咽絮语。她的足音回响在空荡荡的湖边小径上，风一起，散落到每一块山石草木上，芦花飘荡，飘向她的衣襟围巾。她是在用近乎赎罪的心情向墓中人泣诉衷肠。

> 假如人生只是虚幻的梦影，那我这些可爱的映影，便是你赠予我的全生命……我默思我已经得到爱的之心，如今只是荒草夕阳下，一座静寂无语的孤冢……

在高君宇墓碑背面，是石评梅俊秀的笔迹：

> 我无力挽住你迅忽如彗星之生命，我只有把剩下的泪流到你坟头，直到我不能来看你的时候。

有时候想，一个人假如死了，而尘世上有一个这样的未亡人哀婉地吟唱，或许人生也不是虚度的了。

墓后，是成片的枯蒲蔓草，那里分明隐藏着年复一年的风声和虫鸣。秋尽寒来，一缕沾襟，这座记录爱情的墓冢，落寞地坚持昭示着沉默的永恒。高君宇去世以后，石评梅经常独自一个人守在他的坟前，无论路遥地僻，也无论风霜雪雨，石评梅从未间断去祭扫高君宇的墓冢。在铺满厚雪的碑前供石上，她用手指一遍遍写"我来了"三个字。当有人走近时，她却用手拂去字迹，转身走开。

抹不去的那份寥廓和凄清，芦花的轻微的素色，开在风雨如晦、鸡鸣不已的年代，徒增哀愁与伤感。她多么希望有一股强大的力量来托举着她，鼓荡着她，将她送出这样一个无望而痛苦的境地。六年的文字，写了三年的眼泪，无花折枝终是空。

远看湖面，波光潋滟的水上载着一叶叶扁舟，穿行不止，如荷叶上滑移的凝露，于是整个陶然亭都沉浸在悲伤氛围中。

石评梅的文字几乎让人不忍卒读，触目之处，到处都是末世梦呓和对神秘谶语的迷恋。她写了一篇又一篇凄绝的散文，单是看看那些题目：《缄情寄向黄泉》《我只合独葬荒丘》《肠断心碎泪成冰》《梦回寂寂残灯后》……我们就不难知道，她当时的痛苦有多么刺骨锥心。

几年后，石评梅坐过的地方又筑起了她自己的坟茔。一抔黄土，几多芦花，伴随着一缕香魂悄然陨落。她再也不用冒着大雪赶来祭奠她的恋人了。她曾经认为池塘芦花是布置坟墓的美景。谁料一语成谶，此后芦花如雪，每年都会吹满她的坟头。石评梅追随高君宇化蝶而去，摆脱了尘世的不幸，时间和距离不再是他们的敌人。他们能否完满尘世未曾完美的爱情？

踯躅于陶然亭畔，景物依旧，人事已非。不知道什么人献的鲜花，早已经谢了，而路边桃花进了5月，也都相继辗落草丛化作泥了。飘零的岁月风雨中已经没有了自苦的多情人，不知人间悲欣的孩子们在墓碑边嬉戏跳跃，他们的父母似乎对这个墓的来由也毫不知情。残忍的春天一再到来，故去的爱情和历史的烟云，在时光的涛声里杳然而去。

陶然亭原来还有香冢一处，也颇为著名，传说是香妃的墓地。香冢的坟头很小，前面立着的一块石碣的背面有"香冢"二字，正面有一首言语神秘的韵语诗文："浩浩愁，茫茫劫；短歌终，明月阙；郁郁佳城，中有碧血。碧亦有时尽，血亦有时灭，一缕香魂无断绝。是耶？非耶？化为蝴蝶。"由于诗文中有"香魂"和"蝴蝶"字样，所以俗名"香冢"，又称"蝴蝶冢"。

由于石碣没有任何款识和署名，且无年月，所以关于此冢说法与猜测很多：或曰葬的是风尘名妓，自然少不了凄艳哀惋的爱情悲剧；一说是明朝遗民葬明制衣冠处，然后有一通末世孤臣血泪的传说；一说是某御史埋其奏稿和诗文处，使人联想到宦海沉浮与怀才不遇。小说《花月痕》中有一首题壁诗，说的是香冢当时的景观：

> 云阴瑟瑟傍高城，闲叩柴扉信步行。水近万芦吹乱絮，天空一雁比人轻。
>
> 疏钟响似惊霜早，晚市尘多匝地生。寂寞独怜荒冢在，埋香埋玉总多情。

意境亦是如此阴恻，读之令人心下怵怔，虽然抬起头来，再也不见萧萧飞白的芦花了。

在近代史上，还有不少仁人志士，如林则徐、龚自珍、秋瑾、康有为、梁启超、谭嗣同等，都曾登临陶然亭，或忧时伤世、慷慨悲歌，或秘密聚会、直抒抱负。"五四运动"前后，革命先驱李大钊、毛泽东、周恩来、邓中夏等曾在此从事革命活动。残堞断堠，夕阳草树，一代代人总也按捺不住英雄的梦想与光荣；然而这份萧瑟与冷清，却又与英雄的苍茫心境略有不符，也许，这里最适合的，还是作为红颜青冢永久的归宿吧。

丽水掩映下的长桥玉带、连廊晚亭，令人心情也随之鲜活起来。从春风青冢向西南走不远，就是赛金花的墓了，一个清末名妓，一个民国才女，两个毫不相干的女人，就这样自然而然地比邻而居。

"九城芳誉腾人口，万民争传赛金花"，赛金花一生，就是一个末世传奇。晚年她穷困潦倒，住在离陶然亭没有多远的一间陋屋中，估计生前不会没来过陶然亭，她死后由当过大汉奸的潘毓桂出面，将其埋在了陶然亭离香冢不远的一块荒坟地中。碑的正面画着张大千的《彩云图》，傅彩云即是赛金花初入风尘时的化名。画中的女子，羽衣环珮，在民众的想象里掩面沉寂，与真实的历史迷蒙交叠。

新中国成立后的陶然亭公园一直都很热闹，夏天经常举办"乘凉晚会"，看露天电影、戏曲演出，参加舞会；有时放河灯，有时有水上音乐会，在岸边走累了，还可以租一条小船划到对岸。园中有好几个茶馆，占一张方桌，沏一壶茶，可以坐一整天。

现在，我正一个人默默地坐在亭中。在幽静可人的湖光山色中看书，自是好享受，遗憾的是现在的陶然亭已经找不到密密匝匝的芦苇，连从前可以凭栏相望的西山，也被园外鳞次栉比的建筑物阻断了视线。园内增加了不少游乐设施，还弄出个中西结合的银杏落日大道。到处是砌得整整齐齐的人工湖石岸、玲珑整洁的石桥，郁达夫描绘的芦花夕照是再也看不到了，杨柳青色、粼粼波光里完全是一番砌造出来的风光。没有了苍凉的古意和不修边幅的野趣，一切是那么地静谧，安排得那么妥帖，完全是管理有序的现代城市公园景象。"更待菊黄家酿熟，共君一醉一陶然"的古意，即使是有心人也是难以寻觅了。虽然现在有人把陶然亭比作武汉的黄鹤楼、济南的趵突泉，几乎

北京：当历史成为地理

成了北京名胜的一个象征，然而菊黄时节，纵有美酒斟玉杯，却与谁共饮，与谁同乐？

　　落日洒着柔和的光芒，盈盈地汇入浩浩烟波、茫茫云雾，使我心里涌起一片无以名之的茫然。我只是在追忆着久远的从前，每到呼啸的秋风骤起，雪一样的芦花究竟是如何在茫茫天地间摇曳盘旋的呢？

铁狮子胡同里的无边风月

一条胡同，几度兴亡。陈圆圆、顾横波们也曾在秦淮河缓缓航行的画舫上，领略着远树深沉，江浪如雪；也曾徘徊在铁狮子胡同的红墙绿柳之间，在浅斟低唱中抒发着乱世中的低回心曲。从烟水秦淮直到京城落日，铁狮子胡同见证着"天崩地解"之际一段段苍凉而妩媚的传奇……

如今平安大街东段的张自忠路上，曾经踞坐着一对铁红色的石狮，这条道路也因此被称作铁狮子胡同。

与西城区著名的砖塔胡同一样，铁狮子胡同是北京最古老的胡同之一，虽然修建的年代已经不可考，但从周边的规划与布局来看，后人认为它很可能在修建元大都时就已经形成，最迟在明朝初年时已经具备规模。

明朝嘉靖年间，张爵所撰的《京师五城坊巷胡同集》中，就已经记录下北城的铁狮子胡同，那时它还只是一条西边开口、东边堵塞的狭窄通道，胡同中有一座名叫天春园的府邸，那对铁红色石狮就坐在府门前，是元朝某贵族家门前的旧物。据清初史家谈迁的《北游录》记载，制作狮像的工匠名叫彭德路，是元朝成宗年间人。

如此算来，这对狮子在皇城北边的胡同里，已至少静静地看过了几百年的风景。

铁狮子胡同中最富传奇色彩的建筑，就是这座隐藏在闹市之中、却绝不轻易显山露水的天春园。据《帝京景物略》记载，这座庭院在明初时可能是英国公家的宅邸，后来英国公张辅随英宗北征，于土木之变中战死沙场，这座庭院最后也由他的后代转售他人。

在明天启年间，这个大宅院成为权势熏天的司礼监大太监王体乾的府第。王体乾广拓园林，使得楼阁相接，端的一派好风光。

明代后期的几个皇帝深居后宫，纵欲玩乐，不见朝臣，不理朝政，政事都由宦官操纵。内阁官员派系林立，纷争不断，朝政日非。在那场东林党与阉党的惊心动魄的生死搏杀中，王体乾与魏忠贤、容氏私下勾结，最后败亡。

大明朝迅速衰朽下去了。庭园门前的铁狮子冷眼旁观着一出出历史的悲喜剧，看惯了荣辱与沉浮，到了明朝崇祯年间，终于迎来了新的主人，他就是著名的崇祯宠妃田贵妃的父亲——田弘遇。

田贵妃名田秀英，原本是陕西人，却在扬州长大，早在崇祯皇帝还是信王时就已经随同在身边。《明史》说她"生而纤妍，性寡言，多才艺"。她聪明伶俐，经常变化发型、服饰，一经她带头，宫中立刻仿效。她喜欢别出心裁，把原来阔大的门窗改小，为露天的道路盖上凉棚，还把扬式家具采入后宫。

田秀英的事，许多笔记中有记载，李清的《三垣笔记》中说，田秀英从小就十分聪明，很有才华，身上还有一种天然的奇香，"虽酷暑热食，或行烈日中，肌无纤汗，枕席间皆有香气"。《思陵典礼记》《梵天庐丛录》中都说田秀英从小跟母亲学音律、画画。清初诗人吴伟业曾经为她专作一首《永和宫词》，其中写道："扬州明月杜陵花，夹道香尘迎丽华。旧宅江都飞燕井，新侯关内武安家。雅步纤腰初召入，钿合金钗定情日。丰容盛鬋固无双，蹴鞠谈棋复第一。"

田秀英十七岁时，入选为信王妃。信王就是后来的崇祯帝，他登基后封田秀英为贵妃。

关外后金崛起，大军南下。崇祯登基时内外交困，终日为国事所忧。而田贵妃却成了崇祯的解语花，总能使崇祯帝忧虑尽忘。国丈大人田弘遇也就平步青云，名流显贵经常盘桓于府中园亭之下，铁狮子胡同终日车如流水马如龙。

田弘遇具有与最高统治层接近的有利条件。谁应该捧，谁可以压，什么是必须的，什么是不必要的，他都能做出明晰的判断。在捧与压的两方面，他都是由衷地、丝毫没有保留地形之于辞色。他的这种赤裸裸的势利，竟然坦率到这样的地步，以至于他的变化多端的面部表情就像一面兽纹铜镜一样，人们只要看一看它，就可以照出自己的穷亨通塞。

他生活的骄奢更是惊人。田弘遇在京城和扬州都有房子，而北京的房产更是占地几百亩，精致无异皇宫。一座花园，在京城也是首屈一指。田府深门洞，高房脊，檐上有狮、虎、麒麟等兽，气象威严。吴伟业是明末清初那段历史和田府兴衰的亲眼见证者，他为此写下了著名的《田家铁狮歌》，其中记道：

> 田家铁狮屹相向，䶅䶌蹲夷信殊状。
> 良工朱火初写成，四顾咨嗟觉神王。
> ……
> 武安戚里起高门，欲表君恩示子孙。
> 铸就铭词镌日月，天贻神兽守重闉。

字里行间，处处可以想见当年的田府如日中天、气焰灼人的景象。

京师演唱最好的名角，入了田某私人班子；当时的名伎冬儿，也为田弘遇蓄养。而轰动一时的是，崇祯十四年，田弘遇以到泰山进香朝拜为名来江浙选掠美女。他打着天子旗号，追逐苏州歌妓陈沅（小字圆圆）、秦淮名姝董小宛。

几经周折，董小宛终于逃脱，陈圆圆却被带回京城。吴伟业在著名的《圆圆曲》中写道："横塘双桨去如飞，何处豪家强载归？此际岂知非薄命，此时惟有泪沾衣。"

据冒辟疆《影梅庵忆语》，陈圆圆已经与江南名士冒辟疆互有好感，但后者正在为父亲的前途奔走，一时未能将陈圆圆及时迎回家中。就在这短短几天的时间里，田家倚势豪夺，风云突变，一对才子佳人就这样擦肩而过，从此再不曾相见。失

铁狮子胡同里的无边风月

意落寞之余，冒辟疆与另一位红颜知己董小宛回乡隐居，却依然牵念着当年这段未了的情缘。多年之后，当他在《影梅庵忆语》中回忆董小宛生前的点点滴滴时，仍满怀遗憾地提起当年与陈圆圆的往事。虽然称自己是为了父亲奔忙，断送这段情缘也并无遗憾，但在字里行间的淡淡情调里，依然流露出无限的伤怀与怅惘。

田弘遇把陈圆圆带回北京，即在这个铁狮子田府寻欢歌舞。钱谦益在《初学集》中也记载了田弘遇购选陈圆圆之事。

北上京城之后，铁狮子胡同成了陈圆圆生命中极为重要的驿站。在此后的两年间，她三次来到这里，又三次从这里离去。每次走进这里，她都会涉入一场惊风骇浪的纷争，人生也因此更增添几分浓墨重彩。

第一次离开田府，是因为田弘遇准备把她送给崇祯皇帝，以此为自家博取更多荣耀。没想到却受到崇祯的冷遇。"明眸皓齿无人惜"，陈圆圆只好重新回到田府，继续着楼台歌舞、日日笙歌的生涯。

末世里变乱迭起，坏消息不时传来。三月十六日，大顺军攻陷昌平、火烧十三陵的消息，使北京的街头风声鹤唳，气氛异常更甚于往日。北京城九门紧锁，一队队兵丁潮水般地涌来涌去，街市上人心惶乱。

在冷兵器时代，北京城固若金汤，一般不容易被攻破。北元、后金的部队曾几度抵达城下，但最后都折戟而归。北京城的老百姓见多识广，向来是处变不惊的。然而这一次，他们普遍有着一种不祥的预感。

北京：当历史成为地理

"公侯戚畹'甲第连云，宗室王孙'翩翩裘马"，铁狮子胡同还是旧时歌舞升平的光景。居于其中的高官们，他们全部的生活背景就是一些海市蜃楼和舞台布景。他们的两条腿站在一堆轻飘飘的云絮中，他们自身也都毫无重量。如果没有这些豪华的饮食起居，没有这些奢靡的笙歌弦乐，没有彼此之间的争权夺利、勾心斗角，没有打情骂俏、欺骗买卖的男女关系来填补心里的空隙，他们就更加显得一无所有了。

　　不过随着风声日紧，他们也开始惶惶然寻求保护。有人给田弘遇献计，不如把陈圆圆献给拥有重兵的吴三桂，用以自保。田弘遇和吴三桂的父亲吴襄既是同乡，又同为武将，私交很好，经常往来。所以田弘遇深以为是，把吴三桂请到府中，设宴款待。三桂戎装而来，"俨然有不可犯之色"，酒没有喝一杯，便要离席。田弘遇再三挽留，把他请到内室，"出群姬调丝竹，皆殊秀"，拥出一个绝色女子，这就是陈圆圆，她衣装素雅，"统众美而先众音，情艳意娇"。

　　陈圆圆早就知道吴三桂，有爱慕之心。田弘遇也有意结交，终于将她转送给吴三桂以换取保护。就这样，陈圆圆随吴三桂离开铁狮子胡同，第二次走出田府。

　　当陈圆圆这次离开这座府邸时，一定不会想到自己很快又会重新回到这个地方，在明清交替的历史活剧中扮演着重要角色。而田府也终于由盛转衰，田弘遇和田贵妃相继去世，天春园门前的铁狮如同旧时王谢堂前的燕子，沦落在明亡清兴的历史尘烟中。"此时铁狮绝可怜，儿童牵挽谁能前？……主人已去朱扉改，眼鼻尘沙经几载。"

陈圆圆也并没能和吴三桂相守多少时日，此时的明王朝已经摇摇欲坠。公元 1644 年，李自成的军队攻克京城，崇祯皇帝自缢煤山，李自成手下大将、权将军刘宗敏进驻田弘遇府，向京城里的官员国戚们追收钱财，留在吴三桂府中的陈圆圆也被掠到刘宗敏处。

这是陈圆圆第三次走进铁狮子胡同，却想不到这一去便引出了惊天动地的故事。大风起于青蘋之末，这些人身不由己地被投入一场历史的大风暴中，后面的事情，已经不能全部由他们把握了。

此时的吴三桂奉命率军驻守山海关，北京城传来了惊人的消息：农民军已经在前一天破城而入了。而李自成在入京后随即派人找到吴三桂，"许以封侯"。

吴三桂领着一支无家无国的穷途孤军，面临自己平生中最艰难的一次选择：要不投降大顺，要不就投靠清军。经历了山河破碎，身世浮沉，此时的他如同一只海上孤燕，不知在何处安家。大局未明，自己任何轻举妄动，都可能为自己和数十万宁远军人招来祸殃。

作为前朝旧臣，吴三桂心里自然别有一种凄苦：不幸生在末世，国破君亡，自己作为一方悍将，却无力支撑危局。最后他还是做出了抉择：归顺李自成。一来老父陷于北京，成了李自成的人质；二来自己也须看清形势，顺势而为不失为开国功臣。而且，与自己同级的不少将领都已经降附，自己坚持到如今，也算是对得起前朝了。

他甚至有一种夜长梦多、迟恐生变之忧。在这乱象萌生的时代，今日不知明日事，当务之急是未雨绸缪，尽快将后路安排妥当，如此方可稍稍舒一口气。既然已决心投顺，他就要尽快落实与李自成已经达成的盟约。

然而无法控制的变数，使事情的发展脱离了原本的预想。走到半道，不少在北京被拷打的明朝官员出逃后向吴三桂哭诉，尤其是当他得知父亲也被拷打的消息，更如同迎面冲过来的一股冷气，几乎把他的血液都冻结起来了。

经过紧张的思考和权衡，吴三桂决定不再入京，怕自入罗网后父子遭杀戮。"冲冠一怒为红颜"的故事自此在世间流传。历史在后人的眼中，也许能多少看出一些必然的规律，然而在当时人眼里，却大多是无序和偶然。正是这些大大小小的偶然，造成了变幻莫测的历史。

后面的事情，自然是吴三桂打开山海关迎清兵入关，江山因此再度易手，中国历史从此走入清朝定鼎中原的年代。从此"全家白骨成灰土，一代红妆照汗青"，历史的天平戏剧性地倾斜向了山海关外的清朝一方。

时间呈现了一种前所未有的急促面貌，令人惊恐万状，无所适从。李自成军退走了，明王朝远去了，陈圆圆终于再次离开铁狮子胡同，与吴三桂一起前往云南，从此再没有回来。

然而铁狮子胡同与秦淮八艳的宿缘并未到此终止。公元1664年，另一位来自秦淮之畔的传奇女子顾横波安然病逝在铁狮子胡同的龚鼎孳府中，京城文坛为之震悼，一时人来车往，凭吊不绝。

一条胡同，几度兴亡，从烟水秦淮直到紫禁城边的落日，这个田宅双铁狮子的荣辱变幻关系明清两朝的消长，见证了苍凉而妩媚的一段传奇。来自秦淮河之畔的陈圆圆、顾横波们或许也曾经漫步在南京乌衣巷口的夕阳下，遥望着旧时王谢堂前的燕子，在浅斟低唱里抒发着一番番思古幽情，而在若干年之后的帝都中，当她们徘徊在铁狮子胡同的红墙绿柳之间时，这条阅尽沧桑的小路也在重复着与乌衣巷同样的命运。

至于那座天春园，几经易手，在清代的近三百年间，也经历了许多沧桑。康熙年间，这座名园曾经转归靖逆侯张勇手中，到了道光末年，它又在一番修葺之后改名为"增旧园"，园中设停琴馆、山色四围亭、舒啸台、松岫庐、古莓堞、凌云洞、井梧秋月轩、妙香阁等处，号称"八景"。这些景点各有风致，或适于闲坐抚琴，或适于登高遥望，再加上土山群树，虽然地面狭小，坐落在街井闹市间，却颇有古朴沉静的气息。《天咫偶闻》里评价它"屋宇深邃，院落宽宏，不似士大夫之居"。

当年的一双铁狮，流落在狭巷中，已然破碎，巷口另外又有一对卧式石狮，制作极为精巧，却已经半埋没在黄土之中。从当年的铁狮到此时的石狮，铁狮子胡同的声名犹在，其中的故事却已经换了几番。

幸运的是，由于地处街巷之间，这座庭园并没有像城外的圆明园和清漪园那样，在历次劫掠中毁于战火，但几经风雨飘零之后，也日渐衰败下去，《增旧园记》中曾经感叹："自今以往，或属之他人，或鞠为茂草，或践成蹊径，或垦作田畴，是皆不可知矣。更何敢望如昔之歌舞哉？"

民国时期议会腐败，军阀内战，学潮蜂起。在这一大堆乱糟糟的悲喜剧场面中，铁狮子胡同的繁华与显赫并未随往日的时代远去，在民国史上也是大大的有名。清末十年，廉公府改为清政府的海军部与陆军部；民国新成后，袁世凯在这里宣誓就任中华民国大总统；不久又成为段祺瑞执政府所在地；也就是中华民国最高行政机关；北洋政府时期，天春园成为外交总长顾维钧的官邸，民国新贵、前朝遗老来往于其中。

1924 年，这里更是迎来了北上主持大计的孙中山先生。孙先生在广东开府建衙，希望北伐中原，却始终政令不出广东。他一生书卷气重，到了北京后他才恍悟，这些个飞扬跋扈的军人，借用的是他的崇高名望，内心里全是自己的小九九。

1925 年 3 月，孙中山就在这条胡同的承公府辞世。久经世事沧桑的铁狮子胡同，于是又送走了一位传奇人物。这时的铁狮子见多了赫赫扬扬、鼓乐喧天的宏大场面，也见证了历史上无比黑暗的时期。北京接下来的这段时间里，成为有枪阶级的打架季节，也是青年们魂灵的断头台。1926 年 3 月 18 日，是为"民国以来最黑暗的一天"，段祺瑞执政府向抗议日本帝国主义而向政府请愿的学生和市民开枪，死伤二百余人，黑暗笼罩了胡同的每一寸土地。在更黑更黑的夜里，会有无数的小白花来抵抗那黑，无数细密的光明在这条胡同的深黑中交织，夹着深深不安的叹息……血沃中原肥劲土，血腥的记忆唤醒更多的年轻人走向长街，奋起抗争。

日伪时期，铁狮子胡同被侵华日军的宪兵司令部占据。喧闹包围下那不正常的寂静，衬托出生活于此的人们正在半死半生中卑怯地苟活。

铁狮子胡同里的无边风月

抗日战争胜利之后，为了纪念抗战中在枣宜战役中殉国的张自忠上将，铁狮子胡同被更名为张自忠路，时至今日，它被拓宽打通成平安大道的一部分，连接着北京城的东西两端。

最早我到这个地方时，平安大道还没有开工，这里还是一条幽静、古朴的小街道，两旁的国槐遮天蔽日，初夏老远就闻到沁人心脾的槐香，一夜晚风能将碎玉似的槐花吹满一地，遛鸟的大爷很早就踏着这些"碎玉"，不急不慢地在这条街溜达。现在记得当时看到了一个清史研究机构，一块不起眼的石碑，上面注明这是"三·一八惨案发生地"。

槐花香气浮动，让我一度觉得自己置身于时光之外。

《田家铁狮歌》结尾是"并州精铁终南冶，好铸江山莫铸兵"，感叹王朝的兴替与对国家稳固的祈祷。细细数来，铁狮子胡同曾依次成为皇亲府、将军府、亲王府、海军陆军部、总统府、执政府，几次都处在时局的微妙之处；数百年风云聚散、形势消长，历史负荷之重、岁月蕴藏之深、政治记忆之丰，实非一般可比，够得上建一座博物馆了。

然而，铁狮子胡同已不复存在，一条四辆汽车可以并行的大路横在眼前；如今，能够容纳八辆车并驶的更为宏阔的大道又替而代之。历史的波涛已远，风云变幻、惊心动魄的历史踪迹就隐藏在这通衢大道之中，百年沧桑巨变转瞬过去，那些风云一时的历史人物早已作古，悠久丰厚的旧日时光，早已杳然成为虚无。那么多的神秘，隔着那么多遥远得叫人眩晕的岁月，都沉没在夕阳暗红色的波光里。

如果当年的铁狮仍有知觉与生命，一定还会无声守望如水的车流和东升西落的日月，遥看槐花遍地香遍京城。落日霞光会映在它的眼睛里，欲说还休，告诉我们那些白门细柳的传说也是历史——是默化在人们心中的另一种历史。

铁狮子胡同里的无边风月

前门火车站

八大胡同和那些乱世里的伤花

勾栏瓦舍，人烟凑集，灯影里，红粉佳人莺歌燕舞，艳色粉黛柔情若水，年复一年地争妍斗艳。空气中一天到晚飘散着一股令人头晕的脂粉香气，装点这儿的富贵红尘分外妖娆……

"陕西巷里觅温柔，店过穿心回石头；纱帽至今犹姓李，胭脂终古不知愁。皮条营有东西别，百顺名曾大小留；逛罢斜街王广福，韩家潭畔听歌喉。"

这首诗的每一句都包含了一个地名，综合起来就是八大胡同。

八大胡同位于北京城的宣南地区，在虎坊桥十字路口的东北方向，前门的西南角，是一片纵横交错的旧街陋巷。走在蜿蜒迂回的巷道，恰似穿梭在无尽的时光隧道之中。

这里，可是民国初年北京城南有名的销金窟；更是许多官宦权贵、文人墨客聚会之所。其中亦不乏高档场所，凤阁鸾楼，雕栏画槛，丝幛绮窗，极为精巧华丽。居住其中者，无不是艳惊江南江北的冶艳名妓，甚至不乏文人骚客雅称为女史者。

与琉璃厂仅一街之隔、咫尺之遥，心理上却像是跨入了另一个世界。在中国历史上，一般而言，士子如云之地，周围必定有青楼楚馆。世人对风流才子有着难得的宽容，有一二红粉知己自是难得的人生际遇，不过琉璃厂与八大胡同几乎接壤，不知是出于巧合，还是自然演进的结果。总而言之会给人留下很多想象的余地。低唱南曲的艺妓，浅吟北曲的娼女，红袖飘香，花枝掩映，直让文人雅士们在这里"夜夜长留明月照，朝朝消受白云磨"。

据《清稗类钞》记载："京师八大胡同，即石头胡同、胭脂胡同、大李纱帽胡同、小李纱帽胡同、百顺胡同、皮条营、陕西巷、韩家潭是也。"但老北京大多知道，"八大胡同"只是一个泛称，"八"概言其多，并非定数，是这一片花街柳巷的统称。就像南京城的"秦淮河"一样，"八大胡同"是老北京青楼妓馆的代名词。认真算起来，该地区起码有十几条胡同都属于"花柳繁华之地，温柔富贵乡"，这一点民国时期的《顺天时报丛谈》也曾有过论述。

八大胡同在清朝前期就已经名声在外了。然而，狎妓者大多是一些有身份的人，康熙皇帝对此大为不悦，于是便专门立法：嫖妓的官员，为首者斩，从者发配到黑龙江。惩罚不可谓不严。嘉庆皇帝也曾颁布这样的法令：嫖妓者，杖打八十，并将其房屋充公。到咸丰、同治年间，朝廷始终没有放松对官员嫖妓的整治，士大夫涉猎花丛、挟妓冶游，按例必须革职。曾国藩家书中曾经两次提到京官在八大胡同嫖娼被抓的事。

朝廷出重手整治官员嫖娼，可自古以来都是上有政策下有对策，官员们另辟蹊径，把充满情欲的目光投向了同性。可供亵玩的娈童一般是伶人出身，他们的居所集中在八大胡同韩家潭一带，因此，八大胡同成就了达官要人们和梨园名伶的销魂一梦。道光八年，有一位曾是八大胡同常客却家道中落的公子哥儿写下了《金台残泪记》一书，其中充满了对往昔放荡生活的眷恋：

> 王桂官居粉坊街，又居果子巷。陈银官尝居东草场。魏婉卿尝居西珠市。今则尽在樱桃斜街、胭脂胡同、玉皇庙、韩家潭、石头胡同、猪毛胡同、李铁拐斜街、李纱帽胡同、陕西巷、北顺胡同、王广福斜街。每当华月昭天，银筝拥夜，家有愁春，巷无闲火，门外青骢呜咽，正城头画角将阑矣。尝有倦客，侵晨经过此地，但闻莺千燕万，学语东风，不觉泪随清歌并落。嗟乎！是销魂之桥，迷香之洞邪？

通常人们把妓院叫作"窑子"，而这类包养娈童的处所也有一个通俗化的称呼，叫作"堂子"，据齐如山先生在《齐如山回忆录》中所说："私寓又名相公堂子……在光绪年间，这种私寓，前后总有一百余处。光绪二十六年以前的四五年中，就有五六十家之多，韩家潭一带，没有妓馆，可以说都是私寓。"

直到19世纪末，清王朝经历了列强入侵、庚子之变的打击后，已是摇摇欲坠。朝纲日渐松弛，官员嫖娼也无人追究，八大胡同的妓馆又从娈童手里抢回了地盘。

在八大胡同里，最被人追捧的首推陕西巷，清末民初时，巷内的妓院多达十四家，而且都是头等妓院，称为"清吟小班"。"清吟小班"里的女子受过很严格的专业训练，掌握初步的吟诗作对、弹琴作画的技巧，取悦恩客的看家本事更是不可或缺，往往令名流士绅、权贵富商趋之若鹜。

赛金花和小凤仙都是陕西巷里的名妓。这两位民国初年的传奇人物都是南方人，是南帮妓女中的代表人物。

八大胡同也是一个小社会，自然也有其独特的社会生态。比如来自南北方的女子都各有帮派，南北两帮之间甚至"鸿沟俨然，凛不可犯"。"北班"妓女自然就是北方人，其中也有很多是旗人，有着爽利的风姿，但可能欠缺一点韵致；"南班"妓女来自江南，相对来说更有优势，一部分人除美色之外更兼才情，最能引起那些文人骚客的狂热追捧。说起来八大胡同原本全然是北方人的天下，据说第一个来自南方的妓女名叫素兰，湖北广陵人。戊戌变法之后她来到北京，曾经艳帜高张，吸引了众多的官宦子弟。而后才有赛金花的"金花班"，赛金花自称："京城里从前是没有南班子的，还算是由我开的头。"这话没错，虽然赛金花并不是第一个来北京"开市"的南方妓女，但是她的金花班确实是京城的第一家南方班。赛金花行事向来大张旗鼓，据说她的金花班开业的时候，门上挂了一块朱字铜牌，金花满屋，彩球高悬，一时间轰动京城。她的金花班也确实销金酥骨，门庭若市，艳名传遍四方。

在这一点上，赛金花确实称得上是开风气之先。此后，南国佳人大举北伐，一时间，江南佳丽和北地胭脂公开打擂，粉白黛绿，燕瘦环肥，真可谓海陆杂陈，香闻十里。当时，有好事者写下这样一首《竹枝词》："彩烛光摇满脸红，胭脂北地古遗风，南朝金粉唯清淡，雅艳由来迥不同。"

南方班的妓女进军北京，落户八大胡同，客观上提升了八大胡同的档次。民国以后，"北班"落了下风。这样一来，八大胡同不再是单纯的销金窟，反倒成了时尚、有品位的游乐和社交场所。

有诗云："貂裘豪客知多少，簇簇胭脂坡上行。"在清末，官员们尚有所顾忌，以饮宴之名，行狎妓取乐之实。到了民国，达官贵人们扔掉了遮羞布，肆无忌惮地在八大胡同进进出出。当时，八大胡同的客人以"两院一堂（参议院、众议院和京师大学堂）"的要人居多，这里成了声色俱佳的社交场所，既是风月场又是名利场。

除了追求肉欲和声色之外，八大胡同还兼具社交聚会、美食餐饮和演艺娱乐场所的功能。梁实秋就曾观察到："打麻将应该到八大胡同去，在那里有上好的骨牌，硬木的牌桌，还有佳丽环列。"（《北平年景》）蔡元培也说，八大胡同是"两院一堂、探艳团、某某公寓之赌窟、捧坤角、浮艳剧评花丛趣事策源地"。更有意思的是，民国时代的八大胡同还兼有政治沙龙的功能。当年袁世凯上台，一门心思想要复辟当皇帝，对国会议员们照例要贿赂一番，他选择的地点既不是六国饭店这样的高档社交场所，也不是京城最有名的饭庄中的任何一家，偏偏就选在了

北京：当历史成为地理

八大胡同。这件事听起来像奇闻，但也可以想见，八大胡同在当时的地位非同一般，这委实算得上是那个时代的一大奇景。

在八大胡同，有号称"卖嘴不卖身"的清吟小班，比如位于韩家潭胡同里的庆元春，即是当时著名的清吟小班。这类妓馆相对比较"高雅"，即便是门前的额匾，也多是当时名家所书。里面的佳丽们琴棋书画样样精通，低吟浅唱，宛转蛾眉，往往令名流士绅、权贵富商如痴如狂，要想登门造访这些色艺双佳、技压群芳的当红名妓，即便是公子王孙、豪门巨贾也得提前预约，否则难以一亲芳泽。

小凤仙也是出自清吟小班。很难说她有着天姿国色，也很难说蔡锷对她的情分是深是浅，但若没有一手动人心弦的表演技能，又怎能博得蔡大将军的另眼相看呢？

传说当蔡锷和小凤仙最初相见，阁子里只剩下二人时，小凤仙也不睬他，只摘下挂在壁间的一张瑶琴，挽起衣袖，轻拢慢捻地弹起来。她鼓琴，是为了要履行自己对于送了缠头的来客应尽的义务。这与其说是为了敷衍来客，还不如说是为了敷衍养母，她要不为他做点什么，在养母那里交不了账。也由此可见，八大胡同的艺女们还是颇有我行我素的倔强态度，绝非后来见钱眼开的同业者所比。

除了"清吟小班"之外，还有一种"茶室"，等级稍逊，但亦不是贩夫走卒之辈可以问津的，从朱茅胡同的聚宝茶室、朱家胡同的临春楼及福顺茶舍等依稀残存的室内雕花装饰来看，当时"茶室"的层次也令人惊异。茶室中的莺莺燕燕也许不像小班艺妓那样百里挑一，但也不乏浊世遗珠。

八大胡同和那些乱世里的伤花

其实八大胡同的妓院并不像电影里所演的那样，进门就点"菜"，然后开始打情骂俏，甚至直奔主题。不管是"清吟小班"，还是一般的妓院，都有一定的规矩和程序，听曲喝茶，谈天说地，弦歌雅乐，兴之所至方可进入"正题"。对一个原本只想图一时快活的嫖客来说，也要正襟危坐，甚至风雅一番，然后才能"徐徐图之"，相机行事。有感于此，赛金花在她的回忆中说："当姑娘最讲究的是应酬，见了客人要'十八句谈风'。陪客时，处处都要有规矩，哪像现在'打打闹闹'就算完事。"

当然，她们的生活也充满了痛苦和幻灭，在富绅巨贾逐歌征色的交际之中，一边把酒，一边强作笑颜地应酬让人厌倦的纠缠。别瞧她们现在满身裹着绫罗，谁知道她们在赋税和债务的重压下，被卖到这里来，当着主人和宾客的面强颜欢笑，背地里却是热泪暗流的苦楚？她们是最懂得风雅的主人家笼子里的黄莺儿，她们的存在，只为了让主人家和他的宾客们共同风雅一番。她们只有一立方尺的空气可供呼吸，实在闷得透不过气来，巴不得要飞出樊笼，而没有想到，即便飞出这只笼子，仍然要关到另一只笼子中去。她们的命运早已注定。

她们的爱情也只存在于幻想中。残酷的现实生活一点一点地打破她们的幻想，一寸一寸地磨掉她们的青春，使得她们逐渐在这片轻歌曼舞之地站不住脚，所有的幻想才算真正告一段落。她们的豆蔻年华可能是一注流水，在八大胡同的勾栏瓦舍里年复一年地流失。

八大胡同的鼎盛时期是在民国初建的那些年。1928年，国民政府定都南京，八大胡同已呈整体没落的态势。到了新中国成立初期，1949年11月21日，北京市第二届人民代表会议召开，会议通过了关闭北京所有妓院的决议。新生政权的行动果敢坚决，雷厉风行，当晚八点，就有两千余名干警集体出动，八大胡同所有的妓院在一夜之间全被关闭。至此，八大胡同的风尘往事彻底终结了。

据说，在关闭妓院之前，政府为了限制嫖客去妓院，一度想出了不少"创造性"的办法。他们将"嫖客查讫"的大圆戳子盖在嫖客们的身份证上，有时还直接盖在衣领子上，以至于嫖客一见到警察就大叫："快跑！盖戳子的来了！"

虽说八大胡同名声不雅，但这里同样也算是一处文化名胜，也有像李渔这样文化史上的名人为它增光添色。李渔是明末清初的戏剧理论家，一部《闲情偶寄》就足以传之后世了。他本是浙江人，大约于康熙初年来到北京。李笠翁向来放荡不羁，并不在乎自己的芳邻从事的是什么行当，反而有些乐在其中的意思。他在八大胡同的韩家潭（今韩家胡同）垒石蓄水，以他在金陵的别墅"芥子园"为名，修筑了一座私家园林，并在这里著成了一部影响深远的《芥子园画谱》。这部介绍国画技法的书籍影响深远，从问世起就被当作学习国画的启蒙教材，齐白石、徐悲鸿、林风眠等名家都曾临摹过《芥子园画谱》。在李渔的芥子园故居内，有这样一副楹联："老骥伏枥，流莺比邻。"实在是狂放得可以。如前文所述，当时朝廷禁止官员嫖妓，一度同性恋盛行，这"流莺"也就不辨雌雄了。

除了"芥子园"遗址，在"八大胡同"这个风月场的纵深处，还绽开过一大片风雅之花，这里，也曾经是京剧的摇篮。

众所周知，徽班进京对京剧的形成，起到了决定性的作用。徽戏声腔是以"二黄腔"为主，"昆腔""徽调""吹腔"等为辅，曲调繁复，剧目众多，语言通俗，亦俗亦雅，行当齐备，武打花哨，一经登台即受欢迎。1790 年乾隆皇帝八十大寿，全国各地著名戏班纷纷进京献演祝寿。这是徽戏第一次登上京师舞台。闽渐总督伍拉纳命其子亲率安徽三庆徽戏班进京为皇帝祝禧演出，下榻八大胡同之韩家潭。"四大徽班"来京后，由于其戏路很合京城百姓口味，所以再也没有南返，就在京城购房置产，安家落户。也许是就此种下的一点因缘，此后四喜、春台、和春等戏班接踵而来时，也大多聚首于八大胡同的百顺胡同、陕西巷和李铁拐斜街等地。四大徽班后来扎根在南城，活跃在戏园、戏楼集中的大栅栏和八大胡同等处。以至于梨园界流传着这样一首歌谣："人不辞路，虎不辞山，唱戏的离不开百顺、韩家潭。"

铁树斜街、樱桃斜街那一带，也就由此成了中国京剧梨园诞生之地。1894 年，梅兰芳生于李铁拐斜街，1900 年，全家迁至百顺胡同。与梅兰芳同一时期的京剧名伶大都在八大胡同之韩家潭、百顺胡同、石头胡同、王广福斜街等胡同内居住过，那里至今还保存了一批名人故居。

八大胡同的沧桑岁月，也见证了清朝末年到民国初年中国社会饱受的凄风苦雨。清末民国初年的妓院，一度成为革命党人出没的地方，在这种场所喝花酒、打麻将比较容易隐藏身份，三五人的聚会也不受当局猜疑。除此之外，八大胡同也曾出现过几段感人肺腑的轶事。最有代表性的首推赛金花和小凤仙，这些身世迷离的女人为"八大胡同"增添了许多神秘、传奇的色彩。

然而，这些却都成了人们急欲将其抹去的记忆。即使不能算禁地，也属于被刻意遗忘的部分。且看洋洋洒洒百余万字的《北京名胜古迹辞典》，就是不设"八大胡同"词条，读者不难体察个中端倪。前些年，有人大胆提出，以一种崭新的思维开发八大胡同，媒体参与争论，一时众语喧哗：八大胡同的历史如何看待？历史上的情色文化有无必要还原？……这样的论争一般都无疾而终，青楼遗址也一直没有列入北京胡同游的景点，所以八大胡同的历史虽然悠久且异彩纷呈，但连老胡同游的待遇也没有。这一切当然只是因为，八大胡同收藏着的，是一段暧昧的记忆。

　　健全的社会应该是一条永动的河流，应该容纳得下各种方向的旋流。八大胡同的混沌岁月虽然积淀着情欲、放纵、烟毒等事物，但从另一角度看，亦不失为一种凝聚着各种情致和历史意味的文化载体，汇聚了多种形态的生命流程。它其实并不只是承载青楼女子的历史，也是北京历史的一页。它曾经的风流履历，同样可以看到一个时代的影子，是道不尽的百年沧桑。

　　在之后的很多年里，八大胡同日益衰败，寥落清冷，成为北京城里没有一点风流韵事的寻常街巷了。倘若从三里屯酒吧一条街的灯红酒绿中穿行到这里，年轻人可能会觉得了无趣味。灰墙残瓦之间偶有老人神情闲散临街而坐，全无旧日温柔乡、"销金窝"的风韵。遥想当年笙管弦歌、缠头争掷的风流景象，文化到这里变得艳丽，政治到这里变得微醉，这种旧时代的情致已是杳然难寻了。

大栅栏

忆念中的春明旧事

> 北京的秋，如今已然和郁达夫眼中的故都很不同了。
> 几十年日新月异，许多事物付之逝水，也包括与文化古都
> 时期的历史息息相关的情调，再难"招魂"。北京的风景也
> 永在变幻，星移斗转，景异人殊……

这几年来看了不少北京民俗方面的书，有不少是邓云乡先
生所著，作者用个人客居京华的生活经历，写燕京风物、市尘
民俗，文笔清幽，读来饶有趣味。尤其在书中遥望到的京华胜景，
残留着 20 世纪 20 年代市井文化的气息，那一缕早已逝去的旧
京情调，着实令人感怀。

可以看出邓云乡是个温文尔雅的人，他身上深深地濡染着
中国乐感文化的历史遗留，笔下有着浓重的末世士大夫的情调。
包括他的"文化古城纪事"系列，也是传统中国文人寂寞中的
生活所依，精神趣味所恋。"说来也简单，就这样在老人们的爱

抚教导中，使我养成了热爱京华风物，留心京华旧事的习惯。遇到旧时文献，或前人著述，或断烂朝报，或公私文书，或昔时照片，以及一张发票、一张拜帖、一份礼单、一封旧信……均赏玩不置，仔细观看，想象前尘，神思旧事。"

灯火阑珊，旧京难忘。邓云乡从1953年离京，一直客居海上。岁月沧桑，返求内心，总是难免有无法释怀的时刻。翻其著述，扑面而来的都是故土的乡愁，"进退雍容史上难，忽收古泪出长安"，"我对燕京乡土，亦充满了故园之情，故旧之思，故都之爱"云云，满目皆是弥散着敦厚之气的旧京味道。

燕京是北京的别称，唐都长安城东面三门的中间一门叫春明门，后人以长安和春明作为当时的都城的别称、雅称。至明清时，长安春明专指都城北京。翻开《鲁迅与北京风土》《燕京乡土记》《增补燕京乡土记》《文化古城旧事》《北京四合院》等书，节候、风物、胜迹、风景、饮食、技艺，都豁然呈现。书中涉及20世纪三四十年代的旧京胡同、街道、城楼、四合院、厂甸、庙会、商业区、旧书肆、剃头挑子、提笼架鸟、童谣与市声、驴夫与洋车夫、豆汁儿、腊八粥、天桥、影戏、评书与戏曲、说书人等等，将旧京风情的段落串联成一幅老北京的"清明上河图"——城墙宽厚严整，城门雄伟壮丽，天桥、厂甸热闹非凡，四合院里和谐宁静，四时八节百食不厌的小吃，街头巷尾淳厚、质朴的民间风情……

这些记忆都不因岁月而褪色。我品读出一位俯仰尘世、出入雅俗的老人，确乎有着中国古典传统的大家风范，是属于旧时代的名士风流。掩卷之余令人忽然想到，20世纪二三十年代的北京，已经成为中国近现代知识分子精神怀乡病的根源。邓云乡的一抹乡愁越过时空感染着我，时过境迁，人事如烟，让人不禁思之黯然。

1927年国民政府定都南京。南京第二次成为民国首都。国民政府选择南京作为都城，固然因南京独特的自然条件和历史地位，同时，也是考虑到国民党总理孙中山的遗嘱："民国须迁都南京也。北京为两代所都，帝王痼梦，自由之钟所不能醒；官僚遗毒，江河之水所不能湔。必使失所凭借，方足铲锄专制遗孽；迁地为良，庶可荡涤一般瑕秽耳。"

历经金、元、明、清四朝的中华之都北京，从此变为"北平"。

一下子丧失了首都地位，过剩的建筑设施和劳动力，大多将用于休闲消遣，北京文化精神里最富魅力的气质由是发扬到了顶峰。

不愁衣食的闲散，为一座都城带来了别样的生活情调。没有了漕运的重负，没有了首都的光环，但明月依旧，城郭如故，可以安静地做它的文化古城。北京一下子安静了下来，并前所未有地成了平民的乐园。在四合院里，老北京人种下了夹竹桃和天冬草，"天棚、鱼缸、石榴树"所构成的温馨气氛更加宜人。

还有众多的学者和艺术家，给这座城市注入了沉稳的文化情怀。而从容不迫、宁静安详、阅尽繁华的故都气象里，也有取之不尽的艺术源泉。温柔敦厚的历史风气，"五四"新文化开创的传统，都深深地在故都积淀着。可以说民国时代的北京，有着文化形态上最大限度的完备性。这时的北京，也就是后来经常勾起人们感怀的"老北京"，它宽和醇雅的气息流散至今。

那时的北京，在西方人的眼中，是散发着东方气韵的中国故都，是"全世界最悠闲、最舒适的城市"，是辉煌东方栩栩如生的象征。这可是八百年的皇皇帝都啊，一景一物，都大有来头和讲究。

　　在国人眼中，更让人充满感怀、念念不忘的是那些最壮美的湖山、宫殿、坛社、寺宇、宅园、楼阁，是昔日皇家园林里植于辽代的古柏、倒垂的翠柳、汉白玉的桥梁，以及随处可见的花草……

　　颐和园、雍和宫、白云观、潭柘寺……遍布城内外的宫观寺庙，每一处都引人入胜、美不胜收；琉璃厂、大栅栏的京味风情，让人流连忘返；前门外到处都有戏棚子和茶馆，也是其乐融融；天桥有把式，厂甸有庙会，隆福寺有的是可心又便宜的东西。风骨凛然、意态不凡的老城墙，是老北京安身立命、走到天涯海角都忘不了的所在；就连那些不起眼的、纵横交错、彼此相通的胡同，有时也会出其不意地把人引向某座幽深静谧、大有来历的古迹名刹。

　　在时人的眼中，南京，在1938年以前和东京一样，代表了现代化、进步和工业主义，是民族主义的象征。而北京呢，则代表了旧中国的灵魂——文化和平静，代表和顺安适的生活，代表了生命的和谐。北京是少数具有独特文化性格的城市，它将"乡土中国"和"现代中国"如此自然地凝结在一起。"巴黎和北京被人们公认为世界上最美的城市，有些人认为北京比巴黎更美。几乎所有到过北京的人都会渐渐喜欢上它……"1938年，林语堂旅居巴黎，用英文写了追怀北平的长篇小说《京华烟云》，以自己的方式描述北京"难以抵御的魅力，以及其难以理解和描绘的奥秘"。

对于许多现代城市的居民来说，"房间种树"已是一种奢求了，而老北京城对"人与自然和谐"的领悟却是如此之彻底，它简直是"树间种房"。盛夏之际，四合院里的绿树为你撑起了一把巨大的遮阳伞；而在数九寒冬，树叶没了，直射而来的阳光让你满屋生辉。照郁达夫的说法，这是一个"只见树木不见屋顶的绿色的都会"，你站在景山往下看，只见如洪水般的新绿。因为北平的四合院本就低矮，院子里又往往种有枣树、柿子树、槐树，到了春夏时节，整座城市都笼罩在绿荫中，很难再见屋顶。

在20世纪30年代，除了红墙黄瓦的皇宫，其他全都被绿树所掩盖。皇宫不像民居，不能随便种树，有礼仪、审美的因素，也有安全的考虑。北平的四合院里，有真树，有假山，大缸里还养着金鱼和小荷，把大自然整个搬回了家。

"北平的好处不在处处设备得完全，而在它处处有空儿，可以使人自由地喘气；不在有好些美丽的建筑，而在建筑的四围都有空闲的地方，使它们成为美景。每一个城楼，每一个牌楼，都可以从老远就看见。况且在街上还可以看见北山与西山呢！"老舍的一席话道出了北平的妙处。

文化古城的时代，俗调与名士流韵，记载着另一个历史，那是沉淀在历史深处的人情的晶石，是与紫禁城里的风尚大不相同的。海王村公园中央出售茶水的高台，琉璃厂东街一家叫作信远斋的小铺，是那个时代受人追捧的前卫小店；春节时分，

忆念中的春明旧事

书画商们在隆福寺外面搭制一些大席棚，悬挂屏联条幅，陈列扇面古卷，铺排散册残页和金石文玩。夕阳西下，微风吹衣，旅居京华的文人学者访得久觅而不得之书，夹之而归，更是人生一乐。

在那十几年间，北洋时代在北京的中央政府机构都已不复存在，作为首都时代的雍容气派，已杳不可寻。北京城变为了一个彻底的文化名城，其生活氛围之清雅平和，无以复加。英国作家哈罗德在那个年代来到北京大学教书，只不过住了短短数年，然而在回到伦敦十几年后，他仍然一直交着北京寓所的房租，渴望在自己的余生里，能够回到这座有着独特东方韵致的古城。

在那个年代，北京的文教事业进展神速，是当时中国最负盛名的文化学术中心城市，也是中国知识分子的精神家园。以北大、清华、燕京、北师大等高校为代表的高等教育重镇，使北京成为最有学术氛围和人文精神的地方。新锐知识分子与青年学生的活跃，让北京成为"新文化运动"的肇始之地。"五四"启蒙思想家们学贯中西，成为晚近中国现代文明的盗火者，而北京城的包容精神，也使得处于不同文化境遇和怀有不同文化理想的人们，都有足够的空间振翅高飞。

当时很多大学都建在旧日王府，如中国大学在郑王府，民国大学在醇王府，华北大学在礼王府，协和医大在豫王府，燕京大学在睿王园，清华园则在淳王的"小五爷园"。北京的大学有着最纯正的学风、最高雅的品位和最自由的空气，包容着古旧和现代。"除了巴黎和（传说中的）维也纳，世界上没有一座城市像北平一样的近于思想，注意自然、文化、娇媚和生活的方法。……北平是宏伟、北平是大度的。它容纳古时和近代，但不曾改变自己的面目。"（林语堂）

当时有"左边红帽子（陈独秀）、右边黄马褂（辜鸿铭）"的说法，至今想想仍是别致的一景。国子监、翰林院里有着中国士子的治学传统，牛津剑桥哈佛耶鲁式的教育空降而来、落地开花，也不显突兀。新与旧、雅与俗之类的二元对立，在北京却很少有什么冲突与抵牾，都能被宏伟宽厚的北京城一一接纳。

只是一个忽闪，历史的追光就从这片土地划过去了。风物追怀，成为流亡南方或远走海外的学者文人们一生无法放下的心灵慰藉。"我真爱北平。这个爱几乎是要说而说不出的……真愿成为诗人，把一切好听好看的字都浸在自己的心血里，像杜鹃似的啼出北平的俊伟……"（老舍《想北平》）风清云冷，凄寒难耐，旧京的美丽风物却在这个怀乡人的泪眼里无尽地漂浮。千里之外，即使有梦，那梦境也更加遥远缥缈了；深夜里有稀稀落落的犬吠声和更夫的梆子声，他以为是过往的梦境。这位历尽沧桑的作家，在异乡追忆着故乡北京那些不连续的过往残片，直到晨光熹微的时候，一切都变得模糊。

时局动荡，内忧外患。老北京人的生活却并没有停下来，似乎一切都按部就班，整个世界处于生活之外；即使在 1948 年这个特殊的年代里，北京城面临战争还是和平的抉择，八方风雨，河山鼎沸。城内的国民党官兵，心事重重地四下里走动着。然而当天一亮，人们还是进行着日常的生计，依旧随处可见蓝布棉帘，万字栏杆，老店铺门槛，城墙下的小果摊，以及鲜红的冰糖葫芦。即使在这个城市面临最严峻态势之时，蓝天下划过的鸽哨声，也几乎让人刹那间忘却就在身外的烽火硝烟。

现在，我们的城市日新月异，变化大得让人目瞪口呆，高楼大厦、环城高速公路、城铁、高尚住宅小区、川流不息的车辆和涌动的人群，已经重新切分和组建了北京的城市空间，取代了曾经作为北京文化象征的蜿蜒的胡同与庭院深深。我想起那种我们文明进化过程中深恶痛绝的资源"浪费"。在这个世界上，我们行走的方式改变了，世界呈现的方式也随之而变了，千里万里，也能在数小时内抵达。如同一首被按了"快进"的歌，顷刻播完，节省时间的同时，也节省了聆听。

这本小书就此可以告一段落了，然而旧京草木风物浸到我心里的不止这些，在我自己的记忆里，我沉溺于一个个场景，一些或平淡或特殊的心情。一些历史记忆不去触碰，还不觉得如何，这一铺陈写来，心里隐隐便泛起惆怅。

这大概就是一种北京情结吧。"在南方每年到了秋天，总要想起陶然亭的芦花，钓鱼台的柳影，西山的虫唱，玉泉的夜月，潭柘寺的钟声……"

北京的秋，如今已然和郁达夫眼中的故都很不同了。几十年日新月异，许多事物付之逝水，也包括与文化古都时期的历史息息相关的情调，再难"招魂"。北京的风景也永在变幻，星移斗转，景异人殊。

柔和的秋阳斜铺到身上，几只喜鹊呼唤着在枝头盘旋，闪光的翅膀上仿佛驮着许多古老的故事。水墨黄昏和暖色灯光，

北京：当历史成为地理

深灰色的墙和暗青色的路，午夜漏断人初静的梆声，胡同里穿梭往来的吆喝，马车顶盖和独脚推车……我忽然觉得这副情景是这么熟悉，仿佛从这里走出去就是古老的中国，清贫而纯真、匮乏而优雅、混乱而温情，那是纳兰性德、林语堂、老舍、梁实秋的北京；是"常四爷""祥子""英子"们的北京；是那个被称作文化古城的老北京。

东岳庙